기도의 신학
경건의 실천

## 기도의 신학, 경건의 실천

2015년 12월 25일 초판 인쇄
2015년 12월 30일 초판 발행

엮은이 | 바른교회아카데미
책임편집 | 박경수
교정교열 | 정난진
펴낸이 | 이찬규
펴낸곳 | 북코리아
등록번호 | 제03-01240호
주소 | 13209 경기도 성남시 중원구 사기막골로 45번길 14
　　　 우림2차 A동 1007호
전화 | 02-704-7840
팩스 | 02-704-7848
이메일 | sunhaksa@korea.com
홈페이지 | www.북코리아.kr
ISBN | 978-89-6324-453-2 (93230)

값 20,000원

* 이 도서의 국립중앙도서관 출판예정도서목록(CIP)은 서지정보유통지원시스템 홈페이지(http://seoji.nl.go.kr)와
  국가자료공동목록시스템(http://www.nl.go.kr/kolisnet)에서 이용하실 수 있습니다. (CIP제어번호 : CIP2015035309)

# 기도의 신학 7강견의 선

바른교회아카데미 엮음

박경수 책임편집

북코리아

# 머리말

　이 책은 2015년 2월 9~10일 '바른교회아카데미'의 연구위원회 세미나(제18회)에서 발제한 원고들을 편집하여 단행본으로 엮은 것입니다. 바른교회아카데미는 신학자들과 목회자들의 연구공동체입니다. 이 공동체는 현실 교회가 바르게 나아갈 수 있도록 목회현장을 관찰하여 이것을 신학적으로 성찰하며, 또 언제나 일선 목회자들과 신학자들이 대화하고 소통하면서 하나님 보시기에 아름다운 교회가 되도록 섬기고자 합니다. 땅에 임하는 하나님 나라를 지향하면서 교회를 위한 신학을 모색하고, 또 목회현장과 신학사상의 대화와 소통을 실천해오면서 신학자들과 목회자들의 좋은 만남과 좋은 교류가 지속적으로 이루어져 왔습니다. 그러다 보니 바른교회아카데미가 어언 10년 세월을 지나왔습니다.

　바른교회아카데미 10년의 발자취를 되돌아보면서 단행본을 발간하게 되었는데, 지난 2월에 개최한 세미나 "기도의 신학, 경건의 실천"을 편집하여 출판했습니다. 이 책에는 기독교의 역사 속에서 이 주제를 위해 힘쓰고 애쓴 인물들과 그들의 발자취가 일목요연하게 정리되었습니다. 모두 18명을 소개했는데, 서양과 한국의 신학자/목회자를 망라해서 다루었습니다. 이 책을 통해 종말론적으로 임하는 하나님 나라의 역사에

5

참여하는 교회를 기대합니다.

책을 만드느라 수고하신 분들께 감사드립니다. 책임편집을 맡아주신 박경수 교수님과 바른교회아카데미 사무국의 김상욱, 배경희 목사님께서 수고를 아끼지 않으셨습니다. 정기적으로 일 년에 두 차례 열리는 세미나를 후원하며 이 책의 발간도 지원해주신 이사장 정주채 목사님과 이사진에게 감사드리며, 원장 김동호 목사님께도 감사드립니다. 책의 출판을 맡아주신 북코리아 이찬규 사장님께도 깊이 감사드립니다.

2015년 12월
바른교회아카데미 연구위원들을 대신하여
바른교회아카데미 연구위원장
임희국

# CONTENTS

# CONTENTS

# CONTENTS

# CONTENTS

# 1장

# 루터와 기도[*]

- 강치원 목사(모새골교회) -

* 이 글은 새로운 연구물이 아니라 렉치오 디비나와 관련해 이미 나온 결과물을 대중이 읽을 수 있도록 새롭게 편집한 것입니다.

**마르틴 루터**(Martin Luther, 1483~1546)

독일의 종교개혁자이자 신학자. 면죄부 판매에 '95개조 논제'를 발표하여 교황에 맞섰으며, 이는 종교개혁의 발단이 되었다. 신약성서를 독일어로 번역하여 독일어 통일에 공헌했으며, 새로운 교회 형성에 힘써 '루터파 교회'를 창립했다.

# 1.
## 기도하는 묵상, 묵상하는 기도

1530년에 루터는 몇 달간 코부르크 성(Veste Coburg)에 머물고 있었습니다. 이때의 루터를 지켜본 바이트 디트리히(Veit Dietrich)는 멜란히톤에게 보낸 6월 30일자 편지에서 루터가 하루 중 가장 좋은 시간에 적어도 3시간씩 기도한다고 전하고 있습니다(WA BR 5, 420, 15-16). 이러한 루터의 기도생활은 수도사로서 수도원에서 익힌 기도 습관과 깊은 관련이 있습니다. 하루 일곱 번 실시되는 전례기도에 익숙해 있던 루터는 기도로 하루를 시작하고 기도로 하루를 마치는 삶을 살았으며(WA 38, 359, 4-5), 특별히 아침, 점심, 저녁에 규칙적으로 기도하는 습관을 가지고 있었습니다(WA 30 I, 125, 18-19).

한 번에 3시간이나 기도하는 것은 쉽지 않습니다. 그러나 당시의 수도승들에게는 충분히 있을 수 있는 기도생활이었습니다. 긴 시간 기도하는 것은 수도원을 통해 내려오는 하나의 전통이었기 때문입니다. 그런데 이런 유형의 기도는 오늘날 좁은 의미로만 사용하는 기도와는 다른 차원을 가집니다. 3시간 정도나 되는 긴 기도란 성경을 읽고 묵상하는 것과 자연스럽게 연결되어 수행되던 영적 수행을 의미합니다. 루터가 속해 있던 에어푸르트의 아우구스티누스 은자수도회는 하루의 일과 중 아침 7시부터 12시까지 성경을 읽고 묵상하며 기도하는 시간으로 정했습니다(Nicol, 27-28). 성경을 읽고 묵상하며 기도하는 것이 서로 다른 별개의 훈련이 아니라, 서로 유기적으로 연결되어 수행된 하나의 영적 훈련이라는 것입니다. 그 때문에 묵상은 기도하는 묵상이요, 기도는 묵상하는 기도로 간주되곤 했습니다. 그 대표적인 예가 귀욤 드 상티에리(Guillaume de Saint-Thierry)의 『묵상하는 기도(Orationes meditativae)』입니다. 이것은 수도원에서 수행되던 '렉치오 디비나(Lectio Divina)'의 영향입니다.

루터가 수도사로 활동하던 시기에는 더 이상 렉치오 디비나가 이전처럼 수행되지는 않았습니다. 그러나 성경을 읽고 묵상하고 기도하는 것을 서로 유기적으로 연결된 하나의 영적인 훈련으로 간주하는 전통은 남아 있었으며, 3시간이나 기도했다는 것은 바로 이런 영적인 수행으로 이해해야 합니다. 여기서 기도란 묵상하는 기도요, 묵상이란 기도하는 묵상이라는 전통이 루터에게 남아 있음을 엿볼 수 있습니다. 이것을 우리는 1545년에 출판된 그의 라틴어 전집 서문에서 확인할 수 있습니다. 그는 로마서 1장 17절에 기록된 "하나님의 의"가 무엇을 의미하는지 그 뜻을 파악하기 하기 위해 몸부림칩니다. 이 장면을 그는 이렇게 표현합니다.

> "나는 그 절에서 성 바울이 무엇을 말하고자 하는지 알고자 하는 열망에서 바울을 끈질기게 두드렸다."(WA 54, 186, 1-2: pulsabam … importunus eo loco Paulum, ardentissime sitiens scire, quid S. Paulus vellet")

하나님의 의가 무엇을 의미하는지 새롭게 깨닫게 되기까지 루터는 바울을 열심히 두드렸습니다. 여기서 '두드리다(pulsare)'라는 말에 주의를 기울일 필요가 있습니다. 묵상과 기도, 기도와 묵상을 하나로 연결하는 그의 영적 수행을 이해하는 핵심적인 역할을 하기 때문입니다.

루터가 비텐베르크 대학의 교수가 된 뒤 행한 첫 번째 강의는 시편 강해입니다. 이 강의를 마치고 인쇄를 하기 위해 자신의 강의안을 수정합니다. 이 수정 판의 시편 1편 2절 강해를 보면 '묵상하다(meditari)'라는 말을 "모세와 함께 이 바위를 두드리는 것(pulsare)"으로 정의합니다(WA 55 II, 1, 15, 10-12). 본문에 나오는 '시냇가'라는 말 때문에 이런 비유적인 표현을 사용하는 것입니다. 여기서 '이 바위'란 성경을 의미하기에 묵상이란 '모세와 함께 성경을 두드리는 것'입니다.

그런데 모세가 바위를 쳐서 물을 내는 구약의 본문에는 루터가 사용한 불가타에 따르면 'pulsare'가 아니라 'percutere'가 나옵니다. 'pulsare'는 마태복음 7장 7절에서 기도에 관한 예수님의 말씀에 등장합니다. 실제로 루터는 시편 1편 2절에 나오는 '묵상'이라는 단어를 정의하기 바로 전에 '두드리는 자에게 열린다'는 마태복음 7장 7절을 인용합니다(pulsate, et aperietur vobis). 그리고 나서 앞 내용이 뒤 내용의 이유나 원인, 근거가 될 때 쓰는 '그러므로(igitur)'라는 접속부사로 다음 문장을 시작합니다. "그러므로 묵상이란 모세와 함께 이 바위를 두드리는 것이다."

루터에게 있어서 묵상은 앎과 이해를 추구하는 지적인 행위만은 아닙니다. 묵상은 항상 하나님을 향한 기도 안에서, 기도와 함께, 기도를 통해 수행되는 것입니다. 이럴 때 바위에서 통찰과 이해의 물이 흘러나오기 때문입니다. 루터가 '바울을 두드리는 묵상', 즉 '기도하는 묵상'을 통해 종교개혁사상을 발견했다는 고백은 우리가 귀 기울여 들어야 하는 값진 유산입니다. 기도하며 성경을 읽고 묵상하고, 성경을 읽고 묵상하며 기도하는 것은 루터가 수도원적 전통으로부터 물려받은 평범하고 단순한 것입니다. 그러나 이 단순한 영적 수행이 유럽의 지축을 뒤흔드는 개혁의 물꼬를 트고, 교회의 영적 지도(地圖)를 다시 쓰게 하는 변혁을 가져왔습니다. 위기 가운데 있는 교회를 건강하게 회복하는 데 있어 가장 기본적이며 중요한 것은 모세와 함께, 바울과 함께 성경을 두드리는 것입니다.

# 2.
## 구송기도(口誦祈禱, oratio vocalis)

기도가 성경을 읽고 묵상하는 것과 밀접히 연결되어 있다는 사실에서 기도에서 소리의 문제가 대두됩니다. 고대부터 중세에 이르기까지 소리가 없는 읽기는 지극히 예외적인 것이었습니다. 수도원을 통해 내려오던 전통도 다르지 않았습니다. 성경 읽기는 눈으로는 텍스트를 보고, 입으로는 소리 내어 읽고, 귀로는 듣고, 마음으로는 그 뜻을 새기는 인간의 다양한 기능을 사용하는 전인적인 수행이었습니다. 그래서 '청각적 독서'라고도 불립니다(Leclercq, 15). 물론 침묵 가운데 행해지거나 낮은 목소리로 읽는 독서가 없었던 것은 아닙니다. 그러나 이런 독서에 대해 언급할 때는 '독서'라는 말에 다른 말들이 첨가되어 사용되었습니다. 그 한 가지 예를 우리는 베네딕트의 규칙서에서 발견하게 됩니다.

"제 6시 기도 후에 식사를 마치면 자기 침대에서 완전한 침묵 중에 쉴 것이다. 혹시라도 독서를 하고자 하는 자는 자기 자신에게 읽어서 다른 사람(의 침묵)이 방해되지 않도록 해야 한다."(수도 규칙, 48, 5)

여기서 침묵하고 있는 다른 사람에게 방해가 되지 않는 조용한 독서를 표현하기 위해 '읽다(legere)'라는 말에 재귀대명사의 3격(sibi)이 첨가되었습니다. 'legere sibi'란 직역하면 '자기 자신에게 읽다'는 말로, 자신만 알아들을 수 있도록 조용히 읽는 독서를 의미합니다. 이런 침묵독서에 대해서는 아우구스티누스가 자신의 회심 사건을 기록한 『고백록(Confessiones)』에서 이미 그 전례를 찾아볼 수 있습니다. 그는 "들고 읽어라(tolle lege)"라는 아이들의 노랫말을 듣고 성경을 펼쳐 "침묵 가운데 읽었다"라고 기록합니다. 이렇듯 침묵독서는 교부들의 전통에서 생소한 것은 아닙니다. 그러나 '읽다'라는 말이 단독으로 사용될 때는 대부분 '청각적 독서'를 의미합니다.

이 '청각적 독서'가 가장 많이 수행된 시간은 전례기도 시간입니다. 하루에 일곱 번 수행되던 이 전례기도는 소리 내어 읽고, 기도하고, 찬양하는 수도승 생활의 핵심입니다. 매일 되풀이되는 전례기도에 깊이 몸을 담았던 루터에게 있어서 소리가 있는 기도, 곡조가 있는 기도, 공동체적인 기도란 낯선 것이 아니었습니다. 그가 제안하는 아침, 점심, 저녁 기도는 성경이나 요리문답을 소리 내어 읽고 기도하는 것입니다. 성경이나 요리문답에 매이지 않는 자유 기도도 다른 사람이 들을 수 없도록 혼자 있는 곳을 추천합니다. 이 '외적인 소리'를 강조하는 것은 내적인 조명을 지나치게 강조하는 성령 열광주의자들을 견제하기 위한 것으로 보입니다.

루터는 기도할 때, 침묵해야 할 때가 있음을 알고 있었습니다. 성경으로 기도를 하든, 요리문답으로 기도를 하든 어느 순간에 성령의 말씀으로 간주되는 것이 들린다고 생각될 경우에는 소리를 멈추고 성령께서 무엇을 말씀하시는지 침묵 가운데 들어야 한다고 말하기 때문입니다(WA 38, 363, 9-16; 366, 10-15). 이것은 매우 중요한 사실을 내포하고 있습니다. 텍스트를 붙잡고 소리 내어 읽고 기도하다 보면, 텍스트의 영이 우리의 마음을 사로잡아 말씀을 들려줍니다. 이런 영적인 상황으로 들어가기 위해 마음으로 드리는 '묵상기도(oratio mentalis)'를 거쳐야 하는 것은 아닙니다. 오히려 묵상기도는 자기 생각, 자기 상상으로 가득 찰 수 있기 때문입니다.

전체적으로 볼 때, 루터에게서는 마음으로 드리는 묵상기도보다는 구송기도가 더 선호됩니다. 이것은 수도승 생활을 통해 경험했을 뿐만 아니라, 당시 널리 만연된 '관상'의 문제점을 피하려고 했기 때문인지도 모릅니다.

# 3.
## 기도의 언어군(言語群)에서 소외된 관상(contemplatio)

오늘날은 '관상'이라는 말이 하나님을 보는 기도의 단계로 많이 사용되지만, 스콜라신학이 융성하던 중세에는 다른 면도 있었습니다. 신학이 사변적인 학문인가, 아니면 실천적인 학문인가에 대한 논의에서 스콜라 신학자들은 아리스토텔레스에 의해 도입된 이론과 실천이라는 이분법적인 도식을 따랐습니다. 중세 스콜라신학에서 이론은 사변이나 관상과 동일한 의미로 사용되고 있었습니다. 신학을 실천적이라고 정의하는 루터에게 이론 및 사변 같은 의미군으로 사용되는 '관상'이라는 말은 즐겨 입에 담을 수 있는 단어가 아니었습니다.

또한 마리아와 마르다를 원형으로 하는 '관상적인 삶(vita contemplativa)'과 '능동적인 삶(vita activa)'이 기독교적인 삶의 두 기둥으로 회자되곤 했습니다. 오늘날의 관점에서 보면 멋있는 영적인 양 날개로 보입니다. 그러나 루터가 활동하고 있을 당시에는 교회의 타락에 적지 않은 문제점을 제공하던 구호이기도 했습니다. 그 때문에 루터는 "능동적인 삶(vita activa)이 행위를 통해, 관상적인 삶(vita contemplativa)이 사변을 통해 우리를 잘못 인도하는 일이 없도록 하기 위해"(WA 5, 85, 2-3) 제3의 삶을 제시합니다. 이 삶은 셋 중에 택할 수 있는 또 하나의 삶의 방식이 아니라, 유일한 기독교적인 삶의 방식입니다. 그것은 하나님께서 우리에게 행하시는 것을 그냥 받아들이는 '수동적인 삶(vita passiva)'입니다. 타울러의 입장을 따르는 것이지만, 칭의론으로 대표되는 루터의 종교개혁적인 발견이 깊이 밴 통찰입니다. 관상이라는 말은 '행위'라는 말과 함께 '수동적'이라는 말에 자리를 내주어야 했습니다.

'관상'이라는 말이 기도와 관련된 루터의 언어군에서 비중 있는 단어로 자리매김하지 못한 또 다른 이유가 있습니다. 루터는 수도원 전통을 통해 내려오던 렉치오 디비나를 알고 있었습니다. 그러나 이러한 영적 수행을 자신의 종교개혁적인 인식에 따라 수정합니다. 그래서 기도가 맨 처음에 나옵니다. 루터는 아담의 타락의 결과로 인간이 가지게 된 순수 이성인 '어두워진 이성'과 성령의 도우심으로 '조명된(계몽된) 이성'을 구분합니다. 루터는 순수 이성의 절대적인 가치를 인정하지만, 성경에 나타난 하나님의 계시와 구원에 이르는 길을 온전히 깨닫는 데는 한계가 있다고 생각합니다. 그래서 무엇보다 먼저 해야 하는 것은 성령의 조명을 간구하는 겸손한 기도입니다. 이런 의미의 기도는 자기 스스로 성서 해석의 권위자가 되는 것이 아니라, 하나님께서 말씀하실 수 있도록 자신을 부정하는 것을 의미합니다. 기도란 자신과 다른 신학자들의 능력과 권위에 귀를 기울이는 것이 아니라, 성경을 기록하게 하신 텍스트의 영에 귀를 기울이고, 이 텍스트의 영이 말씀하시도록 간구하는 것입니다.

이러한 의미의 겸손한 기도는 안셀름이 하는 것처럼(Proslogion, 44) "하나님을 관상하기 위해 자신의 마음(mens, 정신)을 들어 올리려고 애쓰는 역할"을 맡지 않습니다. 수도원적 전통에 의하면 기도는 관상으로 들어가는 문입니다. 그러나 루터에게 있어서 기도는 이론, 사변, 관상 같은 선상에서 이야기되거나 그에 예속되는 정신적인 행위가 아닙니다. 기도는 육신이 된 말씀 안에서 자신을 드러내시고, 빵을 떼어주시며, 우리의 눈을 밝게 해주시는 삼위일체 하나님을 지향하며, 그 하나님께서 우리에게 베풀어주신 것에 대한 신앙의 응답입니다. 이런 의미에서 기도 또한 능동적인 인간의 행위라기보다는 수동적입니다.

관상의 소외 현상은 렉치오 디비나의 마지막 단계에서 나오는 관상이 루터에게서는 완전히 사라진 것에서 더욱 드러납니다. '수동적인 삶'을 기독교적인 유일한 삶으로 자리매김한 루터는 '관상'의 자리에 '영적 경험(tentatio)'을 위치시킵니다. 이를 통해 성경을 읽고 묵상하여 알고 깨닫게 된 것을 실존적인 삶의 자리에서 경험하고 체화시키는 측면을 부각시킵니다. 루터가 말하는 경험이란 인간이 행하는 모든 경험을 말하는 것이 아니라 하나님의 말씀 안에서, 하나님의 말씀을 통한 경험을 말합니다. 하나님의 말씀과의 경험이란 성경에 기록되어 있는 내용들에 대한 지적인 경험을 말하는 것이 아니라, 구체적인 삶의 정황에서 우리에게 다가오시며 우리를 만나주시는 하나님의 말씀에 대한 살아있는 신앙의 경험을 말합니다. 왜냐하면 루터에 의하면 하나님 말씀은 단순히 지적 사변을 위해 주어진 책(Lesewort)이 아니라, 행함을 위해 주어진 삶의 말씀(Lebewort)이기 때문입니다(WA 30 I, 67, 24-27).

## 참고문헌

Leclercq, Jean. *The love of learning and the desire for God: A study of monastic culture*. New York: Fordham University Press, 1961.

Luther, Martin. *D. Martin Luthers Werke*. 120 Bände Weimar: H. Böhlau, 1883–2009.

Nicol, Martin. *Meditation bei Luther*. 2. Auflage. Göttingen: Vandenhoeck & Ruprecht, 1991.

앤드루 머레이, 『기도가 전부가 되게 하라』, 김창대 역, 서울: 브니엘, 2014, 203–46(마틴 루터의 단순한 기도방법).

# 2장

## '교회의 어머니' 카타리나 쉬츠 젤: 그의 삶에서 기도와 실천을 배우다

- 이정숙 교수(횃불트리니티신학대학원대학교, 교회사) -

**카타리나 쉬츠 젤**(Katharina Schütz Zell, 1497~1562)

스트라스부르의 출판인이자 여성 평신도 신학자로서 '교회의 어머니'로 추앙받고 있다. 성직자와 결혼한 최초의 여성 중 하나이기도 하다.

# 1.
## 개신교 종교개혁과 여성,
## 그들의 기도생활을 엿보다

우리의 영성생활 혹은 경건생활에서 가장 중요한 부분을 차지하는 기도는 16세기 개신교 종교개혁과 함께 많은 변화를 겪었습니다. 개신교 신학은 기도의 신학과 실천도 새롭게 했고, 이러한 변화는 공적기도와 함께 사적 기도생활 역시 바꾸어놓았습니다. 무엇보다 먼저 '모든 신자는 제사장'이라는 자의식의 변화가 기도하는 자신과 하나님의 관계를 새롭게 설정해주었습니다. 이것은 개신교가 가르치는 구원은 성경이 증언하는 대로 그리스도의 은총을 통해서만 가능하고 믿음으로써 그 구원의 길에 들어간 사람들은 누구나 자신의 노력이 아니라 그리스도의 은혜에 힘입어 하나님께 기도하며 나아갈 수 있다는 것입니다. 새로운 신학이 기도에 대한 새로운 신학과 실천을 이끌고 있는 것입니다. 라틴어로 lex credendi lex orandi, 즉 바른 믿음이 바른 기도생활을 이끈다는 것입니다. 또한 라틴어가 아닌 자국어를 사용하여 누구나 쉽게 이해하며 기도할 수 있게 된 것 역시 큰 변화였습니다. 가톨릭교회가 가르치던 성모 마리아나 성인들에게 드리는 라틴어 기도가 아니라 자신이 알고 사용하는 언어로 주기도문을 기도하고, 칼뱅이 제네바에서 고해성사를 대신하여 들여온 공예배 중 고백의 기도 역시 자신들이 사용하던 언어로 자신의 잘못을 하나님께 직접 고하며 회개하는 경험을 가능하게 해주었습니다. 종교개혁이 가져온 공예배의 큰 변화인 설교의 강화 역시 기도생활에 중요한 영향을 미쳤을 것으로 쉽게 추정할 수 있습니다. 중세 가톨릭교회에서 신자들은 설교를 거의 듣지 못하거나 아주 간혹 들었을 것입니다. 그러나 개신교 교회에서는 설교가 공예배에서 가장 중요한 자리를 차지했기 때문에 설교말씀에 근거한 기도생활은 분명히 이해하며 알고 하는 기도(intelligible prayer)를 가능하게 했을 것입니다. 기도를 올려드리는 하나님은 누구신지, 그분께서는 어떻게 우리를 구원하셨고, 또 이 땅에서 우리가 어떤 모습으로 살기 원하시는지를 아는 것이 기도의 내용을 결정했을 것입니다.

　16세기 남성과 여성이 어떻게 기도생활을 했는지에 대해 오늘 우리가 정확히 파악하기란 쉽지 않은 일입니다. 그럼에도 불구하고 그들이 남긴 글에서 우리는 어렴풋이나마 그들의 기도생활을 엿볼 수 있어 감사한 일입니다. 남겨진 자료가 상대적으로 희소한 여성의 기도생활에 대해서는 더 궁금한 것이 사실입니다. 남성에 비해 상대적으로 교육 수준이 낮았고, 잡다한 가사일에 매여 공적이고 사회적인 변화를 감지하고 따라가는 데 상대적 지체현상을 경험했을 여성들이지만, 그들이 느낀 기도에 대한 필요는 예나 지금이나 크게 다르지 않았을 것입니다. 수도원이나 수녀원을 인정하지 않았던 개신교회에서 이전과 같이 전적으로 기도에 집중하는 여성들은 없었습니다. 성인 여성들은 결혼하는 것이 당연하고 축복으로 받아들여졌기에 경건한 여성들도 결혼했고 가정의 일상사를 총괄하여 돌보게 되면서 아이들이나 가족들의 안전과 건강, 일상적인 필요의 충족을 포함한 행복한 삶에 대한 추구는 모든 여성의 간절한 기도내용이었을 것입니다. 그러나 이제 우리가 알아볼 카타리나 쉬츠 젤 사모는 개인적인 기도뿐만 아니라 한 걸음 더 나아가 공동체를 위해, 또 그 구성원들의 행복과 권리를 위해 간절히 기도했습니다. 또한 그녀는 자신이 이해한 성경으로 기도하기를 글로 남겼고, 당시 사람들에게 참된 기도를 가르쳤을 뿐만 아니라 기도하기를 몸소 실천했던 초기 종교개혁자 중 한 사람이었습니다.

# 2.
## 카타리나의 생애

　카타리나 쉬츠는 1497년 7월이나 1498년 초에 알자스 지방에서 가장 크고 아름다운 주교좌도시면서 출판도시였던 스트라스부르에서 태어났습니다. 카타리나의 아버지인 야곱 쉬츠(Jacob Schütz)는 목공업에 종사했으며, 비교적 경제적으로 부유했고, 어머니는 엘리자베스 게스터(Elisabeth Gester)였습니다. 카타리나가 태어날 때 이들에게는 이미 네 명의 자녀가 있었고 그 이후에도 5명이 더 있었지만, 6명 혹은 7명만이 성인이 되었을 것으로 봅니다. 그녀의 이름은 4세기의 순교자이며 성인인 알렉산드리아의 카타리나 또는 14세기 이탈리아의 성인이자 두 명의 여자 교회박사 중 하나였던 카타리나에게서 왔을 것입니다. 알렉산드리아의 카타리나는 공주의 신분으로 개종하여 예수 그리스도를 자신의 신랑으로 섬기며 살다가 전설적인 순교자의 죽음을 맞았습니다. 중세시대에 성인 카타리나는 다양한 질병에서 신자들을 돕는 14 수호성인 중 한 사람이었기에 세례명으로 자주 사용되었습니다. 그런가 하면 14세기에 활동한 시엔나의 카타리나는 여성으로는 첫 번째로 교회

박사의 칭호까지 받은 성인입니다. 카타리나가 태어나기 얼마 전(1461년)에 성인으로 축성된 것을 보면 이 이름도 세례명이 되었을 가능성이 있습니다. 어떤 경우이든 카타리나는 경건한 성인의 이름을 받았고, 사랑받으며 자라난 것으로 보입니다. 신실한 가정교육과 시내 여학교에서 독일어교육을 잘 받았기에 다양한 문헌들과 루터의 글들을 읽고 연구할 수 있었고 또 쓸 수 있었습니다. 이러한 교육 덕에 그녀는 루터의 글을 충분히 이해하며 읽을 수 있었기에 개신교로 개종할 수 있었습니다(회심의 시기를 1521년 혹은 1522년으로 추정하므로 그녀의 나이 23~25세경입니다). 스티예르나 교수는 카타리나가 남편 마태우스 젤(Matthäus Zell) 목사와의 결혼을 통해, 또 당시 활동하던 당대 최고의 종교개혁자요 신학자였던 루터, 부처, 카피토, 헤디오, 칼뱅 등과 서신을 교환했는데, 이런 방식의 '원거리교육'이 평신도 신학자로서의 역량을 계발하는 데 도움이 되었다고 합니다.

카타리나 쉬츠 젤 연구에 가장 큰 공을 세운 엘시 맥키 교수의 연구에 의하면, 카타리나는 훗날 자신이 "사랑하는 아버지 집에서" 받은 종교적인 훈련에 대해 많은 감사를 표시하고 있다고 했습니다. 카타리나는 신실하고 경건한 가정에서 자란 것으로 보입니다. 그의 어머니에게서 라틴어 주기도문을 배웠을 것입니다. 개신교로 개종하기 전까지 카타리나는 묵주를 사용하여 주기도문과 아베 마리아 기도문을 드렸을 것입니다. 또한 정규 미사와 성인들의 날에 드리는 미사에 참석했을 것이고, 성인들의 이야기를 즐겨 듣거나 읽었을 것으로 보입니다. 스트라스부르 시의 성녀는 성모마리아였고, 카타리나 자신의 이름을 따온 성녀 카타리나의 이야기는 카타리나에게 큰 감명을 주었을 것으로 쉽게 추정할 수 있습니다. 이러한 신앙교육은 당시 교인들이 흔히 실천하던 신앙생활의 모습이었으니까요. 그러나 개신교로 개종하면서 카타리나는 더 이상 성모나 성자들에게 기도하지 않았고, 면죄부를 사거나 죽은 자들을 위해 기도하지 않았습니다. 성경이 그녀의 모든 영적 생활의 중심이 되었습니다.

회심한 후 그리 오래되지 않았던 1523년 이른 아침 6시에 카타리나는 대성당에서 이 도시의 개혁자 마르틴 부처(Martin Bucer) 목사의 주례로 마태우스 젤 목사와 결혼했습니다. 남편이 된 젤 목사는 1518년에 스트라스부르의 성 로렌초 대성당의 새로운 신부이자 주교의 고해신부로 왔는데, 곧 당시 가톨릭교회 교회예식의 부패에 대해 공개적으로 비판하는 설교자 중의 하나가 되었습니다. 1524년까지 이 도시가 결혼한 사제를 처벌할 수도 있었다는 상황을 고려할 때 그들의 결혼은 상당히 도전적인 행위였습니다. 1524년에 카타리나가 "남편 마태우스 젤을 위한 카타리나 쉬츠의 변증"이라는 제하의 팸플릿(소책자)을 쓴 것은 그러한 도시의 상황을 의식한 적극적인 자기 보호이자 개신교 논증이었습니다. 이 책자에서 그녀는 "성직자의 결혼에 대한 엄청난 두려움과 격렬한 반대를 목격했고, 또한 성직자들 사이에 만연된 성적 타락을 보았기 때문에" 자신은 "모든 그리스도인을 위한 하나의 길을 격려하고 제시하려는 의도로" 사제 젤과 결혼했다고 진술하고 있습니다.

부부는 1538년 비텐베르크의 루터를 방문했고, 같은 해에 필립 멜란히톤과 니콜라우스 폰 암스도르프를 만났습니다. 또한 스위스의 개혁자인 츠빙글리와 칼뱅을 자신들의 집에 초청하고, 이들을 포함한 수많은 종교개혁자들과 적극적으로 서신교환을 했다고 합니다. 이들 중에는 '인문주의의 왕자'라고 불리던 에라스무스나 세바스티안 카스텔리옹 같은 사람도 포함되어 있었는데, 그들이 교제하던 사람들이 얼마나 다양했는지 가히 짐작할 만합니다. 그런데 그들의 서신교환은 단순히 지적 호기심을 충족시키고자 함이 아니었고, 영적 생활의 일부였던 것으로 보입니다.

카타리나가 자신을 어떻게 이해하는지를 살펴보는 것은 그녀의 인생을 이해하는 데 크게 도움이 됩니다. 카타리나의 자기 이해는 다양한 명칭으로 정리할 수 있는데, 크게 ① 하나님에 대한 이해와 관계에서 자신의 역할을 규정한 '교회의 어머니', '사람을 낚는 어부'가 있고, ② 마태우스 목사와의 결혼관계에서 자신을 마태우스의 '결혼한 동료', '갈비뼈' 혹은 남편과 사별 후 '과부', ③ 이웃 사랑의 사역에서 생긴 '가난한 자들과 추방당한 자(혹은 피난민)들의 어머니'가 있습니다. 이외에도 카타리나는 자신을 개혁자 또는 선지자로 여겼던 것으로 보입니다. 개혁자들을 지지하고, 그들과 논증하고, 개혁의 신학과 실천을 적용하여 전파했고, 선지자와 같이 현실 교회의 잘못을 지적하면서 그들이 하나님과 하나님의 말씀으로 회복될 것을 주장했기 때문입니다. 이러한 자기 이해는 21세기를 살아가는 여성 지도자들조차 갖추기 쉽지 않은 분명한 소명의식인 듯합니다. 카타리나의 자기 인식은 그녀로 하여금 끊임없이 읽고 쓰고 대접하고 이야기를 나누며 하나님의 말씀에 따라 시시비비를 가리고, 궂은 일을 마다하지 않고 섬기게 만들었을 것입니다. 카타리나는 자신의 소명의식에 따라 성서에 나오는 여성들과 남성들 중에서 특별히 욥, 다윗, 유디트, 안나, 다니엘, 아비가일 등과 동일시했습니다. 그런가 하면 카타리나 쉘을 연구한 학자들은 그녀를 가리켜 '평신도 신학자', '여성 팸플릿 작가', '영적 지도자'라고 부르기도 합니다.

16세기 어떤 여성보다도 당당하게 살았던 것처럼 보이는 그녀에게도 어려움은 많았고, 애통과 비탄의 눈물을 흘리고 우울증과 싸워야 하는 고통의 날들이 있었습니다. 그녀는 일찍이 아이들을 잃었고, 적극적인 사역과 논증 활동으로 적도 많이 얻은 듯합니다. 예를 들어 엄격한 루터주의자 라부스(1524~92)가 대표적으로 카타리나를 공격한 사람인데, 카타리나를 가리켜 "이단, 츠빙글리주의자, 슈벵크벨트주의자, 악마 같은 자, 지독한 거짓말쟁이, 바리새인, 거짓 증인, 소문을 내는 사람, 악마의 부추김을 받고 있는 자, 유해한 자, 이교도, 교회에 문제를 일으키는 바보, 하나님의 진노가 임박한 자" 등의 독설로 공격했습니다. (이러한 공격의 진상은 카타리나가 현대적인 의미에서 관용을 실천했기 때문이라고 평가하며, 역사가들은 오히려 그녀를 칭송하기도 합니다.) 실제로 라부스는 1550년 이후 카타리나가 스트라스부르의 교회를 상당히 가톨릭적으로 만들어갔다고 생각했고, 그녀의 목회에 대해 비판적인 발언을 서슴지 않았던 것으로 기록되어 있습니다.

동역자인 남편 마태우스는 1548년 1월 10일에 죽었습니다. 맥키 교수는 이 시기를 가리켜 카타리나의 겨울이 시작된 때요 정점이었다고 정리합니다. 1548년부터 1552년 어간에 그녀는 남편의 죽음을 시작으로 아우크스부르크 잠정협약(Augsburg Interim), 1세대 개혁가들의 별세 등을 경험하고 있기 때문입니다. 자식들에 이어 남편이 죽자 카타리나는 깊은 슬픔을 체험하게 됩니다. 그런데 비통에 잠긴 카타리나는 여느 여인네와는 달리 남편의 장례식에서 설교를 통해 남편의 사역을 소개했습니다. 그녀의 즉흥적인 설교는 후에 출판되었는데, "마태우스 젤의 무덤 앞에 모인 사람들을 향한 카타리나 젤의 탄식과 권고의 말"이 그것입니다. 제목이 말해주듯이 그녀의 설교는 단순히 남편의 죽음을 슬퍼하는 것이 아니었습니다. 남편의 죽음이 믿는 자들에게 어떻게 죽어야 할지를 보여주는 본이 된다고 믿었고, 신성로마제국의 종교정책으로 장차 어려움을 겪게 될지 모르는 신자들을 권면하고자 하는 의도가 있었습니다. 어떤 연유에서든 남편의 장례식에서 설교를 한다는 것은 여성 리더십이 인정되고 있는 21세기의 상황에서도 생각하기 쉬운 선택은 아닐 것입니다. 그런데 그녀의 파격적인 행보는 여기서 그치지 않고 슈벵크펠트주의자로 알려진 엘리자베스 해클레렌(Elisabeth Häckleren)의 장례식을 집례하는 것으로, 또 다른 친구 카스파르 헤디오의 장례식장에서 설교를 하는 것으로 발전하면서 위법행위로 고소당하기에 이르렀습니다. 하지만 그녀는 그해(1562년) 9월에 죽어 고소로 인한 감금이나 투옥을 경험하지는 않았습니다.

이러한 삶을 통해 우리는 그녀가 얼마나 성경에 충실하고 자신의 소명에 충실한 사람이었는지를 확인하게 됩니다. 또한 도움이 필요한 사람들은 그가 누구든지 상관없이 기꺼이 돕기를 자처했고 실천했습니다. 신학적인 차이에 대해 철저하게 논증하고 토론했지만, 관용을 베푸는 것이 옳다고 믿어 의심치 않았기에 16세기 사람치고는 교회연합정신이 투철하고 박애정신도 철저한 사람이었습니다. 그녀는 저술가로서도 탁월한 경지를 보여주고 있지만, 여느 중세 여성 저술가들과는 달리 신비스러운 경험에 의존하지 않고 성서에 근거하고 있다는 점에서 종교개혁자로서의 정신과 실천을 분명하게 확인해줍니다.

# 3.
## 카타리나의 기도와 실천

    스트라스부르의 개신교 공예배에서 독일어가 사용되었다는 것은 주지의 사실입니다. 그리고 이러한 변화는 독일어가 유창했던 카타리나에게는 큰 축복이었습니다. 어릴 때부터 교회생활에 충실했던 카타리나는 영적 훈련과 경험에서 부족함이 없다고 느꼈을 수 있습니다. 카타리나의 친정이나 남편의 가정은 다 경건한 생활을 하던 집안이었기에 카타리나는 당시 경건한 삶을 살던 많은 사람들처럼 다양한 기도와 함께 하루의 일과를 보냈고, 그러한 기도의 삶은 그녀의 생애를 지배했을 것입니다. 식사 전과 후에 감사의 기도를 드리고, 아침 그리고 잠들기 전에 기도를 드립니다. 이러한 기도는 카타리나가 편집한 찬송집에서 발견됩니다. 사실 찬송은 곡조 있는 기도이기에 찬송과 기도는 하나님을 찬양하고 하나님께 탄원하는 같은 목적을 가진 다른 접근방식이라고 할 수 있습니다. 이런 점에서 스트라스부르나 칼뱅의 제네바가 시편 찬양을 통해 기도와 찬양을 하나로 한 것은 중세 수도원의 성무일과와 유사하지만, 평신도들도 예배에 와서 쉽게 따라 할 수 있게 되었다는 점에서 무척 다르다고도 할 수 있습니다.

카타리나는 시편을 풀어쓰는 것으로 자신의 기도를 대신하기도 합니다. 그녀는 훗날 자신이 썼던 시편 기도를 출판하면서 시편을 풀어 쓴 것이 어떻게 도움이 되었는지에 대해 말합니다. "시편 130편(De Profundis: '깊은 곳에서')처럼 하나님의 진노하심과 은혜 사이에서 내적으로 갈가리 찢겼을 때, 이 시편을 놓고 기도하며 쉽게 풀어 썼습니다. 하나님께서는 아버지와 같이 저를 많이 위로해주셨습니다." 동역자였던 남편의 죽음 후에 그녀는 비탄 가운데 시편으로 기도하며 자신만의 시편 해설을 썼는데, 이것이 후일 주기도문 해설과 함께 팸플릿으로 출판됩니다. 카타리나는 성경으로 기도하기 혹은 기도 쓰기를 했는데, 이는 마치 일기를 쓰는 것처럼 자신의 영적 상태를 기술하는 저널(journal) 형태를 띠고 있습니다. 이른바 성경 저널(Bible journal)이라 할 수 있겠습니다. 맥키 교수는 카타리나의 주기도문 해설에서 그리스도의 사역을 어머니의 산고와 양육으로 설명하는 것에서 여성적 성경 읽기의 정수를 보여주고 있다고 봅니다. 그녀는 비록 아이들을 일찍 잃어버렸지만 자신이 겪은 산고와 수유의 과정, 짧은 양육의 경험을 통해 그리스도의 사랑, 더 나아가 하나님의 사랑을 이해했던 것입니다. 그리고 자신의 고백을 통해 더 많은 사람들이 그리스도의 사랑을 이해하고 기도하기를 촉구하고 있는 것입니다.

맥키 교수는 카타리나의 기도를 3가지 차원으로 정리하고 있습니다. 개인적인 관심을 기도하는 것, 중보의 기도, 목회적·교육적 목회를 위한 기도가 그것입니다. 간략하게 각각의 기도를 살펴보고자 합니다.

## 1) 개인적인 관심을 기도하는 것

카타리나의 개인적 기도는 슬픔과 감사로 가득 차 있습니다. 어린 자녀를 잃은 참척의 슬픔과 남편을 먼저 보내는 처연한 심정을 토로하는가 하면, 자신의 연약함과 죄로 인해 심히 애통하며 회개하기도 합니다. 그녀의 회개기도를 들어보십시오.

하나님, 당신은 저를 죄 가운데서 붙드시고 제 몸만 아니라 제 마음과 양심도 치시며 벌하시며 크게 괴롭히셨습니다. 당신은 제가 얼마나 상처받았는지를 아십니다. [중략] 오 하나님, 그리스도 덕분에 효력이 생긴 회개와 선함이 제 것이 되게 하시며, 당신의 종 되신 그리스도를 저항하고 있는 저의 죄들을 자비로 용서해주시옵소서. [중략] 저는 주님을 공경하지도, 섬기지도, 마땅히 행할 바를 하지도 않았으니 참으로 죄인입니다.

카타리나의 기도는 우리와 마찬가지로 육체적 나이에 따른 여러 가지 상황, 처지와 형편에 따른 개인적인 필요를 기도하고 있지만, 어떠한 경우에도 복음을 알게 되어 그리스도를 의지하고 그리스도의 은혜를 누리는 것에 대한 감사를 빠뜨리지 않고 있어 우리의 개인적인 기도가 어떠해야 하는지를 잘 보여주는 모범이 됩니다.

## 2) 중보의 기도

개신교 신학의 큰 공로가 신자 개개인이 하나님 앞에서 제사장의 역할을 감당하게 된 것이라면 기도생활에서도 단순히 자신을 위해 기도하는 것을 넘어서 남을 위한 기도, 즉 중보의 기도를 할 수 있어야 합니다. 중보기도는 혼자서도 하고 함께하기도 해야 하는 것입니다. 카타리나는 특별히 예배를 위해 기도하되 목회자를 위해, 또 신자들을 위해 중보기도를 했습니다. 또한 그녀는 교회의 평화를 해치는 사람들을 위해서도 마땅히 기도해야 한다고 믿어 라부스(Rabus)를 위해 기도했고, 잠정협약을 통해 신앙의 다양성을 인정하지 않는 현실을 우려하면서 기도했습니다. 더 나아가 믿지 않는 이들을 위해 기도해야 했기에 터키인과 다른 이방인들을 위해 기도했습니다. 중보기도에 대한 강한 책임의식은 카타리나가 자신을 남편 마태우스 목사의 동역자로 인식하고 있었음을 잘 보여주는 증거이기도 합니다. 이제 교회의 일치를 위한 그녀의 간절한 중보기도를 들어보겠습니다.

평화의 주님께서 좋은 치료제를 보내셔서 마음의 일치를 주소서. 그리하여 평화의 끈이 크게 상하지 않게, 끊어지지 않게 하소서. 마치 온유의 기름이 아론의 머리에서 수염으로 흘러 그의 옷깃까지 내림 같게 하소서. 그렇습니다. 주 예수 그리스도께서 진정한 기쁨의 기름 되시는 성령으로 기름 부으시기에 아론과 그의 기름은 상징이 되며 그리스도의 머리에서 수염으로 또한 옷깃, 즉 주님의 성도들에게 흘러내리게 되신다 함입니다 (엡 1:22-23, 4:2-3; 시 133:2, 45:7; 행 10:38). 아멘.

## 3) 목회적 · 교육적 목회를 위한 기도

　부모가 자녀들에게, 목회자가 성도들에게 기도를 가르치는 것은 매우 중요합니다. 카타리나는 공식적으로 목사가 아니었지만 '목회 동역자'라는 분명한 자기 이해를 가지고 기도를 가르치는 것을 자신의 사명으로 받아들였습니다. 1532년에 성경적 기도의 모델이 되는 주기도문의 해설을 쓰게 된 것은 일차적으로는 스페이어(Speyer)에 살던 두 여성이 마음의 평화를 찾지 못한다는 소식에 그들을 알지 못하지만 도와야 한다고 생각하여 쓰게 된 것입니다. 그러나 이 해설은 넓게는 하나님을 기쁘게 하기 위해 성도들이 마땅히 행할 바를 가르치기 위함이었습니다. 그로부터 2년 후에는 평신도들이 신앙에 대해 배우고 나누면서 하나님께 기도하며 찬양할 수 있도록 찬송집을 편집합니다. 이 찬송집의 서문에는 우리 모두가 하나님의 제사장으로서 살아야 한다는 것을 가르치고 있습니다. 또한 가사만 제대로 만들어졌다면 노래를 부르는 것이야말로 하나님을 찬양하는 성경적인 방법이 된다고 간주했습니다. 이전의 교회가 곡조가 미혹케 할 수 있다고 생각하여 특정한 형태를 벗어나지 못하게 한 것과는 달리 매력적인 곡조가 성경적이고 교화적인 찬송시를 만나면 더 많은 사람들에게 신앙의 깊이를 전하는 도구가 될 수 있다고 믿었습니다. 기도는 목회적 돌봄의 정규적인 부분이 되어야 합니다. 특별히 죽어가는 사람들을 심방하는 목사의 역할에서 기도는 더욱 중요합니다. 죽어가는 자들이 자신의 죄를 인식하고 회개하며 그리스도의 사랑을 깨달아 그 사랑으로 위로를 삼아 부활의 소망을 갖게 되는 것은 참으로 중요한 목회적 돌봄이 되는 것입니다.

# 4.
# 카타리나의 기도와 실천,
# 한국 교회에 적용해보다

　카타리나의 생애와 기도생활을 살펴보면서 그녀에게서 배워야 할 것은 기도 자체가 아닐지 모른다는 생각이 듭니다. 기도에 관한 한 한국 그리스도인들은 세계적으로 명성을 얻고 있습니다. 우리는 기도의 시간, 기도의 종류, 기도의 장소 등 기도에 관해 굉장한 자신감과 동시에 자부심을 가지고 있다고 봅니다. 외국인들이 가끔 우리나라 개신교 교회를 얘기하면서 자못 유창한 한국어로 '새벽기도', '통성기도' 혹은 '주여' 삼창을 얘기하는 것을 보면 우리나라 교인들의 열정적인 기도생활이 상당히 인정받고 있다는 생각을 하게 됩니다. 요즘에는 관상기도나 묵상기도의 중요성도 강조되고 있으니 다양한 기도생활도 실천되고 있다고 봅니다. 또한 카타리나가 그랬던 것처럼 바른 기도를 가르치는 노력 역시 열심히 하고 있습니다. '무릎기도학교', '중보기도학교', '어머니기도학교', '영성훈련' 등 다양하게 기도를 가르치고 배울 수 있는 곳이 오늘날의 한국 교회입니다. 그래서 더욱 카타리나에게서 우리가 보아야 하고 배워야 할 것은 기도가 어떻게 삶의 변화와 실천으로 이어지는가가 아닌가 합니다. 우리는 진리를 위해 살게 해달라고 기도하고, 핍박을 두려워하지 않게 해달라고 기도하면서 막상 현실에서는 적용하지 못하거나 약해지는 듯합니다. 진리가 아닌 거짓이 판을 칠 때 손해와 핍박을 두려워하여 진리의 편에 서지 못하고 침묵으로 일관하기도 합니다. 카타리나는 고난 중에도 자신이 침묵하지 않아야 하는 것에 대해 말하면서 "고난당하는 것은 그리스도인에게 마땅한 것이고, 침묵하는 것은 거짓말이 참이라고 반쯤 시인하는 것이기 때문"이라고 말합니다. 또한 성만찬에 대한 이해에서는 "그리스도가 우리 가운데 계셔서 우리가 그분 안에 있고 죽지 않게 되기를"이라고 말하며 우리가 성찬을 통해 영적 자양분을 섭취하고 그 힘으로 이 땅에서 자선과 사랑을 베풀며 살아가도록 하는 것이라고 이해합니다. 또한 좀 더 구체적으로 성만찬과 이웃 사랑을 연결하며 "이미 세례를 받고 내적으로 배부르게 된 사람은 옛사람 아담을 죽이고 악과 세상, 육체를 견디며 극복하여 거룩하고 정결한 하나님의 자녀로, 그리스도의 제자로 마땅히 할 일을 해야 합니다. 또한 그리스도의 직분(office)으로 들어가되 구원을 위해서가 아니라 이웃 사랑으로 그리스도께서 우리에게 하셨던 것을, 마지막 만찬에서 가르치셨던 것[내가 너희를 사랑한 것과 같이 너희도 서로 사랑하라]을 해야 할 것"이라고 말합니다.

이웃에게 사랑을 베풀고 정의와 측은지심을 표현하는 것에 자신을 드리는 것은 카타리나가 이해한 경건의 핵심으로 보입니다. 그리스도인들이 이웃에게 선을 행하며 살아가는 것은 기도를 실존적으로 실천하는 것입니다. 그러나 이러한 이웃 사랑의 실천은 우리가 우리 자신은 물론 다른 누구를 구원하기 위해 하는 것이 아닙니다. 구원은 전적으로 그리스도에게서 오는 것입니다. 우리는 다만 그리스도께서 제자들의 발을 씻기시며 보여주신 사랑으로 우리의 이웃을 사랑하는 것입니다. 카타리나는 우리가 사랑해야 할 이웃으로 세 종류의 사람들, 즉 ① 같은 믿음을 가진 사람들, ② 믿음의 어떤 부분들은 동일하지 않은 사람들, ③ 완전히 다른 종교를 가진 사람들을 말합니다. 이러한 이해는 마태복음 15장 21~28절(마가복음 7:24-30)에 나오는 가나안 여자 혹은 스로보니게 여자, 누가복음 10장 29~37절의 비유에 등장하는 사마리아 사람에게서 오는 것입니다. 그래서 그녀는 당시 핍박받던 재세례파들처럼 근본적으로 같은 신앙이지만 부차적인 것에서 의견의 차이를 가진 사람들도 이웃으로 여기고 사랑을 베풀어야 한다고 생각한 것입니다. 이러한 그녀의 생각은 행동으로 나타났고 이러한 행동은 영락없이 비판받았지만, 그녀의 글과 삶을 오래 연구한 사람들은 그녀의 행동이 결코 신앙을 타협하지 않는다고 변호합니다. 그리스도인들이 이웃 사랑을 더 적극적으로 표현하고 실천할 것을 요구받는 오늘 한국 교회와 그리스도인들이 카타리나를 사표로 삼아 그녀의 기도와 실천을 겸손히 배우게 되기를 바라봅니다.

# 참고문헌

Bainton, Roland H. *Women of the Reformation in Germany and Italy*. Minneapolis: Augburg Publishing House, 1971.

Chrisman, Miriam. "Women and Reformation in Strasbourg 1490~1530." *Archiv für Reformationfeschichte* 63, 1972: 143−168.

_____. *Lay Culture, Learned Culture: Books and Social Change in Strasbourg,1480-1599*. New Haven: Yale Univ. Press, 1982.

McKee, Elsie Anne. *Katharina Schütz Zell: the Writings, a Critical Edition (in German with English Notes)*. Leiden; Boston: Brill, 1999.

_____. *Katharina Schütz Zell: the Life and Thought of a Sixteenth−Century Reformer*. Leiden; Boston: Brill, 1999.

_____. "Reforming popular piety in sixteenth−century." *Studies in Reformed Theology and History*, Vol. 2, No. 4. Princeton, N.J.: Princeton Theological Seminary, c1994.

_____. Edited and Translated. *Church mother: the Writings of a Protestant Reformer in Sixteenth−Century Germany*. Chicago: University of Chicago Press, 2006.

_____. "Lex Credendi Katharina Schutz Zell's Prayers," in *Studies in the History of Christian Traditions*, Vol. 144, 2009: 383−394.

Methuen, C. "Preaching the Gospel through Love of Neighbour: the Ministry of Katharina Schutz Zell." *The Journal of Ecclesiastical History*, Vol. 61, No. 4, 2010: 707−728.

Stjerna, Kirsi Irmeli. *Women and the Reformation*. Malden, MA: Blackwell Pub., 2009.

_____.『여성과 종교개혁』. 박경수 · 김영란 옮김. 서울: 대한기독교서회, 2013.

박효근. "여성에 대한 종교개혁가들의 사상과 그 사회적 적용".『西洋中世硏究』Vol. 30, 2012: 255−291.

엘시 맥키.『칼뱅의 목회신학』. 이정숙 옮김. 서울: 두란노아카데미, 2012.

# 3장

## 칼뱅의 경건과 기도

- 박경수 교수(장로회신학대학교, 교회사) -

**장 칼뱅**(Jean Calvin, 1509~1564)

개신교의 장로교회를 창설한 프랑스 출신의 종교개혁가이자 신학자이다. 프로테스탄트 교회의 개혁자로서 개혁주의 신앙과 신학을 수립했으며, 칼뱅주의를 이룩한 인물이기도 하다.

# 1.
## 칼뱅의 생애

　　칼뱅(Jean Calvin, 1509~64)은 중세 로마가톨릭의 폐해를 비판하면서 교회의 개혁을 주창했던 프랑스 출신의 프로테스탄트 개혁자로, 그의 개혁사상은 오늘날 유럽에서는 개혁교회 전통으로, 미국과 한국에서는 장로교회 전통으로 계승되고 있습니다. 칼뱅은 1509년 7월 10일 프랑스 북부의 작은 마을 누아용에서 태어나 유년시절을 보냈고, 청소년기에는 파리의 콜레주 드 몽테규에서 공부하다가 이후 오를레앙 대학과 부르주 대학에서 법학과 인문학을 배웠습니다. 그가 언제 프로테스탄트 개혁자로 회심했는지, 또 그의 회심이 갑작스러운 것이었는지 점진적인 것이었는지에 대해서는 논란이 있지만, 대체로 1533년 전후에 회심했을 것이라고 보고 있습니다. 칼뱅은 1533년 11월 1일 만성절에 있었던 파리 대학의 신임총장 니콜라스 콥의 연설문 사건에 연루되어 프랑스를 떠나게 되었습니다. 이후 그의 삶은 피난민과 이주민의 생활이었습니다.

　　프랑스를 떠난 칼뱅은 스위스 바젤에 머물면서 프랑스의 박해받는 프로테스탄트 신자들을 변호하고자 『기독교강요』를 집필하기 시작해 1536년 3월 출판했습니다. 그리고 그해 여름 스위스 제네바에서 교회 개혁 운동을 펼치고 있던 기욤 파렐의 강권으로 제네바에 머물게 됩니다. 이렇게 칼뱅은 자신에게 운명적인 도시가 된 제네바와 인연을 맺게 되었습니다.

칼뱅은 제네바의 생피에르 교회에서 성서를 가르치는 교사로 시작하여 얼마 후에는 목회자로 사역했습니다. 칼뱅과 제네바의 목회자들은 제네바 교회의 개혁을 위해 『신앙고백과 규율』과 『교리문답』을 작성했고, 이 문서들은 1537년 1월 16일 의회의 승인을 받았습니다. 하지만 제네바의 토착세력들이 외부에서 온 목회자들인 파렐이나 칼뱅이 주도하는 개혁운동에 강한 불만을 표출하면서 충돌과 갈등이 빚어졌습니다. 여기에 제네바의 정치적 독립에 결정적 도움을 주었던 베른이 파렐과 칼뱅이 주도하는 제네바의 급진적 개혁에 반대하자 개혁자들의 입지는 더욱 좁아졌습니다. 결국 파렐과 칼뱅은 1538년 4월 22일 의회로부터 면직을 당하고 제네바에서 추방당하게 됩니다.

제네바에서 쫓겨난 칼뱅은 바젤에 잠시 머물다가 스트라스부르의 종교개혁자 마르틴 부처의 초청으로 1538년 9월에 스트라스부르로 가게 됩니다. 거기서 칼뱅은 프랑스 피난민들이 모인 교회의 목회자로 일하면서 스트라스부르 아카데미에서 신약성서를 가르치는 책임도 맡았습니다. 칼뱅은 스트라스부르에 머물면서 1540년 이들레트 드 뷔르(Idelette de Bure)와 결혼하여 가정을 꾸렸으며, 『기독교강요』 개정판(1539)과 『로마서주석』(1540)을 내놓았고, 성만찬에 관해 격한 대립을 보이고 있던 루터주의자들과 츠빙글리주의자들을 중재하는 『성만찬에 관한 소논문』(1541)을 발표했으며, 제네바 시민을 로마가톨릭으로 되돌리려는 의도로 추기경 야코포 사돌레토가 제네바 의회에 보낸 편지를 반박하는 탁월한 답변서를 쓰기도 했습니다. 이처럼 칼뱅은 스트라스부르에서 목사, 교수, 저술가, 중재자로서의 바쁜 일상을 보냈습니다. 칼뱅은 스트라스부르에 체류하던 이 시기가 자신의 인생에서 가장 행복한 때였다고 회고했습니다.

칼뱅이 스트라스부르에 머문 지 3년 만에 제네바 교회가 다시 그를 청했고, 이때 칼뱅은 제네바로 돌아가느니 차라리 백 번이고 십자가를 지는 편이 더 낫다면서 완강히 거절했습니다. 그렇지만 파렐과 부처를 비롯한 동료들이 제네바 교회를 위해 칼뱅이 꼭 필요하다면서 하나님의 이름으로 강권하자, 결국 칼뱅은 자신의 뜻을 꺾고 제네바 행을 결심하면서 파렐에게 이렇게 써 보냈습니다. "만일 나에게 선택의 자유가 있다면 제네바로 돌아오라는 당신의 요구만은 정말 거절하고 싶지만, 내가 나의 주인이 아님을 돌이켜 생각하여 주님께 제물로 바치듯 내 마음을 즉시 그리고 진심으로 드립니다." 그리하여 마음을 바치는 손이 있는 그림이 칼뱅의 문장(紋章)이 되었습니다.

칼뱅이 1541년 다시 제네바로 돌아왔지만, 제네바가 개혁교회의 요람이 되기까지의 과정은 결코 순탄하지 않았습니다. 1541년부터 1555년까지 적어도 14년 동안 칼뱅은 폭풍이 휘몰아치는 것 같은 험한 세월을 보내야만 했습니다. 칼뱅은 자신을 반대하는 세력들에게 제지를 받으면서도 모든 난관을 뚫고 『교회법령』을 마련하여 예배의식과 교회의 제반 관습들을 개혁하고, 목회자와 평신도로 구성된 치리기구인 컨시스토리(Consistory)를 만들어 도덕을 바로세우고, 신학적 논쟁들을 통해 올바른 사상을 수립하고, 제네바아카데미를 통해 교육을 개혁하고, 종합구빈원과 프랑스기금을 통해 사회복지를 실천하는 등의 활동을 통해 제네바를 하나님의 말씀에 합당한 도시로 만들어나갔습니다. 그 결과 1556년 제네바를 방문했던 스코틀랜드의 종교개혁자 존 녹스는 제네바를 보고 "사도시대 이후 가장 완벽한 그리스도의 학교"라며 감탄했습니다.

칼뱅은 1564년 5월 27일 숨을 거둘 때까지 제네바의 목회자로, 프로테스탄트 종교개혁의 지도자로, 교육자로, 신학자로 자신에게 맡겨진 소명을 감당했습니다. 칼뱅이 끼친 영향은 단지 교회에만 국한된 것이 아니라 서구 사회 전체에 걸친 광범위한 것이었습니다. 그는 하나님의 교회와 하나님의 영광을 위해 자신의 마음을 '즉시' 그리고 '진심으로' 바친 위대한 하나님의 사람이었습니다. 칼뱅은 죽었지만 아직도 그의 사상과 정신은 온 세상 곳곳에 살아 계승되고 있습니다.

# 2.
## 칼뱅의 경건

　　칼뱅을 가리켜 '책 한 권의 사람'이라고 말하는 사람들이 있습니다. 그 책은 다름 아닌 『기독교강요』를 일컫는 것입니다. 또 어떤 사람은 칼뱅을 가리켜 '한 도시의 사람'이라고 부르기도 합니다. 그 도시는 다름 아닌 제네바를 말합니다. 칼뱅을 책 한 권으로만, 한 도시의 인물로만 파악하려는 것은 분명히 지나친 과장이긴 하지만 그만큼 그의 삶에서 제네바 그리고 『기독교강요』가 갖는 의미가 지대하다는 사실을 단적으로 말해주는 표현이기도 합니다.

　　기독교 고전총서의 편집자인 존 맥닐은 칼뱅의 『기독교강요』를 "역사의 흐름을 결정적으로 바꾼 책들 가운데 하나"라고 평가한 바 있습니다. 어떤 면에서 보면 칼뱅의 전 생애는 이 책을 개정하고 확장하는 일에 바쳐졌습니다. 『기독교강요』는 1536년 3월 바젤에서 라틴어 초판이 나온 이후 라틴어로는 5판(1536, 1539, 1543, 1550, 1559)이 출간되었고, 프랑스어로는 4판(1541, 1545, 1551, 1560)이 발간되었습니다. 다시 말해 24년 동안 계속하여 개정되고 증보되었던 것입니다. 칼뱅이 1564년 죽지 않았다면 시대적 요청에 응답하여 계속해서 개정판이 나왔을지도 모릅니다.

그렇다면 칼뱅이 『기독교강요』를 집필한 목적은 무엇이었을까요? 그것은 다름 아닌 경건의 진보를 위함이었습니다. 칼뱅은 『기독교강요』 초판을 출판하면서 당시 프랑스의 왕이었던 프랑수아 1세에게 바치는 헌사를 덧붙였습니다. 이 헌사의 첫 문장은 이렇게 시작됩니다. "저의 목적은 단지 어떤 기초적인 사실들을 전달함으로써 그것에 의해 종교에 열심을 가진 사람들이 참된 경건에 도달하게 하는 것이었습니다." 이 책이 그리스도인의 경건의 진보를 염두에 두고 씌어졌음을 분명히 밝히고 있는 것입니다. 『기독교강요』의 영어 번역자인 포드 베틀즈는 자신의 서문에서 다음과 같이 말하고 있습니다. "우리는 칼뱅이 직업적인 신학자라기보다는 종교적인 영성이 깊은 사람이었다고 말할 수 있을 것이다. 그는 자신의 『기독교강요』를 '신학의 대전(summa theologiae)'이 아니라 '경건의 대전(summa pietatis)'이라고 부른다. 칼뱅의 정신적 에너지의 비밀은 그의 경건에 있었다. 그의 경건의 산물이 그의 신학이었으며, 그의 신학에서 그의 경건은 충분히 표현되었다." 칼뱅이 거대한 조직신학 책을 쓰려고 했던 것이 아니라 경건생활에 필요한 것들을 기술하고자 했음을 잘 지적해주는 대목입니다. 『기독교강요』 초판의 부제("모든 경건의 개요와 구원의 교리를 아는 데 필요한 기독교의 가르침: 경건에 열심을 가진 모든 사람들에 의해 읽힐 만한 가치가 있는 최근의 저서")에서도 우리는 칼뱅의 『기독교강요』가 신학이 아니라 경건의 진보에 관심을 가지고 있음을 분명하게 알 수 있습니다. 미셸 헌터 또한 "경건이야말로 칼뱅이라는 인물을 파악하는 데 있어서 핵심이다. 그는 하나님께 붙잡힌 영혼이었다. 그는 신학 그 자체를 공부하는 것에는 아무 관심도 없었다. 그가 신학에 헌신한 것은 그것이 신앙의 의미를 지지해주는 뼈대의 역할을 해주기 때문이었다"라고 평가하고 있습니다. 따라서 우리는 칼뱅의 『기독교강요』 최종판에 '경건'이라는 단어가 180회 이상이나 나오는 데 대해 전혀 놀랄 이유가 없는 것입니다.

그러면 칼뱅에게 경건이란 무엇이었을까요? 칼뱅은 『기독교강요』에서 경건이란 "하나님에 대한 경외와 하나님에 대한 사랑이 결합된 것"이라고 정의합니다. 칼뱅에 따르면 무엇보다 하나님을 경외하는 마음, 즉 두려워하는 마음이 경건의 출발점입니다. 이 두려움은 하나님의 심판을 피하고자 하는 두려움이 아니라, 하나님의 마음을 상하게 하는 것을 죽는 것보다 더 두려워하는 순수하고 참된 열심을 일컫는 것입니다. 그리고 온 마음과 몸을 다해 하나님을 사랑하는 것입니다. 이 하나님에 대한 사랑은 그분의 은혜를 분명히 깨달아 알 때 생겨납니다. 두려움과 사랑이야말로 경건의 두 기둥인 셈입니다.

이처럼 경건은 하나님을 향한 내적 태도입니다. 여기에는 하나님을 아는 올바른 지식이 포함됩니다. 그래서 칼뱅은 경건을 하나님에 대한 올바르고 거룩한 지식이라고 말한 것입니다. 하나님을 제대로 아는 사람은 경건할 수밖에 없습니다. 또한 하나님께 바르게 예배하게 됩니다. 그리고 하나님 앞에서 올곧은 삶, 사랑을 실천하는 삶을 살아가게 됩니다. 다시 말해 경건에서부터 사랑이 흘러나오는 것입니다. 경건은 분명히 내적인 태도이지만 결국 외적인 행위로 연결되는 것입니다. 따라서 그리스도인의 경건은 세상 안에서의 섬김과 세상을 변화시키는 실천으로 자연스레 이어지는 것입니다. 그렇기 때문에 칼뱅은 에스겔 18장 5절 주석에서 경건이 사랑의 뿌리라고 말했던 것입니다.

# 3.
## 칼뱅의 기도

칼뱅에게 기도란 무엇이었을까요? 그는 『기독교강요』에서 기도에 대해 "믿음의 최상의 실천이며, 우리는 이것을 통해 매일 하나님의 은혜를 받는다"고 말합니다. 여기에서 '실천'이라는 단어에 주의를 기울여야 합니다. 기도란 하나님을 향한 우리의 경건과 믿음을 실천하는 행위라는 것입니다. 우리가 하나님을 믿는다는 사실을 가장 웅변적으로 드러내 보여주는 행위가 바로 기도입니다. 우리의 연약함을 알기에 하나님께 의지하고, 우리의 부족함을 알기에 하나님께 간구하는 것입니다. 기도한다는 것은 내 생각, 내 방법, 내 뜻보다는 하나님의 생각, 하나님의 방법, 하나님의 뜻을 따르겠다는 선언입니다. 칼뱅은 기도란 자신의 것이라고는 아무것도 없으며, 자기에게서는 아무런 선한 것도 나올 수 없다는 사실을 아는 사람의 믿음의 실천이라고 보았습니다.

기도와 관련하여 칼뱅은 두 가지 중요한 원칙을 강조하고 있습니다. 첫째로, 기도는 마음을 다하여 드려야 한다는 것입니다. 『기독교강요』 초판에서 칼뱅은 "공(公)기도에서나 사(私)기도에서나 우리가 확실히 붙들어야 할 것은 마음이 없는 말은 하나님께서 받지 않는다는 사실이다"라고 강조합니다. 왜냐하면 하나님께서는 항상 우리 마음의 중심을 보시기 때문입니다. 둘째로, 기도는 믿음으로 드려야 한다는 것입니다. 우리가 기도해도 응답받지 못하는 것은 믿음으로 구하지 않기 때문입니다. 칼뱅은 『로마서주석』에서 이렇게 말합니다. "믿음이 없는 자들은 청산유수같이 기도한다고 할지라도 그런 기도 속에는 진실함이나 신실함 또는 제대로 된 것이 하나도 없기 때문에 그것은 단지 하나님을 희롱하는 것일 뿐이다." 이처럼 칼뱅은 마음의 기도, 믿음의 기도를 강조합니다.

그러면 우리는 누구에게 기도해야 합니까? 당연히 기도의 대상은 하나님입니다. 그렇기 때문에 칼뱅은 "기도에서 무엇보다도 가장 중요한 것은 하나님의 뜻에 합하는 것"이라고 말합니다. 하나님의 뜻을 구하고, 찾고, 두드리는 믿음의 실천이 기도입니다. 참된 기도는 내 뜻을 하나님께 강요하는 것이 아니라 하나님의 뜻에 내 생각을 맞추는 것입니다. 참된 기도는 하나님의 귀를 어지럽히는 것이 아니라 하나님의 뜻에 귀를 기울이는 것입니다. 참된 기도는 내 생각을 하나님께 말하는 것이 아니라 하나님의 뜻을 듣고 따르는 것입니다. 기도에서 모든 기준은 하나님의 뜻입니다. 기도는 하나님의 뜻을 알고, 믿고, 실천하는 행위인 것입니다. 이때 기억해야 할 것은 우리는 성인들이 아니라 그리스도를 통해(through Christ) 하나님께(to God) 기도해야 한다는 사실입니다.

그렇다면 어떻게 기도해야 할까요? 칼뱅은 말과 노래로 기도하기를 권합니다. 하나님을 향한 우리의 마음과 믿음이 말이나 노래와 결합될 때 기도가 됩니다. 칼뱅은 모든 사람들이 이해할 수 있는 말로, 즉 중세 로마가톨릭의 예전 언어인 라틴어가 아니라 자국어로 하나님께 기도하기를 원했습니다. 또한 칼뱅에게는 곡조 있는 말인 찬양도 기도하는 방식이었습니다. 그렇기 때문에 칼뱅은 제네바교회에서 모든 시편에 운율을 붙여 『제네바시편찬송가』를 만들어 예배 때 사용했던 것입니다. 이런 이유로 예배 때 시편찬송을 부르는 것은 개혁교회의 중요한 전통으로 자리 잡았습니다.

칼뱅은 이어서 기도의 형식과 내용에 대해 말합니다. 이 부분에서 칼뱅은 주기도문을 우리 앞에 모범으로 제시합니다. 주기도문의 전반부 세 기원은 하나님의 영광을 위한 것이며, 후반부 세 기원은 우리 자신의 유익을 위한 것입니다. 이와 같이 기도에서 우리는 하나님의 영광과 우리의 필요를 구하게 됩니다. 그리고 이러한 간구와 더불어 감사를 드리게 됩니다. 감사로써 우리는 우리를 향하신 하나님의 은혜를 인정하고, 말과 찬양으로써 그것을 고백하는 것입니다.

마지막으로 칼뱅은 기도에는 훈련과 인내가 필요하다는 점을 강조합니다. 성서는 우리에게 '쉬지 말고' '항상' 기도하라고 가르치지만 우리의 나약함 때문에 그렇게 하지 못합니다. 따라서 일정한 시간을 정해 놓고 기도하는 훈련이 필요합니다. 하지만 그것을 미신적으로 행하거나 지켜서는 안 된다고 조언합니다. 또한 기도는 인내를 필요로 합니다. 비록 기도에 응답이 없거나 더디다고 생각될지라도 믿음을 잃지 말고 하나님의 뜻을 기다리는 인내야말로 기도생활에 필수적이라고 강조합니다. 우리 믿음의 선조들이 그랬듯이, 예수 그리스도가 그랬듯이 말입니다.

# 4.
## 우리에게 주는 의미

오늘 한국 교회와 한국사회가 두려움을 잃어버린 것이 아닐까요? 칼뱅은 경건이란 하나님에 대한 경외(敬畏), 즉 두려움에서부터 시작된다고 말했습니다. 과연 한국 교회와 그리스도인들이 하나님을 두려워하고 있는지 돌아보게 됩니다. 하나님을 두려워한다면 감히 교회를 자기 것인 양 세습하려는 생각을 할 수 있을지, 교회의 헌금을 자기 것인 양 횡령할 수 있을지, 주님의 몸인 교회 안에서 불륜과 부정과 불법을 버젓이 저지를 수 있을지, 이웃과 자연에 대해 거들먹거리는 자세와 교만한 태도로 방자하게 행할 수 있을지 의문입니다. 하나님에 대한 두려움만 회복한다면, 오늘 한국 교회의 많은 문제들이 해결될 수 있을 것입니다. 그런 점에서 경건의 회복이 참된 교회, 바른 교회를 세우는 한 길이 될 것입니다. 이익이 생명보다 앞서고, 편법과 효율성이 기본과 원칙보다 앞서는 기막힌 이 세상에서 한국 교회가 대안공동체가 되기를 원한다면 하나님에 대한 두려움을 회복해야 할 것입니다. 지금이야말로 "두렵고 떨림으로 너희 구원을 이루라"(빌 2:12)는 말씀을 무겁게 받아들여야 할 때입니다.

또한 한국 교회는 경건의 사회성을 재발견해야 합니다. 칼뱅은 경건을 사랑의 뿌리라고 말했습니다. 참으로 하나님을 두려워하고 사랑하는 사람이라면 이웃과 세상을 사랑할 수밖에 없습니다. 지금까지 한국 교회는 경건을 지나치게 개인적인 것으로 치부해왔습니다. 그러나 성서는 경건이 개인을 넘어 사회를 새롭게 변화시키는 영성이라고 가르칩니다. 하나님이 기뻐하는 금식은 "압박의 사슬을 풀어주고 모든 멍에를 꺾어버리며 억압당하는 자를 자유롭게 하는 것"(사 58:6)이라는 구절이 무슨 의미일까요? 또한 참된 경건은 "곧 고아와 과부를 그 환난 중에 돌보는 것"(약 1:27)이라는 구절이 무슨 의미일까요? 그것은 다름 아닌 경건의 사회적 성격을 일컫는 것입니다. 지금이야말로 한국 교회가 경건을 보다 전체적으로 이해하고 실천해야 할 때입니다.

이와 관련하여 칼뱅의 기도에 대한 정의를 곱씹어 생각해볼 필요가 있습니다. 칼뱅은 기도는 믿음의 실천이라고 말했습니다. 지금 한국 교회에 필요한 것이 행동하는 믿음으로서의 기도라고 생각합니다. 기도는 정적인 것이 아니라 동적인 실천입니다. 하나님 나라에 대한 간절한 기도는 하나님 나라를 만들고자 하는 행동으로 이어지는 것입니다. 이런 점에서 기도는 곧 행동입니다. 한국 교회와 한국사회에 하나님의 정의와 평화와 생명이 꿈틀거리기를 원한다면 말과 노래로 하는 기도를 넘어 몸으로 하는 기도를 할 때입니다. 기도는 단지 입으로만 하는 것이 아니라 온몸으로 하는 것이기도 합니다. 이럴 때에 한국 기독교가 개인적 신앙의 차원으로만 환원되는 사사화(私事化)의 위험을 극복하고 공적 신앙의 위상을 되찾게 될 것입니다. 이것은 한국 교회가 지금까지 강조해왔던 개인적 기도훈련을 경시하거나 배제하려는 것이 아니라 기도의 외연을 확대하여 그 본뜻에 맞도록 균형을 잡으려는 것입니다.

마지막으로 한국 교회는 교회 중심적 사고에서 하나님 나라 중심적 신앙으로 패러다임을 전환해야 합니다. 교회는 그 자체가 목적인 공동체가 아니라 하나님 나라를 위한 도구입니다. 교회 그 자체가 목적인 양 교회주의(churchism)에 매몰될 것이 아니라 예수 그리스도가 전하고 이루고자 했던 하나님 나라라는 보다 넓고 온전한 목표를 지향해야 합니다. 그럴 때에 지금 절대적으로 생각하는 것들을 상대화시킬 수 있게 되며, 가치의 우선순위를 바로 매길 수 있게 될 것입니다. 이것이 "너희는 먼저 그의 나라와 그의 의를 구하라"(마 6:33)는 예수 그리스도의 가르침을 바르게 따르는 길일 것입니다. 한국 교회가 다가오는 하나님 나라를 바라보고, 기대하고, 살아내면서 인내로써 경주하게 되기를 기도합니다.

## 참고문헌

*Calvin's Commentaries.* 22 Vols. Grand Rapids: Baker Books, 1974.

*Institutes of the Christian Religion* (1559). ed. John T. McNeill, trans. Ford L. Battles. Library of Christian Classics. Vols. 20-21. Philadelphia: The Westminster Press, 1960.

박경수. 『교회사클래스』. 서울: 대한기독교서회, 2010.

_____. 『교회의 신학자 칼뱅』. 서울: 대한기독교서회, 2009.

_____. 『한국 교회를 위한 칼뱅의 유산』. 서울: 대한기독교서회, 2014.

장 칼뱅. 『기독교강요』(초판). 양낙흥 옮김. 고양: 크리스챤다이제스트, 2008.

_____. 『기독교강요』(최종판). 원광연 옮김. 고양: 크리스챤다이제스트, 2003.

『칼뱅: 신학논문들』. 황정욱 · 박경수 옮김. 서울: 두란노아카데미, 2011.

『칼뱅작품선집』 I-VII. 박건택 편역. 서울: 총신대학교출판부, 1998~2011.

# 존 오웬과 기도

- 이성호 교수(고신대학교 신학대학원, 교회사) -

**존 오웬**(John Owen, 1616~1683)

영국 비국교도 교회의 지도자이자 신학자이다. 흔들림 없는 믿음과 일관되고 균형 있는 가르침, 예리한 통찰로 이후의 개신교도들에게 감화와 영향을 끼친 개혁 신학자로, '영국의 칼뱅', '청교도의 황태자', '청교도의 다윗 왕' 등으로 불린다.

# 1.
## 존 오웬의 생애

존 오웬(1616~1683)은 1616년 영국에서 교구목사의 아들로 태어났습니다. 그는 부친의 도움으로 옥스퍼드 대학에서 그 당시 최고의 신학 공부를 할 수 있었습니다. 12세에 입학하여 19세에 석사학위까지 마쳤으니 학문에 있어서 탁월한 지성을 가졌다고 할 수 있을 것입니다. 그러나 오웬은 신학 공부를 하는 동안 자신의 회심에 대해 분명한 확신을 하지 못했는데, 20대 중반쯤에 이르렀을 때 이름을 알 수 없는 한 설교자의 감명 깊은 설교를 듣고 회심을 경험했습니다. 이 경험은 오웬의 삶과 신학에 큰 영향을 주었습니다.

목사 안수를 받고 오웬이 본격적으로 목회활동을 하던 시기는 영국 역사에 있어서 가장 위태로운 시기였습니다. 캔터베리의 대주교였던 윌리엄 로드의 주도하에 영국 교회는 기존의 종교개혁의 전통을 떠나 로마가톨릭교회로 회귀하고 있었습니다. 이런 조치에 대해 청교도들은 격렬하게 반대했고, 심지어 온건한 국교회 지지자들조차 그리했으며, 이러한 대립은 결국 영국혁명으로 이어지게 되었습니다. 그 당시

국교회 내에서는 칼뱅주의와 알미니안주의가 신학적으로 격렬하게 대립하고 있었는데, 오웬은 아주 젊은 나이에 칼뱅주의를 변증하는 탁월한 책을 저술했습니다. 이 책은 오웬의 첫 저술이었는데, 이 책으로 인해 오웬은 전국적으로 유명한 목사가 되었습니다.

기본적으로 청교도들은 교리적으로 개혁파적인 입장을 가졌고, 여기에 근거하여 보다 철저하게 성경에 충실한 교회를 세우기를 원했습니다. 하지만 초기에는 그것이 구체적으로 무엇인가에 대해 일치된 의견이 존재하지 않았습니다. 다수는 노회정치(Presbyterianism)를 선호했지만, 소수는 회중교회(Congregationalism)를 선호했습니다. 심지어 감독제나 에라스투스주의를 추종하는 자들도 있었습니다. 의회파 지도자들이 이 문제를 해결하기 위해 웨스트민스터 총회를 소집하자(1643년) 이 그룹들은 서로 격렬하게 신학적으로 논쟁했습니다. 이 논쟁이 아주 치밀했기 때문에 존 오웬은 자신의 입장을 제대로 정리할 수 없었습니다. 시간이 지나면서 논쟁의 성격을 제대로 파악하게 되자 오웬은 회중교회의 입장을 따르게 되었고 그들의 대표적인 지도자가 되었습니다.

영국혁명이 진행되는 동안 왕이 처형되었고 올리버 크롬웰이 정권을 잡게 되었습니다. 그는 기본적으로 회중교회를 지지하는 정책을 추진했습니다. 크롬웰의 후원으로 오웬은 자신이 졸업한 대학의 총장(vice-chancellor)이 되었고, 크롬웰의 궁정 목사가 되어 상당한 정치적·종교적 영향력을 행사할 수 있었습니다. 이 기간 동안 오웬은 영국에서 대표적인 종교 지도자로 명성을 날렸습니다. 강의나 저술을 통해 그는 개혁파 신학과 회중교회의 정치제도를 변증하는 데 많은 힘을 기울였습니다.

오웬에게는 너무나 아쉽게도 올리버 크롬웰의 통치는 당대에 끝나고 말았습니다. 1660년에 왕정이 복고되었고, 이와 더불어 강력한 국

교회 정책이 시행되었습니다. 국교회에 동의하지 않는 모든 목사들은 자격을 박탈당해야 했습니다. 오웬 역시 자신의 소신을 지켰기 때문에 모든 공직에서 물러나야 했으며, 지하에서 회중교회 지도자로서 성도들을 돌보는 일에 힘썼습니다. 이 기간 동안 오웬은 저술에 많은 힘을 기울였습니다. 그의 상당수 뛰어난 저술은 이 시기에 출판되었습니다. 그중에는 무려 7권이나 되는 히브리서 주석도 포함되어 있습니다. 오웬은 박해 속에서 회중교회의 목회를 계속하다가 1683년에 하나님의 부르심을 받았습니다.

# 2.
## 기도에 대한 역사적 배경

　　기도에 대한 오웬의 입장을 제대로 이해하기 위해서는 그 당시 영국 교회의 상황을 잘 이해할 필요가 있습니다. 잘 알다시피 영국 교회의 종교개혁은 헨리 8세가 아들을 낳지 못하는 왕비 캐서린과 이혼하고 새로운 부인과 재혼하려고 하면서 시작됩니다. 재혼을 하기 위해서는 교회로부터 혼인무효(annulment)를 받아야 했는데, 교황이 이를 허락하지 않았기 때문에 헨리 8세는 최종적으로 로마교회와 단절하고 스스로 영국 교회의 머리가 되었습니다. 이것을 '수장령'이라고 하지요. 영국 종교개혁의 원인은 순전히 정치적인 것이었기 때문에 종교개혁이 교회에 준 영향은 거의 없었습니다. 재혼으로 낳은 헨리 8세의 아들 에드워드는 너무 일찍 죽었기 때문에 개혁이 제대로 시행될 수도 없었고, 딸 메리가 왕이 되었을 때는 아예 로마가톨릭교회가 재건되었습니다.

　　영국 교회가 오늘날의 모습과 유사하게 정착하게 된 것은 엘리자베스 여왕의 종교정책 때문이라고 할 수 있습니다. 그녀는 무려 40년 넘게 영국을 통치하면서(재위 1558~1603년) 영국 교회의 기초를 세웠습니다. 그녀는 왕으로서 영국 교회의 통일이 무엇보다도 중요하다고 보았습니다. 이를 위해 영국 교회의 39개조 신조를 확정했고, 주교제를 교치의 기반으로 삼았으며, 스스로 영국 교회의 최고 통치자로 자처했습니다. 특별히 영국 내의 모든 교회들의 통일을 위해 모든 예식은 공동 기도서(The Book of Common Prayer)에 따라 시행할 것을 명령했습니다. 이름은 기도서이지만 기도문만 실린 것은 아니고 영국 교회의 모든 중요한 예식에 관한 규정들을 다 포괄하고 있습니다. 따라서 공동 기도서는 영국 교회의 핵심이라고 할 수 있습니다.

청교도 운동은 바로 이런 배경 속에서 나오게 되었습니다. 영국 교회는 교황제를 버렸다는 점에서 그리고 라틴어에 의한 우상숭배적 미사를 근절했다는 점에서 더 이상 거짓교회는 아니었습니다. 공동 기도서 자체는 좋은 내용을 많이 담고 있었습니다. 그러나 문제는 그것들이 영국의 모든 교회에 획일적으로 강요되고 있다는 것이었습니다. 여기에 대해 청교도들은 그것이 성경적 가르침과 상충된다고 생각하면서 개체교회의 자유를 주장하기 시작했습니다. 영국 교회를 말씀에 따라 더 철저하게 정화된 교회로 만들려고 했던 이들이 바로 청교도들이었습니다. 오웬은 정확히 이런 청교도적인 유산을 그대로 가지고 있었고 그 전통을 변증하려고 했습니다. 기도에 대한 오웬의 가르침도 이런 맥락 속에서 바라보아야 할 것입니다.

# 3.
## 성령: 은혜와 간구의 영

　　오웬은 기도에 대해 많은 글을 남기지 않았습니다. 그러나 오웬이 기도에 대해 중요하게 생각하지 않았기 때문은 아닙니다. 그는 다른 청교도 신학자들과 함께 기도가 신앙생활에 있어서 가장 중요하다는 것을 알고 있었습니다. 그는 기도야말로 하나님이 계시다는 것을 믿는다는 증거이기 때문에 기도를 하지 않는 것을 실천적 무신론(practical atheism)이라고 규정했습니다. 입으로는 하나님이 계시다고 하지만 실제로는 하나님이 계시다는 것을 믿지 않는 것이 바로 실천적 무신론입니다. 오웬은 "기도는 신자가 하나님과 대화할 수 있는 가장 탁월한 수단이기 때문에 기도의 대화가 없다면 짐승과 같이 비참한 존재가 될 수밖에 없다"고까지 말했습니다.

　　『공동 기도서』라는 형식에 따른 기도야말로 가장 적합한 기도라고 주장하는 국교회에 맞서 오웬은 진정한 기도는 성령을 따르는 기도라고 강조했습니다. 칼뱅과 마찬가지로 오웬도 성령의 신학자라고 할 수 있습니다. 성령에 대한 오웬의 저술(『The Holy Spirit: His Gift and Power』)은 오늘날까지 성령론에 있어서 하나의 고전으로 자리 잡고 있습니다. 그의 성령론을 기도에 적용시킨 책이 『기도에 있어서 성령의 사역에 대한 서술』입니다. 오웬은 국교도가 형식주의에 빠진 근본적 이유가 성령의 능력에 대한 몰이해에 있다고 보았습니다. 이 책을 통해 오웬은 성령의 사역에 따른 참된 기도가 어떤 것인지를 잘 변증했습니다.

오웬은 성령의 사역을 제대로 이해하지 못한 근본적 이유가 기도에 대한 성경의 가르침을 제대로 이해하지 못했기 때문이라고 보았습니다. 그렇기 때문에 오웬은 늘 그렇듯이 성경적 주해를 가지고 자신의 논증을 시작합니다. 여기에서 성경학자로서의 오웬의 탁월성이 부각됩니다. 오웬에게 있어서 논증의 기초가 되는 성경구절은 잘 알려지지 않은 스가랴 12장 10절입니다. "내가 다윗의 집과 예루살렘 주민에게 은혜와 간구의 영을 부어주리라." 참고로 한국어 성경은 "은혜와 간구의 영"이 "은총과 간구의 심령"이라고 번역되어 있습니다.

오웬은 여기서 말하는 영이 하나님이 영, 즉 성령이라고 해석합니다. 이 구절은 성령에 대한 요엘서나 에스겔서의 약속의 예언에 비추어 이해되어야 가장 잘 이해될 수 있다고 보기 때문입니다. 그렇다면 이 약속이 이루어질 다윗의 집과 예루살렘은 구체적으로 누구를 지칭할까요? 물론 구약의 성도들에게도 이 약속이 이루어졌지만, 오웬은 신약교회에서 훨씬 더 풍성하게 성취되었다는 것을 강조합니다. 신약과 구약의 관계를 이런 식으로 보는 것은 성경해석에 있어서 오웬의 큰 특징입니다. 선지자들의 약속대로 성령은 신약교회의 모든 성도들에게 넘치도록 부어져서 그들에게 기도할 마음뿐만 아니라 기도할 수 있는 능력도 주셨습니다. 그렇기 때문에 성령은 간구의 영이라고 불릴 수 있습니다. 이것을 믿지 않고 기도문이 더 낫다고 생각하는 것은 성경의 명백한 가르침을 거부하는 것입니다.

오웬은 스가랴의 약속이 성취되었다는 것은 갈라디아서 4장 6절에서 명백하게 증명된다고 생각합니다. 바울 사도는 갈라디아 교인들에게 다음과 같이 말합니다. "너희가 아들이므로 하나님이 그 아들의 영을 우리 마음 가운데 보내사 아바 아버지라 부르게 하셨느니라." 양자의 영을 받았기 때문에 하나님과 신자는 아버지와 아들의 관계가 되었습니다. 이와 같은 관계가 형성되었기 때문에 신자들은 기쁘고 즐거운 마음으로 하나님께 육신의 아버지께 구하는 것처럼 기도할 수 있습니다. 오웬은 "하나님께서 두려움이 아니라 능력과 사랑과 근신의 영"(딤후 1:7)을 주셨다고 강조하고 있습니다.

성령은 우리에게 기도할 열정과 능력뿐만 아니라 어떻게 기도해야 할 것도 가르치십니다. 로마서 8장 26절은 기도에 있어서 성령의 역할을 다음과 같이 분명히 가르치고 있습니다. "이와 같이 성령도 우리의 연약함을 도우시나니 우리가 마땅히 빌 바를 알지 못하나 오직 성령이 말할 수 없는 탄식으로 우리를 위해 친히 간구하시느니라." 오웬에 따르면 우리가 아무리 기도를 하고 싶다고 하더라도 우리가 무엇이 필요한지 모르고, 하나님의 약속이 무엇인지 모르고, 우리가 구하는 것의 목적이 무엇인지 모른다면 제대로 된 기도를 할 수 없습니다. 예를 들어 은혜를 구하기 위해서는 자신의 죄를 깨달아야 하는데, 성령의 역사가 없다면 죄의 진정한 성격에 대해 제대로 알 수 없습니다. 그렇다면 신자는 하나님께 바른 간구를 할 수 없는 것이지요.

여기서 우리는 기도에 대해 중요한 사실을 하나 알 수 있습니다. 오웬은 분명한 지식이 기도에 필수적이라고 생각합니다. 성령의 도움으로 기도하는 것은 열정적으로 기도하는 것만을 의미하지 않습니다.

성령은 근신 혹은 분별의 영입니다. 기도를 함에 있어서 분명한 지식 없이 기도하는 것은 참된 기도라고 할 수 없습니다. 아무런 지식 없이 기도하는 것은 그야말로 허공을 치는 것과 같습니다. 성령은 우리에게 빌 바를 알려주시고 기도하게 하시지 그냥 무조건 기도하게 하시지 않습니다.

기도에 있어서 지식의 강조는 특별히 기도문 사용에 대해 신자들이 어떤 태도를 취해야 할 것인지를 가르쳐줍니다. 국교회 신자들 중 상당수는 기도문을 가지고 열심히 기도는 하지만 기도문의 내용을 제대로 이해하지는 못했습니다. 사실 기도문을 암송하더라도 암송 자체가 내용을 이해하게 하는 것은 아닙니다. 예를 들어 오늘날 한국 교회 신자들이 주기도문이나 사도신경을 암송하지만 그 뜻을 충분히 아는 사람이 얼마나 될까요? 주기도문의 가르침대로 '우리의 양식'을 진심으로 구하는 사람이 얼마나 될까요? 사도신경의 '독생자'라는 뜻을 정확히 이해하는 사람들이 얼마나 되며, 공교회의 '공'이 의미하는 바가 무엇인지를 아는 사람이 얼마나 될까요? 안다고 하더라도 그것을 진심으로 간구하며 고백하고 있을까요?

오웬은 기도가 예배의 한 부분이기 때문에 기도는 예배의 근본 원칙을 따라야 한다는 것을 강조합니다. 이 점에서 그 유명한 로마서 12장 1절은 대단히 중요합니다. "너희 몸을 하나님이 기뻐하시는 거룩한 산제사로 드리라. 이는 너희의 드릴 영적 예배니라." 한국 성경에 '영적 예배'라고 번역된 이 표현은 영어로 'reasonable service'입니다. 이것은 그 당시 청교도들에게 예배를 이해함에 있어서 대단히 중요한 성경 문구였습니다. 오웬 역시 이 구절에 근거하여 진정한 예배는 분명한 지식에 근거한 예배가 되어야 한다고 생각했습니다.

진정한 예배에 지식이 필수적이라고 보았기 때문에 오웬은 그 당시 오랫동안 로마가톨릭교회에서 인기를 끌었고 퀘이커교도들에게서 뿌리를 내렸던 침묵 혹은 관상기도를 거부했습니다. 왜냐하면 관상기도는 사랑과 열정은 강조하지만 지식은 철저하게 거부했기 때문입니다. 관상기도의 옹호자들은 지성의 사용 없이 직접적으로 하나님과의 교제를 추구했지만, 오웬이 보기에 그런 것은 예배와 경건을 우스꽝스럽게 만들 뿐이었습니다. 오웬은 신자들이 전혀 이해할 수 없는 언어인 라틴어로 기도하는 로마교회의 전통은 당연히 근절되어야 한다고 생각했습니다.

# 4.
## 기도문 사용에 대한 반박

    기도에 대한 핵심적인 성경적 가르침을 정리한 후에 오웬은 마지막 부분을 기도문 사용을 반박하는 내용으로 마무리합니다. 독자들은 아마도 기도문이라고 하면 예배시간에 개인이 만든 기도문을 연상할 것입니다. 그러나 오웬이 언급하는 기도문은 그런 기도문이 아니라 국교회가 공식적으로 만들어서 전국에 있는 교회의 성도들이 따라 해야 하는 기도문입니다. 심지어 그대로 따라 하지 않으면 처벌을 받을 수도 있었습니다.

    그렇다면 왜 국교회는 기도문을 사용했을까요? 국교도들은 평신도들이 기도에 대해 잘 알지 못하기 때문에 자의적으로 기도하는 것은 매우 위험하다고 생각했습니다. 따라서 그들은 교회가 공식적으로 지정한 것을 사용하도록 하는 것이 성도들에게 훨씬 더 유익하다고 생각했습니다. 더구나 영국 교회의 기도문들은 로마교회의 거짓 교리들을 말끔히 제거했습니다. 또한 로마가톨릭교회의 기도문들과 달리 『공동 기도서』는 모국어로 작성되었습니다. 여기에 나오는 기도문의 상당수는 시편이나 성경에 나오는 구절들로 채워져 있습니다. 성경에도 기도문들이 많이 있으며 무엇보다 예수님도 주기도문으로 제자들에게 기도를 가르쳤기 때문에 성경의 본보기를 따라 교회도 기도문을 만들어서 사용해야 한다고 국교회주의자들은 생각했습니다.

기도문 사용에 대한 오웬의 반박은 세심하게 살펴볼 필요가 있습니다. 그렇지 않으면 오웬을 포함하여 청교도들은 기도문 자체를 나쁘게 보았다고 성급하게 판단할 가능성이 있고, 도대체 왜 기도문이 그렇게 해로운지를 잘 파악할 수 없기 때문입니다. 먼저 오웬은 영국 교회의 기도문 자체가 나쁘다고 생각하지 않았습니다. 앞에서도 말했듯이 그 기도문은 상당히 좋은 내용들을 담고 있기 때문입니다. 또한 시편이나 성경의 기도문을 예배시간에 사용해서는 안 된다고 보지는 않았습니다. 당연히 주기도문도 얼마든지 예배시간에 사용할 수 있다고 보았습니다. 오웬은 특별히 시편찬송을 대단히 높게 평가했습니다. 1650년에 발간된 그 유명한 스코틀랜드 시편찬송의 서문에는 놀랍게도 존 오웬의 서명을 볼 수 있습니다.

존 오웬이 기도문 사용을 반대한 근본적인 이유는 성경이 그것을 명시적으로 명하지 않았기 때문입니다. 여기서 우리는 그 유명한 규범적 원리(regulative principle)를 접하게 됩니다. 예배의 지침에 있어서 국교도들은 성경에서 금하지 않은 것은 허용된다고 본 반면, 청교도들은 성경이 명하지 않은 것은 금한 것으로 보았습니다. 따라서 청교도들은 성경에서 명한 것만 예배에 허용되어야 한다고 생각했습니다. 오웬 역시 마찬가지였습니다. 성경은 분명히 신자들에게 기도하라고 명령하고 있지만, 기도문을 가지고 기도하라는 명령은 성경 어디에서도 찾아볼 수 없다고 강조합니다.

성경에 있는 많은 기도문 역시 기도문 사용을 정당화하지는 못한다고 오웬은 생각합니다. 물론 성경에 있는 기도문들 중 어떤 것들은 예배시간에 사용할 수 있습니다. 그러나 그것들은 모두 성령의 영감으로 기록된 것들입니다. 반대로 국교회가 사용하는 것은 인간이 만들어낸 것입니다. 물론 상당수는 성경에서 가져온 것도 있지만 성경에 있는 그대로를 가지고 온 것은 아닙니다. 오웬은 주기도문 역시 그대로 암송하기보다는 기도에 대한 하나의 큰 지침으로 보아야 한다고 생각했습니다.

앞에서도 강조했지만 오웬은 기도문의 내용 자체가 나쁘다고 생각하지 않았습니다. 문제는 하나의 정해진 기도문만을 모든 교회가 사용해야 하는가라는 것이었습니다. 오웬은 이 문제에 관해 성경은 그리스도께서 각 교회에 자유를 주었다고 생각했습니다. 교회는 그리스도가 지시한 것은 그대로 순종해야 하고 그리스도께서 자유를 허락한 영역에서는 자유롭게 사용해야 합니다. 국교회의 기도문은 좋은 것이기는 하지만 인간이 만든 것이었고 각 교회는 하나님께서 주신 은사를 따라 더 좋은 기도로 예배드릴 수 있는 자유를 누려야 합니다.

# 5.
## 제기되는 문제들

　오늘날 대부분의 한국 개신교인들은 "어떻게 남 혹은 교회가 작성한 기도문을 가지고 진심으로 기도를 할 수 있을까?"라는 질문을 할 것입니다. 그러나 반대로 천주교나 성공회 신자들은 기도문 없는 기도는 그냥 즉흥적인 자기 생각의 표현일 뿐이라고 생각할 것입니다. 청교도들의 영향으로 오늘날 기도문은 한국 교회에서 완전히 사라졌습니다. 문제는 교회가 성도들에게 기도를 올바로 가르치지 않는다는 것입니다. 제자들이 주님께 요청했듯이 기도는 가르쳐야 하는 것인데, 대부분의 목회자들은 기도는 그냥 열심히 하면 되는 것으로 인식하고 그렇게 가르치고 있습니다. 한국 교회에서 보편적으로 시행되는 통성기도나 주여 삼창은 국교회가 우려했듯이 기도에서 무질서를 가져왔습니다. 대부분의 신자들은 그때그때 생각날 때마다 아무것이나 기도할 수 있다고 생각합니다. 오웬이 그토록 강조했던 지식의 요소가 기도에서 점차 사라지게 되었습니다. 그 결과 기도의 실제에 있어서 천주교인들과 근본적 차이가 없게 되었습니다. 지식이 없는 열정이 한국 교회의 기도를 피상적으로 만들고 있는 오늘날, 기도에 대한 오웬의 성경적 가르침은 신자들을 참된 기도로 인도하는 좋은 안내서가 될 것입니다.

## 참고문헌

Ferguson, Sinclair. *John Owen on the Christian Life*. Edinburgh: The Banner of Truth Trust, 1987.

Owen, John. "A Discourse of The Work of the Holy Spirit in Prayer; with a Brief Inquiry into the Nature and Use of Mental Prayer and Forms." In *The Works of John Owen*. Vol. IV. Edinburgh: The Banner of Truth Trust, 1967; reprint.

Toon, Peter. *God's Statesman: The Life and Work of John Owen: Pastor, Educator, Theologian*. Exeter: Paternoster, 1971.

존 오웬. 『개혁주의 성령론』. 이근수 옮김. 서울: 여수룬, 1988.

# 5장

# 경건주의 창시자
# 필립 야콥 스페너의 경건과 기도

- 지형은 목사(성락성결교회) -

**필립 야콥 스페너**(Philipp Jakob Spener, 1635~1705)

독일의 신학자이자 경건주의의 창시자이다. 칼뱅주의자 라바디의 영향을 받았으며, 루터파 교회의 정통주의에 반대하여 신앙의 내면화, 영혼의 경건, 신앙적 실천을 중요시하는 개혁적 이상을 도입했다.

사람은 누구나 시대의 딸이며 아들입니다. 그 시대 속에서 태어나서 그 시대 환경 속에서 살다가 거기에서 생을 마감합니다. 제아무리 뛰어난 사람이라고 해도 자기가 살았던 시대의 영향을 받지 않는 사람은 없습니다. 사람을 살필 때 그가 살았던 시대를 살펴보아야 하는 까닭이 이것입니다.

경건주의의 창시자라고 불리는 필립 야콥 스페너(Philipp Jakob Spener, 1635~1705)는 1635년에 태어났습니다. 유럽에서 1600년대, 그러니까 17세기 중반으로 한참 달려가던 이때를 얘기하자면 두 가지를 말거리로 삼아야 합니다. 하나는 30년전쟁이며 다른 하나는 16, 17, 18세기에 이르는 시대의 변화입니다.

# 1.
## 시대의 틀과 신앙의 흐름

　먼저 저 유명한 30년전쟁. 이 전쟁은 개신교와 로마가톨릭 사이에 벌어진 종교전쟁입니다. 1618년부터 1648년까지 계속되었고 유럽 전체를 전쟁으로 몰아넣었습니다. 물론 30년 동안 늘 그렇게 전쟁이 극심했던 것은 아니었고, 또 유럽의 모든 지역에서 전쟁이 있던 것도 아니었습니다. 그래도 30년전쟁은 대단히 참혹했습니다. 이 전쟁 때문에 유럽 인구의 절반이 줄었다는 것만 보아도 알 수 있습니다. 어떤 지역은 인구의 3분의 2가 죽기도 했습니다. 물론 전쟁 때문만이 아니고 당시에 극심했던 전염병, 특히 페스트 때문이기도 했지만 어쨌든 30년전쟁이 유럽에 남긴 각인은 아주 뚜렷했습니다.

　스페너는 전쟁 중에 태어났고, 아직 전쟁이 끝나지 않은 기간 동안 청소년 시절을 보냈습니다. 전쟁이 끝난 1648년 이후에는 유럽 전체에서 전후의 복구와 질서 회복이 중요한 과제였습니다. 도덕적·영적으로 흐트러진 삶을 바로세우는 것이 중요했습니다. 이런 기간에 영적 각성이 필요한 것은 당연합니다. 영적으로 메마르고 갈급한 시대에 하나님께서 필요한 사람을 보내십니다. 종교개혁 이후에 있었던 개신교의 각성운동 가운데 가장 범위가 크고 또 뒷날까지 가장 깊게 영향을 끼쳤던 경건주의 운동은 이런 상황에서 불타오릅니다.

우리가 살필 또 다른 시대 상황은 16~18세기를 거치는, 좀 더 넓게 말해서 중세에서 근대로 이어지는 시대의 변화입니다. 30년전쟁이 작은 틀이라면 시대의 변화는 큰 틀입니다. 중세 때 신앙은 집단의 문제였습니다. 구원은 제도적인 교회에 소속되는 것이었습니다. 개인은 그리 중요하지 않았습니다. 그러나 1517년 마르틴 루터의 종교개혁을 기점으로 근대가 시작되면서 상황이 변하기 시작했습니다. 집단보다 개인이, 제도보다 주관적 체험과 경험이 앞서게 되었습니다. 일반적인 사상 흐름에서는 하나님보다 사람이 전면에 나타났으며, 인간 이성의 무한한 가능성을 신뢰하게 되었습니다. 사상과 정신 또는 신앙의 이런 흐름은 넓게 14세기의 르네상스에서부터 계몽주의가 유럽의 정신세계를 장악하는 18세기에 이르기까지 계속됩니다. 17세기는 이런 변화가 가장 빠르고 깊이 진행되던 때였습니다. 그러면 이런 시대적 상황 가운데서 신앙의 흐름은 어떠했습니까? 하나님의 자녀인 그리스도인들의 정신적 인식은 어떠했을까요?

스페너와 연관된 정신과 신앙의 흐름을 살피려면 1600년 즈음을 살펴야 합니다. 이 시기에 기독교 세계인 유럽 전체에 신앙적 위기가 있었습니다. '우리가 믿는 신앙이 도대체 무엇인가?' 하는 문제였습니다. 빈프리트 첼러라는 학자는 이를 '경건성의 위기'라고 표현합니다. 1517년부터 시작된 종교개혁, 1555년부터 시작되는 개신교 정통주의 시대에 이어 1600년 즈음이 되었습니다. 이즈음 사람들은 종교개혁부터 따져 3세대인 셈입니다. 이들은 종교개혁자들의 뜨거운 개혁 열정을 잘 알고 있었습니다. 개신교 정통주의 시대가 물려준 정교하고 치밀한 신학의 내용과 교리체계도 갖고 있었습니다. 그러나 문제는 이런 신앙의 유산들이 마음에 와 닿지 않은 것이었습니다. 할아버지 세대의 그 뜨거운 개혁 열기는 이미 지나갔습니다. 아버지 세대의 정교하고 거대한 신학체계가 좋기는 좋은데 '그것이 오늘 내게 무슨 상관이 있느냐?'는 물음에 시원스런 대답을 해주지 못했습니다.

위기는 흔히 말하듯이 위기임과 동시에 기회입니다. 경건성의 위기를 겪을 때 이것을 넘어설 새로운 방향을 제시하는 사람들이 일어납니다. 그 가운데 대표적인 사람이 요한 아른트(Johann Arndt, 1555~1621) 목사였습니다. 아른트는 기독교의 본질을 실천에서 찾았습니다. 정통적 교리도 중요하지만 그 교리를 삶에서 제대로 실천하는 게 더 중요하다고 보았습니다. 정통 교리(Ortho-doxie)에서 정통 실천(Ortho-praxis)으로 강조점을 옮겼습니다. 경건주의적 갱신은 아른트에서 이미 시작되고 있었습니다. 그 시대의 신앙에 대한 아른트의 비평은 이러했습니다.

"오늘날 예수 그리스도의 제자라고 자처하는 사람은 많지만 실제로 예수님께서 걸어가신 길을 한 걸음 한 걸음 따라가는 사람은 찾아보기 힘들다."

"그리스도인들이 하나님의 말씀대로 제대로 살지 않기 때문에 하나님과 예수 그리스도의 복음이 욕을 먹고 있다."

아른트는 특히 그 시대에 일어나기 시작하고 있던 무신론적인 정신의 흐름을 꿰뚫어보며 그 원인을 그리스도인들이 그리스도인답게 살

지 않는 데서 찾았습니다. 1600년 즈음 유럽 기독교의 모습을 살피고
있노라면 꼭 오늘날의 한국 기독교를 들여다보는 것 같습니다.

# 2.
## 스페너의 성장과 사역

    스페너는 이런 상황에서 태어났습니다. 그가 태어난 곳은 당시에 독일 땅이었던 스트라스부르 근처의 라폴츠바일러(Rappoltsweiler)인데, 지금은 프랑스 땅이고 현재 이름은 리보빌(Riveauville)입니다. 아버지는 라폴츠바일러 영주의 법률 공무원이고 어머니는 귀족의 딸이었습니다. 이 근처 지역을 알자스 지방이라고 하는데, 프랑스의 소설가 알퐁스 도데가 쓴 『마지막 수업』의 배경이 된 곳입니다. 스트라스부르를 중심으로 한 이곳은 루터파 신앙이 일반적이었고, 개혁파 쪽 흐름인 영국의 청교도적 신앙 줄기가 루터파 신앙과 잘 조화되어 있었습니다. 교리보다 삶의 실천이 더 중요하다고 강조했던 아른트의 유산과 청교도적 신앙 흐름이 스페너가 자라던 어린 시절의 신앙 분위기였습니다.

    당시의 귀족 자제들이 그러했듯이 스페너도 대학에 들어가기 전까지는 가정에서 개인 교육을 받았습니다. 스트라스부르 대학에 등록한 것은 1648년 11월입니다. 그러나 1651년 5월에 스트라스부르에 도착하기 전까지 스페너는 2년 반을 더 고향에 머물렀고, 요아힘 스톨에게서 개인적으로 대학교육을 받기 시작했습니다.

스트라스부르에서 받은 대학교육과 스위스와 프랑스를 거친 얼마간의 학문 여행에 이어 스페너가 요한계시록 9장 13~21절을 연구하여 신학박사 학위를 받은 것은 1664년 6월 23일입니다. 비용을 줄이려고 학위 수여식과 결혼식을 동시에 하는 당시의 관습에 따라 스페너는 이날 수잔네 에르하르트와 결혼합니다. 이때 스페너의 나이 29세였습니다.

스페너는 원래 대학에서 가르치길 원했지만 하나님은 다른 길을 준비하셨습니다. 1666~1686년 황제 직할도시인 프랑크푸르트의 루터파 교회 수석목사 및 바뷔써교회의 담임목사로 목회했고, 이어 1691년까지 옛 동독 도시이며 당시 독일의 중심 도시인 작센 주의 수도 드레스덴에서 궁정설교자로 사역했으며, 이어서 1705년에 생을 마감할 때까지 오늘날 독일의 수도인 베를린에서 일했습니다.

# 3.
## 경건주의의 출발과 전개

경건주의 운동이 본격적으로 일어난 곳은 프랑크푸르트입니다. 스페너가 이 루터파 도시의 수석목사로 부임한 것은 1666년, 그의 나이 31세 때였습니다. 담임한 교회는 바뛰써교회인데, 오늘날에는 이 교회가 있던 자리에 파울루스교회가 서 있습니다.

1670년 8월 초에 스페너의 목사관에서 '경건모임(collegium pietatis)'이 시작되었습니다. 주 2회 모였던 이 모임이 사람들에게 도전을 주기 시작했습니다. 주변에 소문이 퍼졌습니다. 당시 봄과 가을에 박람회가 열렸던 프랑크푸르트를 방문하는 사람들이 경건모임에 들르기도 했습니다. 다른 도시에도 이런 모임이 생겨나기 시작했습니다. '스페너주의자들,' '경건주의자'라는 말이 쓰이기 시작했습니다.

경건모임은 말하자면 소그룹 성경공부 모임입니다. 그러나 성경지식의 습득이 주목적이 아니었으므로 '말씀묵상 모임'이라고 하는 것이 더 적절합니다. 목적은 말씀을 통한 삶의 변화였습니다. 철저하게 예수님의 제자로 사는 것이 목표였습니다. 경건모임은 경건주의의 대명사가 됩니다. 기독교 역사에서 비제도적인 소그룹 성경공부 또는 말씀묵상 모임이 제도권 교회 안에 처음으로 정착된 것이 바로 이곳이었습니다.

1675년에 스페너가 책 한 권을 씁니다. 저 유명한 『경건한 요청(Pia Desideria)』입니다. 이 책에는 이후에 진행되는 경건주의의 주요 관점이 거의 모두 담겨 있어서 흔히 '경건주의의 방향제시서'라고 불립니다. 이 책의 출판으로 경건주의 운동이 본격적으로 불타오릅니다. 스페너는 이 책에서 기독교 신앙이 본질적으로 실천에 터를 두고 있다고 보았습니다. 그러나 단순한 도덕적 실천이 아니라 거듭남에 근거한 신앙 실천에 기독교의 윤리적 실천이 자리하고 있다고 강조했습니다. 스페너는 당시의 타락한 기독교를 진단하고 방향을 제시합니다.

타락의 원인은 '참되고 살아있는 믿음이 없는 것'이었습니다. 참되고 살아있는 믿음이란 말로만 하는 믿음이 아니라 구체적인 생활에서 실천하는 믿음을 말합니다. 구원받은 것만이 아니라 구원받은 사람답게 사는 것을 뜻합니다. 스페너는 아른트를 이어받으며 루터를 근거로 들었습니다. 그리고 근본적으로 성경과 초대교회 성도들의 삶을 예로 들며 교회가 이런 참 믿음을 가질 수 있고, 또 가져야 한다고 강조했습니다.

삶의 변화에 연관되는 중요한 구조는 성경 말씀에 중심을 두는 것과 평신도가 살아 움직이는 것이었습니다. 삶의 변화는 하나님의 말씀인 성경으로부터만 가능합니다. 성령의 역사로 말씀이 점화될 때 변화의 능력이 나옵니다. 성도들이 이런 변화를 체험할 때 자연스럽게 하나님의 일꾼이 됩니다. 스페너와 그 이후로 이어지는 경건주의에서 강력하게 진행된 평신도 운동의 중심 주제가 이것입니다.

경건주의 운동을 이끄는 동안 스페너에게는 어려움도 많았습니다. 프랑크푸르트에서 같이 경건모임을 시작한 사람들 가운데 제도권교회에서 분리되는 사람이 생겼습니다. 스페너가 가장 마음아파한 일이었습니다. 드레스덴과 베를린으로 목회 임지를 옮기며 어려움도 많았습니다. 그러나 스페너는 세상을 떠날 때까지 경건주의 운동을 통한 갱신에 헌신했습니다. 스페너의 경건주의 운동은 종교개혁을 완성하려는 운동이었고 초대교회의 삶을 이으려는 헌신이었습니다. 제도권 교회가 타락한 것을 슬퍼하며 비판했지만 스페너는 세상을 떠날 때까지 제도권 교회 안에서 교회를 끌어안고 교회를 중심으로 개혁운동을 진행했습니다.

스페너의 경건주의 운동은 프랑케, 진젠도르프, 벵엘 등을 거쳐 계속됩니다. 블룸하르트 부자의 영적인 사회갱신 운동, 거기에 이어지는 독일 남부와 스위스의 종교 사회주의 운동, 영국 웨슬리의 감리교 운동, 영국과 미국의 대부흥운동은 모두 경건주의적 흐름이라고 할 수 있습니다. 특히 대부흥운동의 흐름에서 우리나라에까지 선교사가 왔습니다.

# 4.
## 스페너의 경건과 기도 그리고 소천

스페너가 생각한 경건, 곧 기독교 신앙의 핵심은 하나님의 말씀이 삶에서 살아 움직이는 것입니다. 스페너는 『경건한 요청』에서 교회를 갱신하는 6가지 방안을 제시하는데, 그 첫 번째가 하나님의 말씀이 살아 움직이는 것입니다. 나머지 5가지 제안은 모두 여기에 연결돼 있습니다. 하나님의 말씀을 인격적으로 이해하고 받아들여 진지하게 삶으로 실천하는 것, 그리고 이 모든 과정에 성령이 함께하시는 것이 스페너가 주장한 교회 갱신의 핵심입니다.

스페너의 기도도 역시 말씀에 연관돼 있습니다. 당시는 고정된 문구의 기도서를 사용하여 기도하는 것이 일반적이었습니다. 스페너는 기도서의 문구를 습관적으로 반복하는 것보다 그 뜻을 깊이 생각하면서 마음의 진지한 결단과 열정을 담아서 기도해야 한다고 했습니다. 그리고 기도서를 사용하지 말고 그냥 마음의 생각과 열정을 자유롭게 주님께 아뢰는 기도가 필요하다고 했습니다. 스페너의 이런 생각은 당시로서는 상당히 파격적인 것이었습니다.

기도가 삶으로 이어져야 한다는 것은 기도생활에서 심장과도 같은 부분입니다. 말씀이 삶으로 이어져야 한다고 강조했던 것처럼 스페너는 기도도 삶으로 이어져야 한다고 강조했습니다. 삶이 없는 기도와 삶으로 이어지지 않는 말씀, 또는 삶으로 이어지지 않는 예배나 성례가 기독교 신앙이 타락했다는 증거라고 보았습니다.

스페너 목사는 70세인 1705년에 세상을 떠납니다. 스페너는 임종하기 전에 두 가지 유언을 남깁니다. 하나는 장례식 때 조가(弔歌)를 짓지 말라는 것이었습니다. 흔히 그렇듯이 조가나 조사에서는 죽은 사람을 너무 높입니다. 당시에도 그랬습니다. 스페너는 그걸 거부한 것이었습니다. 또 하나는 관에 검은 천을 덮는 당시 관습과는 달리 자기 관에 흰 천을 덮어달라는 것이었습니다. 여기엔 스페너의 희망과 믿음이 담겨 있었습니다. 당시의 교회가 심각하게 타락했지만 하나님 말씀의 약속에 근거하여 교회에 밝은 미래가 꼭 오리라는 믿음을 표현한 것입니다. 스페너 목사가 교회의 미래를 희망으로 내다본 근거는 철저하게 하나님의 말씀이었습니다. 말씀은 반드시 성취되는데, 성경을 살펴보면 교회에 영광스러운 미래가 있다는 것입니다.

# 5.
## 한국 교회와 경건주의

한국 교회와 연관하여 경건주의의 역사적 의의가 큽니다. 한국에 온 선교사들은 거의 모두가 근대복음주의 흐름에서 헌신한 사람들입니다. 한국 교회는 이들을 통해 시작되고 형성되었습니다. 한국인이 가진 깊은 종교적 심성과 합하여 복음주의 신앙이 한국 교회 안에 뿌리내리게 된 것은 1907년의 평양 대부흥운동에서였습니다. 평양 대부흥운동을 '신앙의 정체성 확립'이라고 긍정적으로 평가하든 '신앙의 비정치화'라고 부정적으로 평가하든 평양 대부흥운동이 한국 교회 신앙의 기본 틀을 만들었다는 것과 그 틀이 '경건주의적'이라는 것은 누구나 인정합니다. 성경 중심적인 성격과 회심을 통한 삶의 변화 강조는 경건주의의 특징에서 핵심입니다.

그런데 경건주의 신학의 관점에서 보면 한국 교회의 신학 사상사나 신앙 유형에 대한 현재의 논의에 문제가 있다고 보입니다. 보통 한국 교회의 사상사를 논하면서 그 유형을 다음과 같이 3가지로 나눕니다. ① 교리 논쟁을 강조하는 교리적·정통주의적 신앙 유형, ② 사회 참여를 강조하는 진보적·자유주의적 신앙 유형, ③ 일반 종교적인 이해 아래 기독교를 한국 문화에 접맥한 또 다른 한 종교로 해석하는 종교문화적 신앙 유형입니다. 평양 대부흥운동에서 형성된 신앙 유형의 기본 틀을 '경건주의적'이라고 본다면 이런 삼분법에서는 경건주의적 신앙 유형이 소속될 곳이 마땅치 않습니다. 경건주의 신앙에서 나타나는 가장 두드러진 특징, 즉 개인의 중생 또는 회심을 통한 세상의 변화는 위의 3가지 분류 방식에서는 어디에도 집어넣기가 쉽지 않기 때문입니다.

(1) 경건주의, 특히 초기 경건주의 운동의 주류에서 이해하는 중생이나 회심이 종교개혁을 잇는 정통주의의 칭의에 근거하고 있다는 점에서는 경건주의가 정통주의적 신앙 유형과 관련이 있습니다. 그러나 경건주의가 정통주의를 넘어서 칭의에 근거한 성화의 신학을 발전시켰다는 점, 그리고 특별히 교리 논쟁을 싫어했다는 점에서 경건주의는 첫째 유형과 다릅니다.

(2) 경건주의적인 각성이 사회 갱신으로 이어졌다는 점에서 경건주의가 사회 참여의 진보적 자유주의 신앙 유형과 무관하지 않습니다. 그러나 경건주의에서 나타나는 사회 개혁은 철저히 개인의 신앙 인격적인 변화에 근거를 두고 있으며, 신앙 없는 윤리 도덕과 명확히 거리를 두었다는 점에서 경건주의를 이 유형과 같이 묶을 수 없습니다.

(3) 경건주의적 흐름이 종교성을 강조한 것임은 일반적으로 지적돼왔습니다. 그러나 경건주의는 '문화가 종교의 틀'이라는 식의 문화-종교적인 친숙성과는 거리가 멀었습니다. 경건주의적 신앙 유형에서 문화에 대한 이해의 폭이 부족한 점이 이를 설

명합니다.

한국 교회의 기본 틀인 경건주의적 신앙 유형의 자리를 한국의 신학 사상사나 신앙 유형 속에 제대로 마련하기 위해 경건주의에 대한 연구가 필요합니다. 우선 가설로 말해본다면 경건주의적 신앙이 한국 교회 형성의 바탕이며, 그 위에 앞에서 말한 3가지 신앙 또는 신학 유형이 서 있다고 보면 좋을 것입니다. 경건주의가 타락한 교회와 사회를 갱신하기 위해 칭의만이 아니라 칭의에 근거한 구체적인 삶의 변화를 외쳤던 데서 벽에 부딪힌 오늘날 한국 교회의 출구를 찾을 수 있으리라는 점은 한국 교회가 경건주의를 연구해야 하는 특히 중요한 까닭일 것입니다.

경건주의가 오늘날의 한국 교회에 주는 도전에서 가장 중요한 것은 말씀이 삶으로 이어져야 한다는 것입니다. 기독교 신앙의 정체성은 66권 성경 말씀에 있습니다. 기독교 역사에 있었던 모든 종류의 갱신과 개혁운동에서 하나님의 말씀은 언제나 중심이었습니다. 한국 교회가 다시 한 번 말씀의 자리로 돌아가서 진리의 말씀 앞에서 회개하고 새롭게 결단하며 다시금 헌신한다면 하늘 아버지께서 희망의 길을 열어주실 것입니다.

## 참고문헌

J. Wallmann. *Der Pietismus*. Göttingen, 1990.

Ph. J. Spener. *Pia Desideria*. 1675.

데일 W. 브라운. 『경건주의 이해』. 오창윤 옮김. 서울: 생명의 말씀사, 1987.

스페너, Ph. J. 『경건한 소원』. 엄성옥 옮김. 서울: 은성, 1988.

요한 아른트. 『진정한 기독교』. 노진준 옮김. 서울: 은성, 1988.

지형은. 『갱신, 시대의 요청』. 서울: 한들출판사, 2003.

피터 C. 어브. 『경건주의자들과 그 사상』. 엄성옥 옮김. 서울: 은성, 1991.

# 6장

# 조나단 에드워즈의 젊은 날의 경건

- 양낙홍 교수(고신대학교 신학대학원, 교회사) -

**조나단 에드워즈**(Jonathan Edwards, 1703~1758)

미국 식민지 시대의 대표적 신학자이자 철학자, 설교자, 인디언 원주민들의 선교사이다. 신앙 대각성으로 세속화되고 있던 퓨리타니즘을 부흥시켰으며, 종교의 감정 면에 관심을 가져, 최초의 종교심리학자라고 불릴 정도로 신앙의 주체적 측면을 중시했다.

조나단 에드워즈(1703~58)는 18세기 중반에 활약했던 미국의 대표적 목회자요 신학자입니다. 그는 매사추세츠의 노샘프턴에서 20여 년간 목회하면서 1730년대 중반 자신의 교회에서 시작된 코네티컷 골짜기 부흥의 주역으로 유명한 『놀라운 회심의 이야기들』을 써 명성을 얻기 시작했습니다. 몇 년 후 1740년대 초반에 조지 화이트필드가 주도한 제1차 대각성의 또 한 사람의 주역으로『성령 역사를 식별하는 표지들』, 『부흥론』을 집필하여 당시의 부흥이 사탄의 역사라는 합리주의자들의 비판을 반박하고 전체적으로 보아 그것은 성령의 역사임을 옹호함으로 부흥신학을 정립했습니다. 이어서 참된 신앙의 본질적 특성들을 논하는 『종교적 정서』를 저술함으로써 부흥과 참된 경건에 대해 교회사에서 가장 중요한 작품을 남겼습니다. 1740년대 후반 성찬 참여 자격에 대한 이견으로 교회에서 배척당한 후 당시 서부 변경이던 스톡브리지에서 인디언들을 상대로 목회하면서 『자유의지론』, 『원죄론』 등 대작을 저술하다가 프린스턴 대학의 학장으로 부임했으나 천연두 예방접종의 부작용으로 두 달 만에 사망했습니다. 현재는 미국 복음주의의 아버지요 미국 청교도의 최고봉이자 어거스틴, 루터, 칼뱅 등과 함께 교회사상 가장 위대한 신학자들 중 한 사람으로 인정됩니다.

37세 때 영적 회고록으로 쓴 『개인적 진술(Personal Narrative)』은 에드워즈 자신의 영적 자서전이라고 할 수 있는 글로서, 평생에 걸쳐 하나님과 그의 은혜를 사모해오고 또 그것을 체험한 한 영혼의 구도자적 순례에 대한 연대기적 기술입니다. 그 글에 의하면, 에드워즈는 유년기에 두 번의 주목할 만한 각성을 경험했습니다. 그의 『개인적 진술』 첫 문장은 이렇게 시작됩니다. "나는 유년기부터 나의 영혼에 대해 이런 저런 염려와 시도를 해왔다." 그의 첫 번째 각성 경험은 대학에 입학하기 몇 년 전(그는 13세에 대학에 입학했으므로 아마도 10세 전후의 일이었을 것이다), 자기 아버지의 교회에서 괄목할 만한 각성이 일어났을 때였습니다. 그때 그는 여러 달 동안 크게 감동된 상태에서 종교적인 일들과 자신의 구원 문제에 깊은 관심을 가지고 열심히 종교적 의무를 행했습니다. 그는 하루에 무려 다섯 번씩 은밀한 기도 시간을 가졌고, 다른 소년들과 종교적 대화를 나누는 데 많은 시간을 보냈으며, 그들과 함께 기도하기 위해 모였습니다. 그러는 중에 그는 '자기 의(self-righteous)'에 기인한 많은 기쁨을 누렸습니다. 종교적 의무를 수행하는 데서 기쁨을 얻었던 것입니다. 그는 몇몇 학교 친구들과 함께 아주 은밀하고 멀리 떨어진 늪지에 초막을 짓고 거기서 기도했습니다. 게다가 그는 숲 속에 자신만을 위한 은밀한 장소를 따로 마련하고는 거기에 홀로 찾아가 때때로 감동적인 시간을 가졌습니다. 그러나 에드워즈는 그러한 경험이 참된 '은혜'의 체험은 아니었다고 말합니다. 그럼에도 불구하고 많은 사람들이 그런 것을 은혜로 오해한다고 그는 경계합니다. 그러한 감정들은 시간이 흐름에 따라 사라져갔고, 은밀한 기도도 꾸준하지 못하게 되었으며, 결국 그는 "개가 토한 데로 돌아가듯이 죄악 된 생활로 돌아갔다"고 회고했습니다.

# 1.
## 청년시절의 경건 훈련

대학시절 에드워즈는 때때로 내적으로 아주 불편한 상태에 있었습니다. 특별히 대학생활의 후반기에 해당하는 10대 후반에 그러했습니다. 대학 졸업반 때 그는 자기 영혼의 상태에 대해 많이 불안해했습니다. 그 무렵 그는 늑막염에 걸려 거의 죽을 뻔하면서 "지옥의 문턱까지 가는" 체험을 하게 되었습니다. 그러나 병에서 회복되고 얼마 지나지 않아 그는 다시 과거의 죄악 된 삶으로 돌아갔습니다. 하지만 하나님께서는 그가 마음 편하게 지내도록 버려두시지 않았습니다. 그는 크고 격렬한 내적 투쟁을 겪으면서 사악한 성향들, 거듭되는 결심들, 그리고 하나님에 대한 일종의 맹세들과의 갈등을 거쳐 드디어 "과거의 모든 사악한 생활과 모든 알려진 외적 죄들을 버리고 구원의 추구에 착수해서 종교적 의무들을 행하게 되었습니다." 10대 후반에 에드워즈는 구도의 길에 들어섰던 것입니다. "나는 내 구원을 추구하는 것을 내 생애의 주된 과제로 삼았다." 에드워즈는 '애처로운 방식'으로 구원을 추구하면서 자신이 그처럼 가련한 방식으로 구원을 얻을 수 있을 것인지 의심했습니다. 그러나 드디어 그는 "그리스도 안에서 분깃을 얻기 위해 세상에 있는 모든 것과 결별하는 영"을 느꼈습니다. 에드워즈는 이때 이미 세상의 매력 있는 것들에 대한 정욕을 극복하는 단계에 도달했던 것 같습니다. 오직 영적인 가치를 추구하는 삶에 진입했던 것입니다. 구원에 대한 그의 영적 관심은 계속되었고 내적 투쟁도 그치지 않았습니다.

에드워즈는 20세가 되기 직전 자신의 평생 지침으로 70가지를 결심하고 기록해두었습니다. 그것이 에드워즈의 저 유명한 「결심문들 (resolutions)」입니다. 그는 자신이 만들어 기록해둔 그 결의들을 잊지 않고 '매주 한 번씩 읽기'로 다짐했습니다. 그중에 자기 성찰에 대한 다음과 같은 항목이 있습니다. "매일 밤 잠자리에 들기 전 내가 어떤 점에서 게을렀는지, 어떤 죄를 범했는지, 어느 부분에서 내가 자신을 부인했는지 자문하기로 결심한다. 마찬가지로 매주, 매월 그리고 매년 말에도 그렇게 하기로 한다."(37번째 결심문)

일기를 쓰는 것은 청교도들의 전형적인 작업이었습니다. 에드워즈가 일기를 쓰기 시작한 것은 1722년부터였는데 그것은 1725년까지 계속되었습니다. 일기장은 그들에게 마치 '영혼의 엑스레이' 같은 것이었습니다. 1723년 5월 19일 에드워즈는 철저한 자기 성찰을 결심하면서 이렇게 적고 있습니다. "하루를 시작할 때는 내가 사람들의 유익을 위해 무엇을 할 수 있는가? 하루를 마칠 때, 그들의 유익을 위해 나는 무엇을 했는가를 나의 질문에 추가하기로 결심하다." 그해 7월 1일, 에드워즈는 일상적인 자기 성찰뿐 아니라 특별한 문제가 있을 때 더욱 철저한 자성의 노력을 기울이기로 결심했습니다. "일이 조금이라도 잘못되거나, 나의 내면이 조금이라도 불편하거나, 아니면 외적으로 틀어지는 일이 생기면 가장 엄격한 조사를 통해 나 자신을 검토하기로 결심한다." 에드워즈의 일기와 결심문들의 내용은 대체로 3가지로 분류할 수 있습니다. 첫째는 도덕 및 생활에 대한 것이요, 둘째는 구원의 확신을 비롯한 하나님과의 관계에 관한 것들이요, 셋째는 믿음과 경건에 관한 내용들입니다.

에드워즈의 일기와 결심문들에서 가장 흔히 발견되는 내용들 중 하나는 자신의 구원과 신앙 문제에 대한 언급들입니다. 많은 신자들과 마찬가지로 젊은 에드워즈도 하나님이 정말 자기를 사랑하시는가 하는 기본적 문제를 의심할 때가 있었습니다. 그러나 그것은 너무나 중요한 문제였기 때문에 그는 그것을 결코 그냥 버려두지 않았습니다. "내 안에서 나로 하여금 하나님의 사랑을 조금이라도 의심하게 만드는 것이 무엇인지 조심스럽게 그리고 계속적으로 검토하여 내 모든 힘을 다해 그것에 맞서기로 결심하다." (25번째 결심) 다음으로는 자신의 영적 상태 혹은 구원 여부에 대한 성찰이었습니다. 에드워즈의 내면 성찰의 가장 중요한 목적들 중 하나는 자기 영혼의 구원 여부에 대한 확실한 진단을 내리는 것이었습니다. 이 점에서 그는 젊은 청년으로서 무서울 만큼의 철저함을 보여줍니다. "최대한의 엄밀함과 부지런함으로, 그리고 가장 엄격한 정밀성을 동원해서 내 영혼의 상태를 들여다봄으로써 내가 정말 그리스도 안에 분깃을 가지고 있는지 여부를 파악하기로 결심하다. 그리하여 내가 죽을 때 이 점에 대해 후회할 어떤 소홀함도 없게 되도록……." (48번째 결심) 1722년 12월 18일에 작성한 35번째 결의문에는 자기 구원에 대한 에드워즈의 염려가 나타납니다. 19세의 에드워즈는 아직 스스로 만족할 만한 구원의 확신을 가지고 있지 못했습니다.

내가 하나님의 사랑과 은총을 조금이라도 의심하는 이유는 ① 신학자들이 말하는 그 준비 작업에 대한 나의 체험을 그렇게 충분히 말할 수 없고, ② 중생이 일어나는 일반적 방식이라고 신학자들이 말하는 그러한 단계를 꼭 그대로 밟아 중생을 체험했다는 기억이 없으며, ③ 기독교적 은혜, 특히 믿음을 감지할 수 있을 정도로 느낄 수 없기 때문이다.

그래서 에드워즈는 자신의 은혜와 믿음이 단지 "위선자들의 외적 감정"이 아닌가 하는 두려움을 가지고 있었습니다. 그는 그것들이 "충분히 내적이고 충만하며 온전하고 진심인 것으로 느껴지지 않는다"고 불평했습니다. 그 자신이 "원하는 만큼 확실하게" 그의 "본성 속으로 파고 든" 것 같지 않다는 것이었습니다.

이듬해, 즉 스무 살이 되던 1723년 5월 25일에 기록한 일기도 여전히 에드워즈에게 구원의 확신이 없음을 보여줍니다. "만일 내가 지금 죽는다면 나는 하나님이 나의 [영혼의 구원] 상태를 알게 해주시도록 더 많이 기도하지 않은 것을 유감으로 여길 것이다. 그리고 내가 이 문제를 더 자세히 살펴보지 않은 것을 후회할 것이다. 그러므로 앞으로는 회심에 대한 옛날 우리 신학자들의 견해를 더욱 자세히 그리고 부지런히 들여다보기로 결심한다." 이 무렵 에드워즈는 정말 자신의 구원에 대한 철저하고도 깊은 관심을 가지고 있었습니다. 7월 5일자 일기를 보겠습니다. "지난 밤에 나는 만일 내가 지금 죽는다면 내가 어떤 일을 하지 않은 것을 후회할까 하는 생각을 해보았다. 나는 내가 죽을 준비가 더 잘되어 있도록 하나님께 보다 간절히 기도하지 않은 것이 후회될 것이라 생각했다. 그리고 하나님이 나를 진리로 인도하셔서 내가 나의 영혼의 상태에 대해 스스로 속고 있지 않도록 해주시기를 보다 열심히 간구하지 않은 것이 후회될 것이라 생각했다." 예일 대학 강사로 있던 1724년 5월 28일의 일기에서도 에드워즈는 자신의 구원에 대해 여전한 관심을 표명하고 있습니다. "내가 회심되었든지 안 되었든지 현재 상태에 고착되었기 때문에 평생 동안 이 상태가 계속될 것 같다. 그러나 내가 아무리 고착된 상태에 있다 하더라도 그 문제에 관해 스스로 속지 않도록, 그리고 불안전한 상태에서 잠들지 않도록 하나님께 계속해서 기도할 것이다. 그리고 우리의 옛날 신학자들 몇몇을 사용해서 모든 것을 의심해보고 나 자신을 검토할 것이다. 그리하여 하나님이 내 기도에 응답해주실 기회를 가지실 수 있도록 할 것이며, 성령님이 나의 오류를 보여주실 기회를 가지시도록 할 것이다."

젊은 에드워즈의 일기와 결심문에는 기도생활에 대한 결의도 두드러집니다. 기도의 필요성과 중요성은 누구나 인정하지만, 대단한 결의와 각오로 노력하지 않으면 그것도 그리 쉬운 일이 아님을 대부분의 그리스도인들이 알고 있습니다. 그리하여 그는 자기의 평생 기도로 하나님과 교제하고 자기의 모든 것을 하나님께 아뢰는 삶을 살기로 작정했습니다. "내 평생 이 점에서 대단한 노력을 경주하기로 결심하다. 즉, 내게 가능한 최대의 개방성으로 내 모든 길들을 하나님께 아뢰고 내 영혼을 그에게 여는 것이다. 내 모든 죄악들, 유혹들, 어려움들, 슬픔들, 두려움들, 소망들, 바람들, 그리고 모든 것, 모든 상황을 말이다. ……"(65번째 결심문) 에드워즈는 이처럼 자신의 모든 내적 감정들과 염려들과 생각들을 하나님께 아뢰는 것이 자신에게 "아주 유익"하다는 것을 발견했습니다. 그리하여 1723년 7월 26일자 일기에서 오늘날 내적 치유의 전문가들이 비결로 제시하는 바로 그 방법을 실천하겠다는 위의 결의를 거의 문자 그대로 다시 적고 있습니다. 이미 젊은 시절에 에드워즈는 많은 기도의 훈련을 통해 효과적인 기도의 방법을 모색한 결과 한 가지 방법을 생각해냈습니다. "결심한다. 내가 기도하고 싶은 마음이 생길 때에는 항상 무엇을 기도해야 할지를 먼저 생각하기로. 그리고 기도는 거의 항상 짧은 것이 좋다. 내 마음이 거의 계속 내가 기도하는 내용에서 벗어나는 것보다는 말이다."(1724년 11월 15일 일기) 에드워즈는 젊은 시절 건강을 해치지 않을 정도로 경건을 훈련하겠다고 결심했습니다. 그래서 그는 아마 자주 금식기도를 했던 것 같습니다. 때로는 건강을 해칠 정도로 한 것이 아닐까 스스로 염려할 정도였습니다. "육신을 죽이는 일을 너무 계속하고 경건의 훈련을 너무 강도 높게 하면 건강을 해치게 될지 모른다. 그러나 내가 분명히 그것을 느끼고 체험할 수 있을 때까지는 중단하지 않겠다. 건강이 상하지만 않는다면 내가 얼마나 지치고 피곤한가 하는 것은 문제가 되지 않는다."(1723년 1월 12일 일기).

30대의 나이에 들어선 1734년에도 에드워즈는 식사를 꼬박꼬박 챙기는 것보다는 신령한 일을 추구하는 것을 더 중시했습니다. "내가 신령한 명상에 적합한 마음 상태에 있거나 아니면 성경 읽기나 신학적 주제의 연구에 몰두해 있을 때, 나는 저녁 식사하러 가느라고 그 일을 중단하느니 차라리 식사를 거르는 것이 낫다고 생각된다."(1월 22일) 1735년의 일기에 이러한 종교적 결심이 나타납니다. "특별한 주제들을 두고 명상하는 날들을 따로 떼어두기로 하다. 때로는 하루를 떼어서 내 죄들의 크기를 생각하고, 또 하루는 불경건한 자들이 미래에 당할 비참의 확실성과 무서움을 생각하고, 또 하루는 기독교의 진리와 확실성을 생각하고, 그런 식으로 성경에 약속되고 위협된 미래의 큰일들에 대해 생각하는 날을 가지는 식으로 말이다."(6월 11일)

# 2.
## 은혜 체험

에드워즈가 처음으로 하나님과 신적 일들에 대한 "내면의 달콤한 기쁨"을 발견한 것은 1721년, 즉 그가 18세 되던 해에 디모데전서 1장 17절, "만세의 왕, 곧 썩지 아니하고 보이지 아니하고 홀로 하나이신 하나님께 존귀와 영광이 세세토록 있어지이다. 아멘"을 읽고 있던 중이었습니다. 아래의 진술은 에드워즈의 생애와 사역 및 그의 종교적 신념들을 이해하는 데 결정적인 열쇠들 중 하나입니다.

내가 그 말씀을 읽고 있었을 때 신적 존재의 영광에 대한 감각(sense)이 내 영혼 속으로 들어와 퍼져 나갔다. 그것은 그전에 내가 경험했던 어떤 것과도 완전히 다른 새로운 감각이었다. 성경의 어떤 말씀도 이 말씀처럼 보였던 적은 없었다. 나는 혼자 그가 얼마나 탁월한 존재이며, 만일 내가 그 하나님을 즐길 수 있다면, 그리고 천국에서 그와 연합할 수 있다면, 그리고 사실상 그분 안에 삼키운 바 될 수 있다면 얼마나 행복할 것인가를 생각했다. 나는 혼자 이 성경 말씀을 계속 중얼거리면서 그것으로 노래를 흥얼거렸다. 그러고는 기도하러 갔다. 기도하는 중에 그를 즐기기 위해서였다. 나는 그전과는 아주 다른 방식으로, 즉 새로운 종류의 감정으로 기도했다."

에드워즈는 여기서 '감각'이란 단어를 계속 사용합니다. 그에게 있어 신앙 혹은 종교적 체험은 감각으로 느껴지는 것이었습니다. 그는 하나님과의 개인적 교제의 깊은 맛을 보고 있었습니다. 그 후 그는 상당 부분 그러한 감정 속에 살게 되었습니다. 그럼에도 불구하고 에드워즈는 이것을 자기가 추구하던 구원의 체험이라 여기지는 않았습니다.

그러나 이 무렵부터 에드워즈는 그리스도, 구속 사역, 그리고 그에 의한 영광스러운 구원의 길에 대한 "새로운 종류의 이해와 생각"(a new kind of apprehensions and ideas)을 갖게 되었다고 고백합니다. 그는 그러한 일들에 대한 "내면적이고 달콤한 감각"을 소유하게 되었습니다. 그때부터 그는 그리스도와 그의 인격의 "아름다움과 탁월함", 그리고 그분 안에 있는 값없는 은혜에 의한 구원의 "사랑스러운" 방법에 대해 읽고 묵상하는 데 시간을 사용하게 되었습니다. 그러한 주제들을 다루고 있는 책들보다 그에게 더 큰 기쁨을 주는 책은 없었습니다.

이 당시 에드워즈의 영성에는 흔히 '신비적'이라 부를 수 있는 체험들이 분명히 존재했습니다. 에드워즈는 젊은 시절에 이미 예수 그리스도와 남달리 깊고 친밀한 교제를 체험하고 있었습니다. "나는 샤론의 수선화요 골짜기의 백합화로구나'(아 2:1) 같은 말씀이 그와 항상 함께 있었습니다. 그 말씀은 그에게 예수 그리스도의 "사랑스러움과 아름다움"을 달콤하게 묘사하는 것처럼 보였습니다. 아가서 전체가 그에게 큰 즐거움을 주곤 했기 때문에 그는 그 책을 많이 읽었습니다. 그럴 때면 그는 수시로 "내적 달콤함"을 느끼곤 했습니다. 그것은 그를 명상 속으로 이끌어갔습니다. 그는 그것을 "영혼이 이 세상의 모든 근심들을 떠나 고요하고 달콤한 몰아경"에 빠진 것으로 묘사합니다. 혹 그것은 "모든 인간을 떠나 산 속이나 어떤 외로운 광야에서 예수 그리스도와 달콤한 대화를 나누면서 홀로 있는 그러한 종류의 환상 혹은 상상"이었습니다.

클랙혼이 지적하듯 에드워즈는 윌리엄 브래드퍼드(William Bradford), 앤 브래드스트리트(Anne Bradstreet), 에드워드 테일러(Edward Taylor)처럼 자연이 중요한 역할을 한 식민지 시대의 여러 작가 중 한 사람이었습니다. 『개인적 진술』에서는 자연이 영감을 주는 요소로 나타나고 있습니다. 앞의 체험이 있은 후 에드워즈 신학의 주제인 "하나님의 일들에 대한 감각(sense of divine things)"은 점차 증가되어갔습니다. 만물의 모양이 달라 보였습니다. 모든 사물들 속에 "고요하고 달콤한 속성, 혹은 신적 영광의 외양"이 들어 있는 것처럼 보였습니다. "하나님의 탁월성, 그의 지혜, 그의 순결함과 사랑"이 만물 — 태양, 달, 별, 구름, 푸른 하늘, 풀, 꽃, 나무들, 물과 모든 자연 — 에 숨어 있는 것처럼 보였습니다. 그는 종종 가만히 앉아서 오랫동안 구름과 하늘을 바라보곤 했습니다. 하나님의 달콤한 영광을 보기 위해 낮에는 구름들과 하늘을 쳐다보느라 많은 시간을 보냈습니다. 그럴 때면 낮은 목소리로 창조주요 구속주이신 하나님에 대한 명상을 노래했습니다. 희한하게도 모든 자연물들 중 천둥과 번개처럼 에드워즈에게 달콤하게 느껴지는 것이 없었습니다. 그전에는 그에게 그것만큼 무서운 것이 없었습니다. 그는 남달리 천둥소리에 무서움을 타는 사람이었습니다. 뇌우가 일어나는 것을 보면 공포에 사로잡히곤 했습니다. 그러나 이제 그는 그것을 즐기는 사람이 되었습니다. 뇌우가 나타나면 그는 하나님을 느꼈습니다. 그럴 때면 시선을 구름에 고정시키고 번개가 치는 것을 보면서 장엄한 천둥소리에 귀를 기울이곤 했습니다.

그럴 때면 에드워즈는 자신의 영적 상태에 대해 아주 커다란 만족을 느꼈습니다. 구원의 확신, 혹은 그보다 훨씬 더한 것을 가졌던 것입니다. 그는 하나님과 그리스도, 그리고 더 큰 거룩함에 대한 영혼의 강한 열망을 가지게 되었습니다. 그의 마음은 그것들로 가득해 터질 것 같았으며 하나님의 일들에 집중되어 있었습니다. 그는 거의 계속적으로 그것들을 묵상했습니다. 그는 당시 "몇 년이고 하나님의 일들을 생각하는 데 대부분의 시간을 보냈다"고 회고합니다. 에드워즈의 젊은 시절은 하나님과 인간 교제의 흠모할 만한 하나의 모범이었습니다. "당시 나는 많은 시간을 홀로 숲속이나 한적한 장소들을 거닐면서 명상하고 독백하고 기도하면서 하나님과 대화했다. 그럴 때면 나는 항상 예외 없이 나의 명상들을 노래로 표현하곤 했다. …… 기도는 내게 마치 호흡처럼 자연스러웠다. 그것을 통해 나는 불타는 내 마음을 발산할 수 있었다." 이때 그가 종교적 일들에 대해 느꼈던 기쁨은 앞서 언급된, 그가 소년 시절에 느꼈던 것들과는 전혀 다른 것이었습니다. 그것은 '종류'에 있어 전적으로 다른 것이었습니다. 어릴 때 그가 느꼈던 기쁨은 단지 지식이나 관념에 불과한 것으로서 마치 "소경으로 난 자가 아름답고 유쾌한 색깔에 대해 가질 수 있는 느낌" 정도였습니다. 그것들은 결코 마음에까지 미치지는 못하는 것이었습니다. 그러나 이제 그는 보다 내적이고 순수하며 영혼을 소생시키고 새롭게 하는 기쁨을 맛보고 있었습니다. 여기서 우리는 에드워즈의 삶과 신학의 핵심에 도달합니다. 에드워즈는 그것을 "하나님의 일들의 신적 탁월성에 대한 어떤 시력, 혹은 영혼을 만족시키고 생명을 주는 어떤 선에 대한 미각(sight of the divine excellency of the things of God; or any taste of the soul-satisfying, and life-giving good)"이라 불렸습니다. 당시 그가 가졌던 체험은 바로 그러한 지각에서 비롯된 것이라는 점에서 그전의 경험과는 완전히 다른 차원의 것이었습니다.

# 3.
## 거룩에 대한 갈망


1722년 석사 논문을 마치기 전 에드워즈는 강도권을 얻어 당시 막 형성되기 시작하던 신도시 뉴욕의 작은 장로교회에서 약 8개월간(1722년 8월에서 1723년 4월) 설교자로 봉사하게 되었습니다. 뉴욕에 있는 동안 그는 그전보다 훨씬 더 높은 수준의 종교적 감각에 이르게 되었습니다. 하나님과 거룩에 대한 그의 동경은 훨씬 증대되었습니다. 순결하고 겸손하며 거룩하고 천상적인 기독교가 그에게 극히 사랑스러워 보였습니다. 그는 모든 면에서 "완전한 그리스도인"이 되고, 그리스도의 복된 이미지를 닮으며, 모든 일에 복음의 순수하고 달콤하며 축복된 규율들에 따라 살고자 하는 불타는 욕망을 느꼈습니다. 이러한 영적 갈망을 실현하기 위해 그는 강도 높은 경건의 훈련을 쌓았습니다. 어떻게 하면 더 거룩해져서 하나님의 자녀요 그리스도의 제자로 더 합당한 모습을 가질 수 있을까 하는 것이 당시 그의 "밤낮 끊임없는 질문이요 투쟁"이었습니다. "나는 끊임없이 나 자신을 검토하면서 거룩한 삶의 방법을 연구하고 고민했다. 전에는 어떤 일에 대해서도 그만큼 부지런하고 엄격했던 적이 없었다." 이러한 체험을 통해 그는 자신의 "연약과 무력" 그리고 자기 마음속에 있는 "은밀한 부패와 허위의 무한하고 끝없는 깊이"를 절감했습니다.

에드워즈는 이 무렵 거룩에 대해 남달리 깊은 이해에 이르렀습니다. 그는 거룩을 "최상의 아름다움이자 사랑스러움," 즉 "신적 아름다움"으로 보았습니다. 그것은 그에게 "달콤하고 유쾌하며 매혹적이고 평온하며 고요한 성질"을 가진 것이었습니다. 그것은 영혼에 "형언할 수 없는 순수함, 밝음, 평화스러움 그리고 황홀"을 가져다주는 것이었습니다. 또 그것은 영혼을 "모든 종류의 유쾌한 꽃들로 장식된 하나님의 정원 혹은 밭"처럼 만들어주는 것이었습니다. 에드워즈에게 있어 거룩한 그리스도인의 영혼은 우리가 "봄철에 보는 그 작은 하얀 꽃"처럼 보였습니다. 그것은 낮고 겸손하게 땅에 깔려서 그 꽃망울을 열고 태양의 따뜻한 햇살을 받고 있는 봄꽃과 같았습니다. 그것은 향기로운 냄새를 사방에 퍼뜨리면서 주위에 있는 다른 꽃들 사이에서 평화스럽고 사랑스럽게 서 있었습니다. 당시 에드워즈는 내면적 영성의 아주 높은 차원에 이르렀던 것으로 보입니다. 그리스도인으로 가장 바람직한 내적 영혼의 상태를 소유한 것입니다. 그에게 "겸손, 상한 마음 그리고 가난한 심령"만큼 사랑스러워 보인 것은 없었다고 그는 고백합니다. 그의 마음은 오직 "하나님 앞에서 먼지 속에 납작하게 엎드려" 있는 것만을 갈망했습니다. 그리하여 "나는 아무것도 아닌 것이 되고 하나님만이 모든 것이 되시는" 것을 그는 갈망했습니다. 그는 "소자 하나"처럼 되고 싶었습니다.

뉴욕에 있는 동안에도 에드워즈는 하나님과 개인적으로 조용한 시간을 가지는 일에 힘썼습니다. 그는 아주 자주 시내에서 조금 떨어진 허드슨 강변 둑의 한적한 곳에 가서 하나님의 일들을 묵상하고 하나님과 은밀한 대화를 나누면서 많은 달콤한 시간들을 가졌습니다. 에드워즈는 가끔 자기가 기거하고 있던 집주인인 존 스미스와 함께 허드슨 강변을 거닐면서 주로 그리스도의 나라가 이 세상에서 확장되고 있는 사실이나 하나님께서 "마지막 때에 자기 교회를 위해 이루실 영광스러운 일들"에 대해 이야기하곤 했습니다. 그는 이때 이미 19세기의 위대한 세계 선교에 대한 환상을 보고 있었던 듯합니다.

전통적으로 살아있는 영성의 증거들 가운데 하나로 인정되는 것은 성경에 대한 사랑입니다. 에드워즈는 당시 모든 책들 중 성경을 읽는 데서 최대의 즐거움을 누리고 있었다고 고백했습니다. 때로 그것을 읽는 중에 모든 단어들이 그의 마음을 건드리는 것처럼 느꼈습니다. "나는 때로 너무 많은 빛이 문장마다 비취는 것을 보았고, 너무나 시원하고 황홀한 맛의 양식이 전달되는 것처럼 느껴져 계속 읽어내려 갈 수가 없었습니다. 그래서 종종 어느 한 문장을 묵상하면서 그 안에 포함된 경이들을 보곤 했습니다. 그러나 거의 모든 문장들이 경이로움으로 가득 차 있는 듯했습니다." 말씀을 보는 에드워즈의 영적 눈이 활짝 열려 있었고 성령께서는 그에게 말씀을 이해하는 신령한 빛을 풍성히 던져 주셨던 것입니다.

# 4.
## 노샘프턴에서의 영적 성숙

    노샘프턴에 온 후에도 에드워즈의 신령한 은혜 체험은 계속되었습니다. 그는 하나님의 영광스러운 완전과 예수 그리스도의 탁월성에 눈이 열릴 때마다 하나님을 마음속으로 즐거워하고 있었습니다. 하나님은 다른 무엇보다도 그의 '거룩하심'으로 인해 영광스럽고 사랑스러운 존재로 보였습니다. 하나님의 거룩은 에드워즈에게 항상 그의 모든 속성들 중 가장 사랑스러운 것으로 나타났습니다. 에드워즈의 영적 만족과 행복은 교리에 근거한 것이었습니다. 그는 막연한 감정이나 근거 없는 환상에 도취되어 있는 몽상가나 신비주의자가 아니었습니다. 하나님의 절대적 주권, 값없는 은혜, 성령의 사역에 대한 인간의 전적인 의존 같은 교리들이 그에게는 너무나 달콤하고 영광스러워 보였습니다. 그러한 교리들이 그의 기쁨의 원천이었습니다. "그리스도에 의한 구원의 길"은 그에게 영광스럽고 탁월하며 가장 즐겁고 아름다운 것으로 보였습니다. 한마디로 그는 복음의 교리들을 사랑했습니다. 그에게는 "복음이 가장 진귀한 보화로 보였습니다." 그는 하나님의 말씀의 '탁월성'을 누구보다 깊이 이해했습니다. 그에게 있어 성경은 "생명의 말씀"이요 "생명의 빛"이었습니다. 그것은 "달콤하고 탁월하고 생명을 주는 말씀"이었습니다. 그는 하나님 말씀의 맛과 독특성을 아는 사람이었습니다.

에드워즈는 그리스도에 대한 뜨거운 사랑을 소유하고 있었습니다. 그는 마치 격렬한 연애 감정에 빠진 남녀처럼 그리스도라는 말만 들어도 감격했습니다. "때로 누가 [그리스도라는 한마디만] 언급해도 내 마음은 불타올랐다. 혹은 그리스도라는 이름만 보아도 그러했다." 그는 때로 "구주로서 그리스도의 탁월한 충만성과 적합성"을 느끼곤 했습니다. 그 때문에 그리스도는 그에게 모든 것 위에 계신 "만인 중의 대장"으로 보였습니다. 그의 보혈과 구속이 달콤하게 느껴졌고 그의 의도 그러했습니다. 뒷날 저술한 『종교적 정서』에서 그는 하나님이 우리에게 주시는 어떤 이익이 아니라 하나님의 거룩을 사랑하는 것이 참된 은혜의 증거라는 사실을 설명하는 데 한 장 전체를 할애합니다. 그것은 자신의 체험에서 나온 주장이었습니다. 그가 체험한 가장 달콤한 기쁨과 즐거움은 그의 영혼이 구원받았다는 사실에서 비롯된 것이 아니라 "복음의 영광스러운 일들에 대한 직접적인 시각(view)"에서 비롯된 것이었습니다. 이러한 달콤함을 즐길 때면 그는 자신의 구원에 대한 생각을 완전히 초월해버리는 것 같았습니다. 그럴 때면 그 영광스럽고 즐거운 대상으로부터 눈을 돌려 그 자신과 그의 영혼의 구원을 생각한다는 것이 그에게는 "참을 수 없는 손해"로 여겨졌습니다.

# 5.
## 맺는말: 한국 교회에의 적용

모든 인간이 다 마찬가지겠지만 에드워즈도 자기 시대와 사회의 아들이었습니다. 뉴잉글랜드 청교도들은 교회사에서 영혼의 구원 문제에 대해 가장 깊은 관심을 가진 집단이었습니다. 그들 중 많은 이들은 자신의 구원 문제 해결, 즉 '회심의 체험'을 자기 생의 가장 중요한 과제로 삼고 있는 사람들이었습니다. 이러한 분위기 속에서 태어나고 자란 에드워즈는 어릴 적부터 구원의 확신을 획득하는 데 깊은 관심을 가지고 있었습니다. 여기서 우리는 종교적 분위기나 환경이 어린아이들에게 어떤 영향을 주는가를 발견합니다. 초등학교 때부터 대학 입시를 위한 사교육에 올인하는 것이 전국적 문화가 되어 있고, 청소년들의 최대의 관심과 사명감이 학업 성적을 높이고 석차를 올리는 데 있는 한국 사회, 그리고 그리스도인들의 가치관도 그러한 사회의 그것과 대차가 없는 한국 교회에서 조나단 에드워즈 같은 영적 거인이 자라는 것은 거의 불가능한 일로 보입니다. 물론 세속화된 21세기의 미국에서도 그것은 마찬가지이겠지만, 한국에서 에드워즈 같은 그리스도인, 그리고 18

세기 미국 청교도 사이에서와 같은 대각성이 일어나기 위해서는 그리스도인들과 교회가 세속적 가치관과 교육관으로부터의 완전한 결별이 선행되어야 할 것입니다.

에드워즈의 신학적 바탕은 20대 초반에 이미 터가 닦였던 것으로 보입니다. 왜냐하면 그 명석한 젊은 두뇌로 신학적 주제들을 그처럼 깊이 있게 꾸준히 묵상한다는 것은 엄청난 신학적 역량의 축적을 의미하기 때문입니다. 에드워즈가 지적 이해만으로 이루어지는 신앙에 큰 가치를 부여하지 않았던 이유는 그가 너무나 실재적이고 체험적인 신앙, 즉 마음으로 느끼고 누리는 신앙을 가졌기 때문입니다. 에드워즈의 경건과 체험의 원천은 하나님과의 조용한 만남의 시간을 충분히 확보한 데 있을 것입니다. 앞에서 소개한 그의 종교적 체험들은 모두 에드워즈가 20세가 채 되기 전에 일어난 것들이었습니다. 그러한 체험들을 통해 에드워즈는 참 은혜의 본질이 무엇인지, 그리고 진정한 종교적 정서의 원천이 무엇인지를 확신하게 되었습니다. 그리고 그 발견들은 훗날 그의 주저인 『종교적 정서』에서 상술됩니다. 그러므로 에드워즈의 신학은 그것이 저서로 출판되기 20~30년 전에 이미 개인적으로 체험했던 내용들이었습니다. 그것은 어떤 철학적 신학자들의 경우처럼 사변이나 관념, 그리고 단순한 지성의 산물이 아니라 성경의 진리들에 대한 개인적 체험의 결과였습니다. 오랜 묵상과 명상을 통해 경험적으로 확인한 사실들의 진술이었던 것입니다. 오늘 한국 교회에도 이런 실제적 경건의 훈련을 통해 확신하게 된 복음의 진리들을 전하고 가르치는 교사들이 가장 절실히 필요해 보입니다.

# 7장

# 웨슬리의 영성

- 유경동 교수(감리교신학대학교, 기독교윤리) -

**존 웨슬리**(John Wesley, 1703~1791)

영국의 종교개혁자, 신학자, 감리교회의 창시자이다. 대중에게 종교적 체험과 성결한 생활을 역설하고, 산업혁명을 배경으로 하여 대규모 신앙운동을 전개했다.

# 1.
## 웨슬리의 생애

존 웨슬리(John Wesley)는 감리교회의 창시자로서 엡워스(Epworth)의 교구목사 새무얼 웨슬리와 아내 수산나의 15번째 아들로 태어나 옥스퍼드 대학에서 교육을 받았습니다. 웨슬리는 1726년 옥스퍼드 대학 링컨 칼리지의 특별연구원으로 선발되었으며, 부친의 교회에서 얼마 동안 부목사로 재직하기도 했습니다. 옥스퍼드 대학 시절에는 진지하고 경건하고 학구적인 크리스천들을 모아 신성 구락부(Holy Club)를 조직하고 신앙 운동을 주도했는데, 이 중에는 그의 동생 찰스 웨슬리, 친구 조지 화이트필드도 포함되어 있었습니다. 이 기간 동안 그는 특히 윌리엄 로(William Law, 1686~1761)와 헨리 모어(Henry More, 1614~1687), 토마스 아 켐피스(Thomas à Kempis), 그리고 제러미 테일러(Jeremy Taylor, 1613~1687) 등의 영향을 받았습니다.

1735년, 복음 선교회의 후원으로 동생 찰스와 함께 미국 조지아 주의 선교사로 갔습니다. 설교를 통해 웨슬리는 노예무역과 술의 금지를 강조하며 정치 사회적 문제에 관심을 기울였지만, 식민주의자들과 마찰을 일으켜 1737년 귀국하게 됩니다. 그는 모라비아교회 지도자인 피터 뵐러와의 교제를 통해 "구원받을 수 있는 유일한 근거인 믿음"을 자신이 결여하고 있다는 것을 깨닫게 됩니다. 그리고 1738년 독일 헤른후트(Herrnhut)의 모라비아 교단을 방문하고 나서 그의 신앙생활은 큰 영향을 받게 됩니다.

1738년 5월 24일, 올더스게이트 가(Aldersgate Street)의 한 모임에서 마틴 루터의 로마서 주석 서론이 낭독될 때, 웨슬리는 "가슴이 뜨거워지는(strangely warmed)" 회심의 경험을 하게 됩니다. 그 후부터 그의 목표는 "내가 할 수 있는 한 생동적이고 실제적인 신앙을 고양시키고, 하나님의 은혜로 사람들의 영혼 속에 하나님의 생명을 낳고, 보존하고, 성장시키는 것"이었습니다. 그리고 그는 남은 생애 전체를 복음 전도사역에 바쳤습니다.

# 2.
## 웨슬리의 균형 잡힌 영성

　　웨슬리의 영성은 특히 기도를 통해 형성되었습니다. 그는 기도야
말로 하나님께 가까이 나아가는 가장 중요한 수단이 된다고 믿었습니
다. 따라서 기도가 부족하게 되면 다른 어떤 것으로도 보충할 수 없음
을 확신하고, 평생 기도생활에 전념했습니다. 웨슬리가 추구한 영성은
기도를 중심으로 하나님의 말씀, 즉 '한 책'을 신앙의 표준으로 삼았으
며, 특히 성서의 하나님이 인간을 사랑하시는 신 중심적인 영성에 깊은
관심을 가지고 있었습니다. 특히 그는 성서와 전통, 이성과 경험이라는
요소들을 종합적으로 연결시킬 때, 이러한 영성이 가능하다고 보았습
니다. 영성을 통해 웨슬리는 만인구원을 위한 하나님의 뜻에 철저하게
순종하며 평생을 헌신한 것입니다.

## 1) 성경

웨슬리는 성서 전체가 하나님의 영감으로 이루어짐을 믿었으며, 하나님의 말씀이 그리스도인의 신앙과 실천에 유일하고 충분한 법칙이 됨을 믿었습니다. 그는 성서에 주어진 구원의 길을 통해 종교의 제반 문제에 있어서 최고의 권위는 성서라는 것에 초점을 맞추어 자신이 중요시하는 전통과 경험의 가치를 통찰력의 자료로 사용했으며, 정태적이고 기계적인 문자주의의 위험에서 벗어나 누구든지 이해할 수 있는 진리로 말씀을 선포하는 데 최선을 다했습니다. 웨슬리는 최고의 권위인 성서의 바른 해석을 발견하는 데 전통의 중요성을 강조하면서도 성서에서 직접적으로 승인되지 못한 목회의 직제와 교회의 예전 같은 중요한 전통적 형식들이 매우 큰 권위를 지니고 있다고 보았습니다.


## 2) 이성

웨슬리는 "공평하게 고려되는 이성의 경우(The Case of Reason Impartially Considered)"라는 설교에서 우리가 인지해야 할 사실은 인간의 이성이 진정한 덕목과 바람직한 행복을 준다는 것은 전적으로 불가능하지만, 이성은 하나님의 성령의 지도 아래 참 종교의 기초를 닦는 일과 보다 한 차원 높은 수준에서 주님의 일을 감당하는 데 도움이 된다고 간주하고 있습니다. 그러나 웨슬리는 토마스 아퀴나스(Thomas Aquinas)적인 자연신학적 이성의 지식으로는 하나님을 알 수 없고, "아들 외에는 아버지를 알 수 없다"는 말씀을 인용하면서 자연적 지식의 부적합성에 대해 강조합니다. 따라서 이성의 중요성은 계시의 다른 자료를 마련하는 데 있지 않고, 논리적 능력으로써 우리로 하여금 계시의 증거를 정리할 수 있게 하는 데 있으며, 또한 그것은 우리에게 전통과 마찬가지로 성서에 대한 방종한 해석의 위험성을 방어하는 데 필요한 무기들을 제공해준다고 보았습니다.

## 3) 경험과 전통

웨슬리는 또한 경험을 강조하여 성서와 전통의 권위를 받아들이는 것이 하나님과의 산 관계를 말살하는 형식 종교로 전락하는 것을 막으려고 노력합니다. 물론 성경은 가장 결정적인 진리의 증거이지만, 경험은 가장 강력한 논증이 되기 때문에 이 둘은 따로 떨어져 있는 것이 아닌, 서로 연관되고 상호 보완하는 표준이 되는 공동의 협력체가 될 수 있다고 보았습니다. 웨슬리에게 종교의 생명력은 성서와 전통이 산 경험으로 자신과 연관될 때 나타나는 것으로 보았으며, 성령의 내적 증거로써만 그리스도에 대한 참신앙의 의미를 이해하는 것이 사실이지만, 성령은 동시에 그리스도에 대한 교회의 증언을 통해 우리에게 산 경험을 가지고 온다고 믿었습니다. 웨슬리는 개인적 경험을 무시하고 교리와 예배에 접근하는 것을 염려했을 뿐만 아니라, 그와 함께 진리의 문제를 개인적 또는 집단적인 기괴한 감정에 맡겨버리는 경험에 의존하는 것도 우려했는데, 왜냐하면 기독교 신앙이 인간적 경험의 변덕스러움과 제한성에 예속됨으로써 그 역사적 바탕에서 분리될 위험성을 알고 있었기 때문입니다. 따라서 경험은 규범적일 수 없고, 모든 경험은 성서의 시금석에 종속되어야 하며, 개인적인 경험의 근거가 되는 인간의 감정과 마음도 중요하지만, 그러한 감정에 의존하는 것보다 오히려 복음의 약속으로 계속 지향하는 것이 더 중요하다고 보았습니다. 개인의 경험을 통한 주관적인 하나님 이해가 성서가 제시하는 복음의 약속들에게로 관심을 돌릴 때, 하나님과의 살아있는 관계가 그리스도의 계시에 대한 증거를 통해 실천으로 나아갈 수 있다고 확신한 것입니다.

# 3.
# 선행은총론

웨슬리의 사상에 보편주의와 사해주의 특성이 나타나는 이면을 살펴보면, 웨슬리의 선행은총론이 핵심이 됨을 알 수 있습니다. 그가 말하는 선행적 은총은 인간의 공로와 상관없이 하나님이 인간을 구원하실 계획을 은총으로 부여하셨다는 뜻입니다. 원죄로 인해 자연적 인간은 하나님께 죽었지만, 인간은 이 선행적 은총에 대해 응답 또는 반항할 능력을 가지게 된다고 보았습니다. 특히 선행적 은총론에서 웨슬리가 이해한 인간의 양심은 인간의 책임이라는 면에서 대단히 중요한 관점을 제공합니다. 그는 양심을 '자연적 양심'이라는 뜻으로 이해하면서 하나님이 모든 자연적 인간 위에 초자연적으로 부여하신 은총으로 보고, 인간이 순간적으로나마 하나님의 뜻에 역행할 때, 하나님의 영이 인간을 내적으로 통제하고 불안을 느끼게 하는 그 영역이 바로 양심이라고 해석했습니다.

따라서 하나님은 자연적 인간 안에서도 직접적으로 역사하시기 때문에 인간은 책임적이라고 할 수 있고, 하나님의 사업에 응답하는 예비적 방법이 되며, 이것은 궁극적으로 복음을 통해 나타나는 확신적 은총에 의한 직접적인 방법을 통해 분명해집니다. 따라서 선행적 은총은 하나님의 구속 사업의 출발점이고, 이 은총은 모든 인간에게 현존하지만, 그렇다고 양심 속에 주어진 은총이 인간을 하나님의 뜻에 일치시키거나 원죄의 영향을 극복하는 데 충분하다고는 믿지 않았습니다. 그러나 이 선행적 은총의 사용이 인간의 공적이라고 믿어서는 안 되고, 하나님의 은총으로 보급된 능력에 의해 가능하며, 또한 구원의 길은 하나님이 그의 은총으로 인간을 계속적으로 북돋우어줄 때에만 열리는 것입니다.

웨슬리는 종교개혁 정신을 따라 구원을 공적의 율법적 질서 안에 보존하여 인간의 업적을 신앙에 부가하는 것에 반대했을 뿐 아니라, 논리적 예정론의 결정론적 체계를 절단하고, 인간이 하나님의 은총과 부름에 자유롭게 응답할 수 있는 존재가 될 수 있음을 강조함으로써 하나님과 인간관계의 역학관계를 보여주려 했습니다. 즉 하나님의 하향식 운동이 인간의 자연적 의지를 통한 상향식 운동과 마주쳐서 인간은 구원을 이루기 위한 역사의 협력자가 되고, 아울러 구원에 필요한 도덕적 수준에 도달할 수 있는 가능성을 제시하고 있습니다. 여기서 웨슬리적인 '신인 협력설(synergism)'은 구원의 과정에서 어떤 일들은 인간의 주도와 자유의지에 의해 가능하고 어떤 일들은 신의 은총을 요구한다는 것이 아니라, 그와 반대로 인간이 말하고 행동하는 모든 것은 성령에 의해 영감을 받는 것이며, 성령의 본성과 모순되지 않는 가운데 개인의 완전화와 인류의 회복이라는 실천운동의 결과를 낳게 되는 것입니다.

특히 올더스게이트에서의 신생체험은 그의 신앙에 일대 전환의 계기가 되었다고 할 수 있습니다. 자신의 영혼 구원을 위해 열심히 노력했던, 그래서 친구도, 명성도, 안일도, 조국과 자신의 육신조차 버리고 헌신했던 그 과정에서 웨슬리는 스스로에게 부과한 율법의 짐에서 자유로워질 수 없었습니다. 웨슬리는 이와 같은 자신에게서의 소외 문제를 '의인(義認)'이라는 복음을 통해 인간을 노예상태에서 해방시키려는 하나님 아버지의 구속적 개입을 완성시키신 예수 그리스도 안에서 하나님의 뜻을 발견하게 됩니다. 아들 예수는 이 세상에서 하나님 아버지의 일을 하는 것이고, 그가 하는 일만이 화해의 기초를 마련해주며, 자기-의인(self-justification)을 위한 인간의 모든 노력은 불필요하게 되는 것입니다. 이전과 다를 바 없는 선행을 한다는 점에서 아무것도 변하지 않았다고 볼 수 있지만, 올더스게이트 사건은 '신생(new birth)'을 통해 종의 믿음에서 아들의 믿음으로, 공포에 얽매인 노예의 정신에서 어린아이와 같은 사랑의 정신으로 전환되어 새로운 존재 양식으로 자리 잡게 된 것입니다.

웨슬리가 이해한 새로운 존재 양식의 특징은 성화를 단순히 개인의 종교적 목표나 완전으로 여기지 않고, 성화나 기독교인의 완전을 소극적으로 죄가 없는 상태로 정의하지 않으며, 말로만이 아닌 행위로도 표현되는 능동적인 사랑의 현존이라는 적극적인 측면에서 정의했다는 점입니다. 특히 그 사랑은 하나님으로부터 인간에게로, 인간으로부터 하나님에게로, 그리고 인간 존재를 통해 하나님으로부터 인간 동료에게로 향해야 한다고 강조했습니다. 웨슬리는 죄인들로부터 자신을 분리시키고자 하는 것에 대해 반대하고, 만약에 세상과 멀어진다면 '세상의 소금이 되라는 소명을 어떻게 성취할 수 있겠는가?' 하고 물으면서 하나님의 섭리는 신앙인들을 그렇지 못한 사람들과 섞어놓음으로써 하나님이 신앙인에게 주신 모든 은총이 다른 사람들에게 전달될 수 있도록 하신 분명한 이유가 있다고 강조했습니다.

# 4.
## 웨슬리의 실천적 영성-성화

　웨슬리의 실천적 영성이 나타나는 성화론의 내용을 파악할 때, 중요한 점은 성화를 혁명적 실천(revolutionizing practice)으로 보았으며, 이는 하나님의 구원을 이 세상에 대한 관계 속에서 실현해나가고 있는 것으로 이해하는 것입니다. 본질은 실천 속에서 실현되어야 하며, 신앙의 타당성 지표는 실천을 통해 드러나게 됩니다. 웨슬리에 의해 강조된 오직 믿음으로 말미암은 의인(義認)은 그의 성화 개념에 있어서 실천된 사랑과 연관됩니다. 웨슬리의 성화 사상은 칼뱅적인 수동적 은총론에 기초하고 있지만, 의인화(義認化)를 의인화(義人化)로 발전시키듯이(imputation to impartation), 성화(聖化)도 성인화(聖人化)로 발전시켜나가는 것입니다 (imputed to imparted sanctification). 따라서 선행적 은총으로 회복된 자유의지에 의해 의롭고 거룩한 행동을 실천함으로써 잃어버린 하나님의 형상, 즉 의로움과 거룩함을 회복할 수 있다고 믿었으며, 따라서 웨슬리의 사회적 성화는 성육신적 요소로서 세속성으로부터 분리된 성결의 힘을 갖고 세속을 찾아가는 참여를 통해 사랑의 적극적 행위를 실천에 옮겼습니다.

첫째, 가난한 사람들을 단지 자선의 대상이나 극빈자 구호의 수혜자들로 보지 않고, 이들의 비참한 상황을 제거하는 것을 참된 기독교적인 사명으로 강조했습니다. 웨슬리가 가난한 자들을 돕기 위해 실천에 옮긴 내용들을 보면, 모금을 통해 가난한 자들에게 현금이나 의복, 생필품, 연탄, 의약품 등을 나누어주었고, 의약품을 가지고 본인이 치료에 나서기도 했습니다. 또한 웨슬리는 영국 최초의 자유 약국의 개척자로 통하기도 하며, 가난한 이들로 하여금 경제적인 어려움을 극복할 수 있도록 대여금고와 직업알선 그리고 면직작업 같은 프로젝트를 직접 운영하여 만연한 빈곤 문제를 해결하려고 노력했습니다.

웨슬리는 영국 사회 내 불의의 문제를 근본에서부터 해결하기 위해 일반 대중의 의식 변화를 위해 노력했는데, 이러한 그의 행동은 철저히 기독교의 정신에서 나온 것으로서 하나님과 모든 인간을 향한 사랑에 근거하고 있습니다. 『진정한 호소(Earnest Appeal)』에서 보여주듯이, 웨슬리는 마음과 영혼과 힘을 다해 하나님을 사랑하는 것과 하나님이 창조하신 모든 영혼을 사랑하는 것보다 더 좋은 종교의 내용은 없으며, 이것을 혼란한 세상의 모든 악을 물리치기 위한 확실한 구원의 수단으로 보았습니다. 아울러 이웃 사랑은 하나님에 의해 명령된 것이기 때문에 단지 선을 행하고 자선을 하는 것이 아니라 사랑에 근거하여 인간의 존엄과 가치를 소중하게 여기며, 모든 사람에게 동일하게 적용하려고 노력했습니다. 특히 개인의 경제적 책임을 강조하여 재화에 대한 기독교인들의 입장을 분명히 했고, 사유재산이란 하나님께서 우리에게 관리하도록 주신 재화라는 각도에서 자신과 가족에게 필요한 것 이외에는 궁핍한 이들을 위해 사용하도록 강조했습니다.

둘째, 경제적인 불의에 대해서는 참혹한 현실에 대한 실례를 들어가면서 항거와 동시에 다양한 조처들을 모색하는데, 이러한 웨슬리의 연구와 개선책은 비전문가의 의견으로서 비현실적인 부분이 없지 않지만, 정부나 국회 및 경제적으로 영향이 큰 그룹들에게 계속 변화를 요청하고 있었다는 것입니다. 따라서 사회의 공적인 의식 형성에 큰 영향을 미쳤다고 할 수 있습니다. 또한 당시 영국 토리당의 정치적 입장을 지지했던 웨슬리는 국가적 권력기구를 대표하는 이들로서 왕과 각료 그리고 의회의 중요성에 대해 강조했고, 이들에게 국민의 행복에 이바지할 수 있는 모든 것을 수행할 권한과 책임을 주셨다고 믿었으며, 특히 왕의 권리 중 경찰권과 조세권의 올바른 사용에 대해 주장했습니다.

셋째, 웨슬리의 노예제도 반대 운동은 당시 영국국교회와 대다수 회원들이 노예제도를 문제 삼지 않고, 기층 사회의 질서를 그대로 받아들이는 분위기가 팽배했음에도 불구하고 북미 조지아 선교사 시절로 거슬러 올라갑니다. 비록 웨슬리는 그의 사역 초기에 노예제도 전반에 대한 원칙적인 공격이나 도덕적인 비난을 조직적으로 전개하지는 않았지만, 흑인노예들의 상황을 개선하고, 흑인학교를 세워 교육활동을 활발하게 전개했으며, 영국으로 돌아온 후에는 백인과 흑인, 자유자와 노예의 사회적 제한을 성서의 사랑에 근거한 복음주의적이고 목회적인 실천운동으로 극복해나가려고 했습니다. 웨슬리는 1774년 저술한 『노예제도에 관한 생각』이라는 소책자에서 한 인간의 가치는 하나님께서 영원한 생명으로 창조하신 영혼 속에 있다고 확신했으며, 따라서 하나님의 고상한 피조물들이 짐승 같은 삶을 살도록 방치하며 조장하는 노예 소유와 그것을 정당화하는 불의한 행위를 하나님이 징벌로 다스릴 것이라고 주장했습니다.

넷째, 웨슬리는 18세기 영국의 열악한 법률체계로 말미암아 야기되는 가난한 자들에 대한 부당한 법적 대우에 대해 경악하고, 재소자들을 위한 구호활동을 펴게 됩니다. 사형선고를 받은 사람들과 대화를 나누고, 그들로 하여금 어려운 운명을 견뎌내도록 도왔으며, 가난한 사람들을 위해 부르심을 받았다는 자기의 사명을 이러한 재소자 구호활동을 통해 더욱더 확신하게 됩니다. 그러한 웨슬리의 노력은 단순한 재소자 방문에 그치지 않고, 억울하게 갇힌 여러 수인들의 사면을 위해 노력했으며, 심지어 이러한 웨슬리의 행동을 방해하기 위해 국가 관리들과 교회 교직자들이 합세하여 웨슬리가 감옥에서 활동하는 것을 차단하려고 했습니다. 재소자에 대한 웨슬리의 구호 활동은 외국인들에게까지 이어졌으며, 군인으로서 영국의 포로가 된 프랑스인, 네덜란드인, 미국인에게 관심을 가지고 인도주의적인 차원에서 그들을 돌보아주었습니다. 웨슬리는 교도소가 형벌을 개선하는 것이 아니라 또 다른 범법의 행위로 이끌 수 있는 온상이 될 수 있기 때문에 교도소의 도덕적 효력에 대해 의문을 품었으며, 시민 재판과정에서 나타나는 법률의 불확실성 문제들, 특히 가난한 사람들과 부자들에 대한 불공평한 처리에 대해 항의했고, 전쟁 포로에 대한 비인간적인 대우에 항의했습니다.

지금까지 살펴보았듯이, 웨슬리는 자신의 신앙운동을 통해 영국 사회와 문화를 새롭게 구축하려는 목적을 가진 사람으로 충분히 재인식될 수 있을 것입니다. 그는 자연적 은총으로서 인간 책임의 영역을 강조했으며, 그 책임은 단순히 개인의 구원에 머무르지 않고 보편적으로 모두에 적용된다고 확신했습니다. 웨슬리의 윤리는 바로 이러한 점에서 신성의 힘을 간직하고 있다고 할 수 있습니다. 그 신성은 인간에 대한 과도한 신뢰를 추방하면서도 인간의 영혼과 영혼, 그리고 영혼과 신앙공동체에 기초한 감리교 공동체를 형성하는 에너지가 되었습니다.

# 5.
## 나가는 말

　웨슬리의 선행은총론과 성화사상은 하나님과 인간의 관계를 보편적으로 해석함으로써 올바른 인간 존재의 연대성을 가능하게 해준다고 할 수 있습니다. 모든 인간 존재가 하나님의 피조물이라는 믿음은 차별적인 인간 이해에서 파생되는 억압적인 사회구조를 제거할 수 있는 바른 정치를 지향하는 정신적 원동력이 될 수 있습니다. 피조물 됨(creature-hood)은 자기 자신에 대한 관심과 타인에 대한 관심을 동시에 수용함으로써 세상 속에서 인간 존재의 평등성을 인정하는 것입니다. 아울러 웨슬리는 부단히 지성과 지성 사이를 자유로이 교류하며 자신을 어떤 단일적이고 획일적인 사고로부터 끊임없이 스스로를 추방한 신앙인이었음이 분명합니다. 웨슬리는 인간이 추구하는 최종의 지식이나 어떠한 이념도 인간의 무지에서 자유로울 수 없으며, 따라서 그 이념을 절대화하는 시도는 단지 무지의 교만에서 파생한 무지로서 일종의 자기기만이 되는 것을 알았던 사람이라고 할 수 있습니다.

　한국 기독교의 현실을 살펴볼 때 무엇보다도 자신의 갱신과 사회를 올바르게 개혁하는 위로부터의 영적 에너지가 필요합니다. 우리는 종파, 인종, 계층, 성을 초월한 보편주의와 사회와 민족 그리고 국가와 세계를 위한 아래로의 봉사, 바른 신앙 공동체를 형성하기 위해 자유하게 하는 진리를 수호하는 신앙인의 정체성 확립이 더욱더 절실한 시대에 살고 있습니다. 웨슬리의 탄생은 그의 생명의 시작을 기점으로 하는 새로운 자유의 시작이었으며, 그 자유를 향한 열정은 여전히 우리에게 요구되는 심오하고 신성한 에너지입니다.

이와 같은 웨슬리의 신앙을 통해 우리는 또한 공적 영역에서 기독교의 책임에 대해 새로운 사명을 인식할 수 있습니다. 웨슬리처럼 우리가 알지 못하는 이웃을 향하고, 우리가 이해하지 못하는 문화를 포용하며, 우리가 인정하지 않는 사회와 우리가 반대하는 정치 체제에까지 도달하는 공적 영역으로서의 실천과 연결이 되어야 합니다. 그러한 신앙의 진수를 우리는 웨슬리를 통해 다시 한 번 살펴보았습니다. 이제 우리에게 남겨진 것은 자신의 생명을 통한 자유의 재발견과 하나님의 은총 안에 밝히 드러나는 이웃을 향한 책임에 대한 우리의 응답과 행동뿐입니다.

## 참고문헌

*The Bicentennial Edition of the Works of John Wesley*. Nashville: Abingdon Press, 1989.

John Wesley. *The Works of the Rev. John Wesley, A. M. with the Last Corrections of the Author*. ed. by Thomas Jackson, 3rd edition.

Derek Michaud. "John Wesley (1703-1791)." Boston Collaborative Encyclopedia of Western Theology. <http://people.bu.edu/wwildman/bce/wesley.htm>

# 8장

# 블룸하르트의 기도와 경건 실천: "예수 이겼네!"

- 임희국 교수(장로회신학대학교, 교회사) -

**크리스토프 블룸하르트**(Christoph Fr. Blumhardt, 1842~1919)

독일의 루터교 신학자이자 종교 사회주의자, 설교자이다. 루터교회 목사인 아버지 요한 크리스토프
블룸하르트의 뒤를 이어 목회자의 길을 걸었으며, 인간 전체에 대한 신의 사랑을 주장했고, 그 귀결
로 당시 독일 사회민주당에 입당하기에 이른다.

# 1.
## 소개

　'아들 블룸하르트'로 불리는 크리스토프 블룸하르트(Christoph Fr. Blumhardt, 1842~1919)는 독일 서남부지역 바트볼(Bad Boll)에서 교역한 목사였습니다. 그의 목회는 처음부터 마지막까지 "예수 이겼네!"를 실천했으며, 이것은 하나님 나라 곧 예수 그리스도 안에서 땅에 임하는 그 나라를 선포하고 증언한 삶이었습니다. 당시의 독일은 1830년대에 시작된 산업화로 말미암아 — 한국의 1960년대 이후처럼 — 도시가 발전되고 사회 양극화 현상이 일어나는 변혁을 겪었습니다. 이러한 상황에서 블룸하르트는 가난한 자와 소외된 자(특히 노동자)의 인권과 권익을 위해 현실 정치에 참여했습니다. 그의 신학사상과 경건 실천은 20세기 신학자들에게 커다란 영향을 끼쳤습니다. 스위스의 '종교(예언자적)사회주의자' 쿠터(H. Kutter, 1863~1931), 라가츠(L. Ragaz, 1868~1945), 레준(R. Lejeune), 그리고 '변증법적 신학자' 투르나이젠(E. Thurneysen), 바르트(K. Barth, 1886~1968), 브룬너(E. Brunner) 등입니다. 또한 본회퍼(D. Bonhoeffer), 독일에서 미국으로 건너간 신학자 틸리히(P. Tillich), 스위스 취리히의 경제

윤리학자 리히(Arthur Rich), 독일 개혁교회 신학자 몰트만(J. Moltmann) 등이 블룸하르트에게 직접적인 영향을 받았습니다.

# 2.
## 뫼틀링엔(Moettlingen) 치유사건: "예수 이겼네!"

블룸하르트의 경건은 그의 아버지(Johann Chr. Blumhardt, 1805~1880)의 '뫼틀링엔 치유사건'에 근거해 있습니다. 그가 세상에 태어나던 때, 그의 아버지는 약 2년 전부터 엄청난 영적 싸움에 몰입되어 있었습니다. 가난과 정신질환으로 고생하는 고틀리빈 디투스(Gottliebin Dittus)를 죽이려 달려드는 악한 영과 처절하게 대결한 싸움이었습니다. 이 싸움은 두 단계로 진행되었습니다. 처음에는 아버지가 악한 영에게 억압된 고틀리빈을 '무기력하게' 구경만 했는데, 그러던 그가 어느 한순간에 '목회자(Seelsorger)' 의식을 갖고 고틀리빈의 치유를 위해 뛰어들게 되었습니다. 그때가 1842년 6월 말이었는데, 이때부터 블룸하르트의 '기도'가 달라졌습니다. "주 예수시여, 나를 도우소서! 우리는 오랫동안 마귀(Teufel)가 행하는 짓을 충분히 보았습니다. 이제는 우리가 예수께서 하시는 일을 보기 원합니다." 이 기도는 뫼틀링엔 치유사건에서 '결정적인 전환시점'을 맞이했는데, 이때 블룸하르트는 하늘로부터 오는 불가항력적인 힘에 이끌렸습니다. 그는 이 싸움이 앞으로 어떻게 전개될지 전혀 예상치 못한 가운데 스스로를 "하나님의 도구(Werkzeug Gottes)"로 인식하며 고틀리빈을 마구 괴롭히는 악한 영과 더불어 싸웠습니다. 이 싸움은 1843년 성탄절까지 지속되었고, 그녀가 치유되는 순간 곁에서 돌보고 있던 사촌 카타리나가 "예수 이겼네!"라고 외쳤습니다. 이 싸움이 종결된 직후 주일예배에서 블룸하르트는 누가복음 1장 46~55절의 '마리아 송가'를 설교본문으로 말씀을 선포했습니다. 그는 고틀리빈을 괴롭히던 악한 영을 물리친 예수의 승리를 증언했습니다.

기도치유가 뫼틀링엔에서 연이어 일어났습니다. 고틀리빈은 아버지 블룸하르트의 양녀로 입양되었고, 아버지의 치유사역에 동역했습니다. 이와 더불어 뫼틀링엔에서 신앙각성(Erweckung, 신앙의 잠에서 깨어나는 각성)이 일어났습니다. 이 운동의 핵심은 '죄 용서를 통한 질병의 치유'였습니다. 이러한 신앙각성운동이 소위 '(아버지) 블룸하르트 운동'으로 발전되었고, 여기에 대한 소문이 빠르게 사방으로 퍼져 나갔습니다. 이에 유럽 각 지역에서 수많은 사람들이 작은 마을 뫼틀링엔으로 모여들었습니다. 1852년에 아버지는 사역지를 뫼틀링엔에서 바트볼로 옮겼고, 거기에서도 블룸하르트 운동은 계속 이어졌습니다.

# 3.
# 치유사건에 대한 아들 블룸하르트와
# 칼 바르트의 성찰

이 치유사건을 통해 블룸하르트는 땅에 임하는 하나님 나라의 징표(Zeichen)를 체험했습니다. 그 징표는 세상 한복판에서 죄 용서의 질병 치유를 통해 드러난 구원사건이었습니다. 이것은 다음과 같이 정리되었습니다. ① 기도치유는 하나님 나라의 주인이신 예수 그리스도께서 "실제로 임하심(das tatsächliche Nahesein)"을 체험한 사건이다. 종종 기적(Wunder)으로 이해되는 치유사건은 어떤 낯선 경험이 아니라 주님이 오심으로써 일어난 "자연스러운(das Natürliche)" 사건이다. ② 기도치유의 근거는 신약성경 복음서에 기록된 예수의 치유에 있다. 그 치유사건이 오늘도 여전히 뫼틀링엔 교회에서 동일하게 일어났음을 확인한 블룸하르트는 종말론적으로 "예수 그리스도는 어제나 오늘이나 영원토록 동일하시다"(히 13:8)라고 확신했습니다. 그런데 당시에 주위 사람들은 기도치유를 인정하려 하지 않고 그런 일은 신약성경에서만 읽을 수 있는 이야기라고 일축했습니다. 그러나 블룸하르트는 성경의 역사(사건)가

'오늘도 여전히' 일어나고 있음을 체험했기에 성경의 하나님은 '살아 계신 하나님'이시며 고틀리빈 뿐만 아니라 다양한 환자를 질병에서 치유 · 해방 · 자유케 하신다고 증언했습니다.

뵈틀링엔 치유사건에 관해 칼 바르트가 정리했습니다. 즉, 고틀리빈의 치유과정에서 일어난 악한 영과의 싸움은 인간이 세상의 현실 가운데서 겪는 고통, 고난, 곤궁이 어떤 것인지 그 실체를 보여준 하나의 실례이고 이와 함께 현실 속에서 역사하시는 하나님의 위로, 치유를 경험하게 했다는 것입니다. 치유사건이 준 가장 중요한 인식은 하나님의 실재(Wirklichkeit)에 대한 각성이었습니다. 고통 받는 인간의 실재에 대한 인식, 그리고 그와 동시에 깨달아 아는(각성) 하나님의 실재였습니다. 또, 고통 속에 있는 인간의 실재를 파악하기에 앞서 그 인간을 구원하시는 예수 그리스도의 실재를 먼저 각성하는 것이었습니다. 고통당하는 인간의 실재를 파악하는 가운데 그 실재를 거부하시며 의로운 분노를 발하시는 하나님의 약속과 계시가 이미 드러났음을 인식한다는 뜻입니다. 이것은 인간이 자기 자신의 고통을 운명(숙명)으로 받아들이며 스스로 체념하려는 것을 강하게 거부하시는 하나님의 역사입니다. 그러므로 바르트는 고틀리빈의 치유 순간에 외친 "예수 이겼네!"는 고통당하는 인간이 그 고통을 숙명으로 받아들이며 스스로 체념하려는 자세를 강하게 거부하시는 하나님의 뜻이 드러난 것이라 해석했습니다.

# 4.
## 아버지의 유산을 계승한 아들:
## "예수 이겼네!"에 대한 새로운 인식

 

 

 

아들 블룸하르트는 아버지의 유산인 "예수 이겼네!"를 그리스도의 부활과 성육신을 바탕으로 인식했습니다. 기도를 통한 질병치유는 사망 권세를 이기고 '이 세상 한복판에서 몸으로 부활하신' 예수의 실재를 체험하게 했습니다(요 11:25-26). 이에 그는 19세기의 이분법적 경건주의와 몸의 영역을 거부하는(Leibfeindlich) 관념론의 한계성을 파악했습니다. 이 세상은 경건주의자들이 주장하는 바와 같이 눈물과 고통으로 가득한 골짜기가 아니라, 그리스도의 부활을 통해 하나님 나라가 임하는 현장이라 강조했습니다. 또 그리스도의 부활로 말미암아 이 세상 한복판에서 부활생명의 역사가 시작되었고, 그 역사는 땅에 임하는 하나님 나라의 실재라고 선포했습니다. 또한 부활하신 그리스도는 이 세상에 사람으로 태어나신 예수이며, 이 성육신을 통해 하늘과 세상 사이에 있던 깊은 골짜기가 메워졌고, 이에 따라 하나님 나라는 그리스도의 성육신 안에서 세상의 먹고 마시는 일상 영역에서 실재로 나타나야 한다고 선포했던 것입니다.

블룸하르트는 성육신 인식을 통해 더욱 분명하게 이분법적 경건주의를 극복해나갔습니다. 그는 '세상을 향해 열린 경건'과 '이 세상 속에서의 경건'을 추구했습니다. 세상 속에서의 경건이라고 해서 세상으로부터 출발한 경건이 결코 아니고 하늘로부터 세상 속으로 임하는 경건인데, 이 경건이 세상 한가운데서 실천되어야 한다는 뜻이었습니다. 목회자 블룸하르트의 관심은 이제 본격적으로 세상으로 향했습니다. 그는 예수께서 가르쳐주신 기도대로 "하나님의 뜻이 하늘에서 이룸같이 땅에서도 이루어지는" 교역을 추구했습니다. 그는 "세상을 이처럼 사랑하사 독생자를"(요 3:16) 내어주신 하나님의 사랑으로 사회현실을 바라보았습니다. 이와 함께 그는 "예수 이겼네!"가 교회에서는 물론이거니와 사회 현실(=부활 현장)에서도 이루어져야 한다고 확신했습니다. 이제부터는 교회에서 세상으로!

# 5.
## 경건의 실천: 예수의 뒤를 따라(Nachfolge)

아들 블룸하르트가 교역하던 19세기 후반의 독일은 산업화를 통해 사회가 크게 변혁되던 시기였습니다. 사회간접자본인 철도, 운하, 항구 등이 건설되었고, 공장이 들어선 산업도시로 농촌 인구가 대거 이주했습니다. 산업 근로자를 양성하고자 의무교육제도가 도입되었습니다. 대도시에는 개인주의 생활양식이 형성되었습니다. 도시의 산업노동자 대부분은 경제적으로 대단히 어려웠고 주거 환경도 매우 열악했습니다. 보험제도가 아직 마련되지 않은 때였으므로 일하다가 사고를 당하거나 질병에 걸리면 모든 것을 스스로 해결해야 했고, 노년생활에 대한 대책도 스스로 준비해야 했습니다.

1870년대에야 비로소 산업노동자들이 단체를 조직하여 목소리를 내기 시작했습니다. 과격한 노동운동단체인 사회민주단체(Sozialdemokratie: 1891년부터 사민당이라는 정치정당으로 바뀜.)가 결성되었습니다. 1895년 무렵 공장 근로자는 하루 평균 9시간 15분에서 11시간 노동했

습니다. 노동조합에 가입한 근로자의 연간 급여는 평균 555.03마르크
였습니다. 당시의 식료품 값은 쇠고기 1킬로그램이 1.46마르크였으므
로 이 정도의 급여를 받는 노동자는 살아가기가 매우 고달팠습니다.

산업화는 사람들의 사고방식과 내면 의식을 바꾸어놓았습니다. 개
인주의가 팽배해짐에 따라 전통과 관습을 그대로 답습하는 것을 회의
(懷疑)하도록 했습니다. 습관적인 예배출석은 전통관습 가운데 하나였
고, 전통의 이름으로 내리누르는 권위주의적 교회에 반감을 가지는 사
람들이 늘어났습니다. 한편 자연과학과 기술의 발전이 생활의 편리함
으로 연결되자, 사람들은 과학기술의 발전에 높은 기대를 갖게 되었습
니다. 이러한 기대감으로 미래에 대한 낙관론이 형성되었고, 낙관론은
발전 이데올로기가 되었으며, 발전 이데올로기는 유사종교가 되어 전
통 종교(기독교)의 자리를 대체하려 했습니다(세속주의의 팽배).

도시의 시민은 독일 사회의 전통 지배구조를 지탱하는 '교회와 정
치의 결합(Ehe)'에 회의(懷疑)를 가졌습니다. 이것은 국가교회(Staatskirche)
전통에 대한 회의였습니다. 이로 말미암아 교회의 사회 영향력이 차
츰 약화되었고, 급기야 더 이상 교회에 출석하지 않는 교인이 속출했
습니다. 이른바 '탈(脫)교회 현상'이 나타난 것입니다. 예를 들어 바이에
른 지역 어느 교회에서는 교인의 성만찬예배 참석률이 1867년 77%,
1880년 62%, 1913년 43%로 줄어들었습니다.

산업화에 따른 사회변혁, 탈교회 현상에 대처하는 방안이 개신교
(루터교) 안에서 논의되기 시작했습니다. 이 논의가 교회를 떠난 도시의
대중을 교회로 다시 끌어들이는 방안으로 확대되었습니다. 이에 교회
의 사회봉사(사회선교)가 1870년대부터 'Innere Mission'이란 이름으로
본격적으로 전개되었습니다.

그런데 블룸하르트는 교회의 사회봉사가 썩 만족스럽지 못하다고 보았습니다. 당시 구제에 힘을 쏟는 교회의 사회봉사가 도시 산업노동자의 현실 문제를 해결하는 데 약간의 도움은 되겠지만 근원적 해결책이 될 수는 없다고 판단했기 때문입니다. 구제라는 시혜적 봉사는 한갓 프로그램에 따른 봉사일 뿐이고, 가난하여 고통당하는 이웃에게 근원적 해결을 마련해줄 수는 없다고 보았습니다. 블룸하르트는 정부의 재정정책도 비판했습니다. 정부가 군사력(해군) 확장, 문화예술, (문화재) 교회건물 수리에는 많은 재정을 투입한 반면, 정작 가난하고 소외된 사람을 위한 재정투입에는 매우 인색했던 것입니다. 이렇게 정부의 편중된 재정정책이 정의가 결여된 사회를 형성했다고 파악했습니다. 그래서 불의한 현실을 향한 노동자단체(Sozialdemokratie)의 비판과 외침이 블룸하르트에게 예민하게 들렸습니다. "하나님이 도대체 어디에 계신가? 하나님이 불의한 지배자에게 감금되셨나?" 블룸하르트는 시편 22편과 137편을 묵상하면서 노동자들의 절규에서 들려오는 '예수의 음성'을 감지했습니다. 교회 안에서는 사회의식이 깨어 있는 신앙인을 찾아보기가 매우 드문데, 교회 밖에서 노동자 대중이 인권과 정의를 외치고 있었습니다. 교회는 노동자의 단체행동(시위)을 부정적으로 비판하고 비난했지만, 블룸하르트에게는 이들이야말로 자기 자신도 모르게 하나님의 인도 아래 있는 사람들로 보였습니다.

이제 블룸하르트의 성육신 인식은 경건의 실천으로 나아가게 했습니다. 그는 예수의 뒤를 따라(Nachfolge) 교회의 울타리를 넘어 마치 용광로처럼 들끓는 사회 현실로 들어갔습니다. 그는 교회가 무신론 정당이라고 비난하는 사민당(SPD)으로 바짝 다가갔습니다. 사민당은 전통관습에 매몰된 국가교회체제는 비판했지만, 각 신앙인의 개별적 신앙은 존

중했습니다. 또한 사민당은 민족주의와 제국주의가 결합된 독일의 대외 외교노선은 비판했지만, 세계 인류 공공의 공동체 설립을 제의했습니다.

1899년 6월 블룸하르트는 괴핑겐(Goeppingen)에서 열린 노동자단체의 정치집회(시위)에 참가했습니다. 그들은 황제 빌헬름 2세가 노동자의 단체행동을 비판하며 단체행동권을 거부하는 입장을 표명한 데 대해 항의했습니다. 블룸하르트는 시위현장에서 즉석연설을 했는데, 그 연설에서 그는 정의에 기반을 둔 사회질서를 통해 임하는 하나님 나라를 선포했습니다. 마침내 그는 사민당에 입당했습니다. 그러나 그의 입당은 — 사민당의 정강에 동조한 것이 아니라 — 예수의 뒤를 따르는 (Nachfolge) 경건 실천이었고, 생존권을 위해 절규하는 노동자들과 연대하려는 것이었습니다. 그러나 그가 국가교회(루터교)의 목사로서 반(反)교회적이고 무신론 정당으로 평가된 사민당에 입당했다는 사실은 교회 당국(왕립종교국)을 당혹스럽게 했습니다. 1899년 11월에 그는 결국 국가교회의 목사직과 칭호를 내려놓아야 했습니다.

신약성경 누가복음 18장 예수님의 비유 말씀(기도드리는 과부)을 깊이 묵상하는 가운데 현실 정치에 뛰어든 블룸하르트는 사민당 안에서 땅에 임하는 하나님의 나라를 증언하고자 했습니다. 그의 정치적 소신은 세상을 '사람답게 사는 세상'으로 바꾸는 것이었습니다. 즉, 그가 꿈꾸는 세상은 모든 사람이 한 사람도 예외 없이 사람답게 사는 세상이었습니다. 그래서 그는 사람 가치, 사람 존중, 더불어 사는 공동체 사회를 위해 의정활동 대부분을 할애했습니다. 가장 우선적으로, 노동자들이 경제적으로 사람답게 살도록 힘썼습니다.

블룸하르트는 뷔르템베르크(Württemberg) 지역 주의원을 뽑는 선거에 소속 정당(사민당)의 공천을 받아 의원후보로 출마했고, 1900년 12월에 지역의회의 의원으로 당선되었습니다. 이때부터 그는 정치활동을 통해 "예수 이겼네!"를 선포하기 시작했습니다. 그는 지역의 현안에서부터 국제 현안까지 폭넓게 의정활동을 했습니다. 예컨대 괴핑겐 지역 철도 부설 문제, 지역의 농업정책, 농산물 유통구조 문제, 교육 개혁, 독일의 보호무역정책을 비판하며 세계 공동체를 지향하는 국제무역 정책을 제안했습니다. 이 모든 의정활동이 땅에 임하는 하나님 나라를 증언하는 데 초점을 맞추었습니다.

의정활동 6년의 임기가 끝나자 블룸하르트는 정계에서 은퇴했습니다. 그의 정치적 소신은 거의 대부분 이루어지지 못했으나, 하나님 나라를 위한 "예수 이겼네!"에 대한 확신은 그때나 지금이나 동일했습니다. 정계 은퇴 이후에 그는 다시 바트볼로 돌아왔습니다.

# 6.
## 한국 교회에 적용 가능성

블룸하르트의 경건 실천은 그가 체험한 "예수 이겼네!"를 목회 현장과 사회 현실에서 증언한 것이었습니다. 이 세상 한가운데서 몸으로 부활하신 예수 그리스도는 육신이 되신 하나님의 말씀이시고, 지금도 살아계신 그는 특별히 고통 받고 고난당하는 삶의 현장으로 오셔서 당신이 주님이심을 드러내십니다. 이러한 예수 그리스도를 한국 교회는 일제강점기, 한국전쟁(1950~53), 산업화 시대를 지내오면서 그 시대마다 선포해왔습니다.

21세기 오늘의 한국 교회는 맘몬의 힘에 휘둘리고 있습니다. 물질의 풍요로움을 하나님처럼 떠받들고 돈을 하나님처럼 섬기게 하려는 맘몬의 힘 말입니다. 맘몬은 사람의 마음을 경제제일주의 가치관의 포로로 만들고, 사람의 의식을 물화시켜서 물신주의로 빠져들게 합니다. 맘몬은 하나님의 통치, 곧 하나님 나라에 맞서서 세상을 지배하려는 힘으로 드러나는데, 이 강력한 힘을 향해 교회는 부활하신 예수 그리스도의 능력을 선포해야 합니다.

한국 사회는 지금 경제제일주의 가치관의 영향으로 인간의 존엄성
이 실종되고, 천박한 자본주의와 소비문화에 매몰되고, 인간의 가치가
효용성의 유무에 따라 물건처럼 취급받는 상황인데, 이러한 세속주의에
맞서서 교회가 하나님 나라를 선포하되 돈을 하나님처럼 섬기는 물신주
의 풍조에 빠져들지 않도록 경고해야 할 것입니다. 또 하나님 없이 높이
올라간 현대문명이 하나님의 창조질서를 파괴하여 전 지구적으로 생태
계 위기를 초래한 현실에서 교회는 부활 생명을 선포해야 할 것입니다.

# 참고문헌

Barth, Karl. *Die protestantische Theologie im 19. Jh.*, 4. Aufl. Zuerich: Theologischer Verlag, 1981.

Blumhardt, Johann Christoph. *Der Kampf in Moettlingen.* (Hg.) Schaefer, G. Goettingen: Vandenhoeck & Ruprecht, 1979.

Blumhardt, Fr. Christoph. *Eine Auswahl aus seinen Predigten, Andachten und Schriften,* (Hg.) Lejeune, R. 4 Bde. Erlenbach; Zuerich; Leipzig, 1925~1937.(=PA)

———. *Ansprachen, Predigten, Reden, Briefe: 1865~1917*, 3 Bde. (Hg.) Harder, J. 2. Aufl. Neukirchen-Vluyn: Neukircher Verlag. 1982.(=AB)

———. *Briefblaetter aus Bad Boll 1882~1888*(=BB, 1882~1888).

Lejeune, Robert. "Die Erwartung des Reiches Gottes mit besonderer Beziehung auf den Sozialismus." *Die Botschaft vom Reiche Gottes. Ein religioes-soziales Bekenntnis.* Zuerich, 1933, 5-64.

Lim, Hee-Kuk(임희국). '*Jesus ist Sieger!*' *bei Christioph Fr. Blumhardt. Keim einer kosmischen Christologie.* Bern: Peter Lang, 1996.

Mattmueller, M. "Der Einfluss Blumhardts auf schweizerische Theologen des 20. Jahrhunderts." in *Religioeser Sozialismus*, (Hg.) Leonhard-Ragaz-Institut, O. J., 1-14.

Moltmann, Jürgen. *Theologie der Hoffnung, Untersuchungen zur Begründung und zu den Konzequenzen einer christlichen Eschatologie.* München: Chr. Kaiser Verlag, 1964.

E. 부에스, M. 마트뮐러. 『예언자적 사회주의』. 손규태 옮김. 한국신학연구소, 1987.

유광웅(편저). 『블룸하르트의 투쟁과 소망』. 서울: 한국장로교출판사, 2004.

# 9장

## 본회퍼의 기도와 경건

- 현요한 교수(장로회신학대학교, 조직신학) -

**디트리히 본회퍼**(Dietrich Bonhoeffer, 1906~1945)

독일 루터교회 목사이자 신학자이며, 반나치운동가로, 고백교회의 설립자 중 한 사람이다. 신은 전지
전능하지 않고 나약하며 그 나약함으로 인간을 구제하기 위해 강림했다고 역설했는데, 당시 그의 신
학사상은 직선적이고 과격한 것으로 받아들여지기도 했다.

# 1.
## 본회퍼의 생애

    디트리히 본회퍼(Dietrich Bonhoeffer)는 1906년 독일 브레슬라우에서 출생했습니다. 그의 집안은 신앙적으로 루터교 전통의 집안이었으나 그리 열심 있는 신앙적 분위기는 아니었습니다. 아버지는 과학적 불가지론자였습니다. 외가 쪽은 신학자 집안이었는데, 어머니는 모라비안의 영향으로 집에서 성서를 가르치고 종교적 영향을 주기도 했지만, 열심히 예배에 참석하는 분위기는 아니었습니다. 본회퍼는 이미 13세 때 신학자가 되겠다고 말했다고 합니다. 그의 부모는 "교회는 너무나 빈약하고 시시한 부르주아 제도"라며 만류했으나, 본회퍼는 "그렇다면 내가 그것을 개혁하겠다"고 대답했다고 합니다.

    1923년 17세 때 본회퍼는 튀빙겐 대학에 가서 신학공부를 시작했고, 1924년 베를린 대학으로 가서 본격적으로 신학을 공부했습니다. 그는 1927년 『성도의 교제』라는 제목의 박사논문을 제출하고, 최우등으로 졸업했습니다. 1930년 7월에는 교수자격논문 『행위와 존재』가 통과되었습니다. 본회퍼는 1931년 8월에 비로소 베를린 대학에서 강의를 시작했습니다. 그러는 한편, 1931년에는 베를린 교외 하류층 지역 베딩에서 말썽꾸러기 십대 아이들 50명의 견신례 준비반을 가르쳤고, 1931년 11월 15일 목사 안수를 받았습니다.

그리고 시기를 확정할 수는 없지만, 아마도 이 무렵 그는 참으로 그리스도인이 되었다고 합니다. 나중에 옥중서간에서 그는 자신이 "말 표현으로부터 현실로(from phraseology to reality)"라는 전환을 경험했다고 고백합니다. 그때까지 그는 신학자이기는 했지만 진정한 그리스도인은 아니었고, 산상보훈을 묵상하는 가운데 진정한 그리스도의 제자가 되었다는 것입니다. 이것은 이후 그의 삶에 엄청난 영향을 미쳤습니다.

당시 독일의 상황은 매우 불안했습니다. 1933년 1월 30일 히틀러가 총통에 임명되고, 결국 나치의 제3 제국이 등장했습니다. 놀랍게도 본회퍼는 1933년 2월 1일 라디오 연설에서 히틀러가 호소하던 '지도력 원리'를 비판했는데, 지도자 개념을 직책에 두지 않고 사람에게 두는 것은 우상이라고 갈파한 내용이었습니다. 그의 연설은 방송 중 중단되었습니다.

나치는 독일적 그리스도교 운동을 전개했고, 대부분의 교회는 히틀러와 나치를 지지하는 독일적 기독교회가 되었습니다. 그러나 독일적 기독교, 나치를 추종하는 기독교에 반대하는 양심적인 기독교 지도자들은 '목사 긴급 동맹'을 결성하고 "벧엘 신앙고백서"를 발표하는 등 고백교회 운동을 전개했는데, 본회퍼도 여기에 가담했습니다. 본회퍼는 교회가 유대인을 차별하는 아리안 조항을 받아들이고, 베를린 대학 신학부가 침묵하자, 그런 교회에서 목회할 것을 거부하고 영국 런던의 독일인 교회의 목사로 청빙받아 떠났습니다.

1935년 초 본회퍼는 고백교회가 교역자 양성을 위해 세운 신학교

를 이끌도록 청빙받고 다시 귀국합니다. 그리하여 핑켄발트 신학교에
서 학생들과 공동생활을 하며, 학생들을 그리스도의 참된 제자로 만들
기 위해 혼신의 힘을 기울입니다. 이때 그가 가르쳤던 내용이 바로 『나
를 따르라』와 『신도의 공동생활』입니다. 그러나 결국 1936년 8월 5일,
본회퍼는 대학에서의 모든 강의를 금지당합니다. 1937년 11월 학생들
27명이 체포되고, 핑켄발트 신학교는 문을 닫게 됩니다.

　1939년 6월 본회퍼는 미국 유니온 신학교의 초청으로 미국으로 가
서 뉴욕에 있는 독일 피난민 교회를 맡았습니다. 그러나 독일이 전쟁을
일으키리라는 것이 확실해지자 그는 독일로 돌아갈 것을 결심합니다.
그때가 7월이었는데, 그는 압제와 투옥, 죽음이 기다리고 있는 곳으로
돌아간 것입니다. 1940년 9월 4일, 본회퍼는 출판과 설교 금지 및 일거
일동을 경찰에 보고하라는 명령을 받았습니다.

　이후 본회퍼는 비밀스런 정치적 저항운동에 가담하게 됩니다. 독
일군 정보부(압베르)의 카나리스 제독 휘하에 있던 매부 한스 폰 도나니
를 통해 접선이 되어 그는 군 정보부의 민간 정보원이 되었습니다. 그
는 이 기관을 통해 여권을 발부받아 전쟁 중에도 감시를 피해 여행을
할 수 있게 되었습니다. 그는 스위스, 스웨덴 등지의 여행을 통해 연합
국 교회 지도자들을 접촉하며, 비밀활동을 했습니다. 그가 맡은 임무는
에큐메니컬 운동을 통해 알게 된 연합국 교회 지도자들을 통해 독일의
음모를 연합국 측에 알리는 것이었습니다. 그는 결국 1942년 스웨덴
여행에서 영국 치체스터의 벨 주교를 만나 그를 중개로 영국 정부 측에
평화협상을 제의했습니다. 영국 정부의 독일에 대한 무조건 항복 요구
가 철회되고, 독일 내부의 공작으로 세워질 다른 정부를 인정한다는 확
약을 주면, 히틀러를 체포하고 민주적 정부를 세울 것이라는 내용이었

습니다. 이 제안은 영국 정부에 전달되었지만, 영국 측의 확약을 얻지 못했습니다. (본래 평화주의자였던 그가 왜 히틀러 암살 음모에 가담했는지는 명확하게 알려진 바가 없습니다. 그는 그 음모에 가담했지만, 그렇다고 혁명가나 테러리스트 같은 존재는 아니었습니다. 그가 남긴 글에서 혁명이나 암살에 대한 어떤 이론적 정당화도 찾을 수 없습니다. 그는 혁명가가 아니라 위기의 상황에서 어쩔 수 없이 최후의 선택을 했던 레지스탕스였습니다.)

여러 차례에 걸친 히틀러 암살 시도는 모두 실패로 돌아갔습니다. 1943년 4월 5일 본회퍼의 집은 가택수색을 당했고, 그는 체포되었습니다. 그러나 이때는 아직 그의 히틀러 암살음모 연루는 발각되지 않았고, 이후 암살음모 관계자들은 음모를 은폐하기 위해 노력했습니다. 본회퍼는 처음 18개월간 베를린 군 형무소인 테겔 감옥에 수감되었습니다. 그는 간수들이나 검열관과 친구가 되었는데, 간수들은 그를 존경하게 되었고, 검열관은 관대하게 대해주었습니다. 『저항과 복종』은 이 시기에 그가 가족 및 친구와 주고받은 편지들입니다.

암살음모가 모두 실패로 돌아간 후, 게슈타포가 정보부의 벙커에 숨겨져 있던 암살음모에 관한 서류들을 찾아냈고, 본회퍼의 연루 사실도 밝혀졌습니다. 이후 그는 다른 감옥으로 이송되었고, 가족 및 친지들과도 연락이 끊겼습니다. 그는 마지막에 플로센뷔르크로 이송되었고, 거기서 1945년 4월 9일 처형되었습니다.

# 2.
## 본회퍼의 기도와 경건

　본회퍼의 사상과 삶에서 기도와 경건에 관한 내용은 핑켄발트 신학교 시절의 삶과 강의에서 잘 나타납니다. 일과표와 프로그램은 본회퍼에 의해 직접 계획되었는데, 이때의 생활 모습과 그에 대한 신학적 사고들이 후에 출판된 『신도의 공동생활』에 잘 나타나 있습니다. 일과는 긴 예배로 시작하고 예배로 끝났습니다. 예배는 그날을 위한 시편과 찬송으로 시작하여 구약과 신약 성경 낭독, 즉석의 기도와 주기도문, 찬송 등으로 진행되었습니다. 주일에는 설교가 추가되었습니다. 아침 예배 후엔 30분간 묵상 시간이 있었고, 주일에는 아무 일도 하지 못하게 하고 휴식 및 여러 가지 레크리에이션을 했습니다. 그는 학생들에게 여러 가지 문학 작품들을 소개하여 읽히고, 음악을 좋아하여 고전음악을 들려주거나 친히 연주하기도 했습니다.

　무엇보다도 본회퍼 자신은 행동으로 솔선수범했습니다. 예를 들어 주방에서 설거지를 도울 사람을 찾았으나 아무도 반응을 보이지 않을 때, 조용히 일어나 가서 일했습니다. 그러나 그 후 그것에 대해 학생들에게 아무 말도 하지 않았다고 합니다. 그리고 많은 학생들은 자기들의 침대를 본회퍼가 정리해준 것을 알고 부끄러움을 느끼기도 했다고 합니다. 그는 이와 같이 사소하고 외적인 일들에서 서로 섬길 것을 가르쳤습니다. "가장 천한 봉사를 하기에 너무 훌륭한 사람은 아무도 없다."

일과 중 당시 독일 개신교로서 특이한 것은 매일 아침 30분간의 묵상 시간이었습니다. 학생들은 아무런 주어진 전제나 목표 없이 성구 몇 절을 가지고 묵상했습니다. 처음엔 학생들이 어찌할 줄 모르고 당황했으며, 불평도 만만치 않았습니다. 그래서 어떤 사람은 자고, 어떤 사람은 설교를 준비하고, 어떤 사람은 공상에 빠지고, 어떤 사람은 주석을 읽는 등 제대로 되지 않았습니다. 그러나 본회퍼는 불평과 비판에도 불구하고 굳게 밀고 나갔으며, 생생한 개인적 경험을 위해 묵상이 매우 중요함을 역설했습니다. 학생들의 어려움을 해소시켜주기 위해 그는 결국 일주일에 한 번 정도는 함께 모여 묵상하고, 무언가 말하고 싶은 사람은 말할 수 있게 해주었습니다. 그것이 피차 도움이 되었습니다. 점점 이 훈련에 익숙해지면서 저항과 불평이 줄어들고 학생들에게 귀중한 시간이 되었습니다. 본회퍼는 이와 같이 묵상을 훈련하면서 공동생활과 홀로 있음은 함께 가야 할 것임을 강조했습니다. 『신도의 공동생활』에는 다음과 같은 내용이 나옵니다. "홀로 있을 수 없는 사람은 공동체 사귐을 주의하라. …… 공동체의 사귐 안에 있지 않은 사람은 홀로 있음을 주의하라." 홀로 있어 침묵함은 "하나님의 말씀을 듣기 위함"이라고 했습니다. "묵상에서는 새로운 생각을 발견하는 것이 필요치 않다. 단지 한 구절이나 한 단어를 통해서라도 하나님의 말씀을 새겨듣는 것이다."

예배 때마다 거의 항상 기도는 본회퍼의 차지였습니다. 그것은 상당히 길었고, 즉석에서 하는 기도였습니다. 그 내용은 세세한 감사기도, 공동생활 중에 서로 참고 용납할 수 있도록 하는 간구, 고백교회를 위한 간구, 지도자들과 대회들, 체포되어 간 사람들과 배신한 사람들을 위한 기도, 그리고 죄 고백, 특히 목회자들과 신학자들의 죄, 그들을 위한 기도 등이 포함되었습니다. 그는 기도는 가르쳐지고 배워야 할 것이라고 확신했습니다. 그러나 대학교나 신학교들에도 교과목에 기도에 대한 것이 포함되어 있지 않았습니다. 『신도의 공동생활』에서 그는 다음과 같이 썼습니다. "성서 묵상은 기도로 인도한다. …… 기도는 말씀을 받아들이고 적용하는 준비와 자발성, 더 나아가 자기의 개인적 상황, 특별한 임무들, 결정들, 죄들 그리고 시험들 안에서 그것을 받아들이는 것 외에 다른 것이 아니다."

또 하나 매우 독특한 것은 '죄 고백'에 대한 것이었습니다. 첫 성만찬을 앞두고 본회퍼는 학생들에게 화해된 공동체 형성을 강조하여 피차 죄를 고백할 것을 요구했습니다. 성만찬 전날에는 모든 일을 폐하고, 각자가 사적으로 형제들이나 본회퍼 자신에게 죄 고백을 하도록 권유했습니다. 학생들은 이에 대해 매우 거부감을 가졌습니다. 이것은 개신교에서는 하지 않던 일이었습니다. 본회퍼는 이런 일을 매월 하던 성만찬과 함께 행했습니다. 차차로 학생들이 여기에 적응했는데, 학생들 자신이 무언가 변화를 느끼기 시작했습니다. 한번은 본회퍼 자신이 형제들 중 한 명에게 죄를 고백하기도 했습니다. 『신도의 공동생활』에는 죄 고백에 대한 날카로운 통찰들이 나타납니다. 그는 경건한 사람들로서 서로 교제할지라도 만약 그들이 죄인으로서 교제를 가지지 않으면 참된 교제를 위한 길이 뚫리지 않음을 예리하게 지적했습니다.

독일 개신교계에는 본회퍼가 핑켄발트에서 이단 혹은 로마가톨릭

교회 같은 짓을 하고 있다는 소문이 퍼졌습니다. 어떤 이들은 그가 율법주의자가 아닌가 의심했습니다. 그는 사실 일종의 '새로운 수도원'을 시도하고 있었는데, 그것은 세상을 떠나 도피하는 세계가 아니라 "그리스도를 본받아 일체의 타협 없이 산상보훈을 추종하는 삶"을 의미했습니다. 이것은 개신교 세계에 새로운 것이었으나, 본회퍼는 그것을 종교개혁 교회의 밖에서, 그것을 반대해서가 아니라 그 안에서 시도했습니다. 사실 그러한 훈련에 대한 생각은 '비종교적 기독교'를 말하던 그의 옥중생활 기간 중에도 포기되지 않았습니다. 옥중서간에서 그가 말하는 '비밀훈련'의 필요성이 그것을 증거해줍니다.

기도에 대한 본회퍼의 구체적인 가르침은 그가 핑켄발트 시절에 가르친 내용인 『나를 따르라』의 산상보훈을 해설하는 부분에 나옵니다. 그는 그리스도인의 의와 기도의 은밀성에 대해 강조합니다. 본회퍼는 마태복음 5장 해설에서 그리스도인이 세상에 빛으로 드러나야 함과 그 비범성을 강조하지만, 6장 해설에서는 그리스도인의 의와 기도가 은밀해야 함을 강조합니다. 이것은 모순같이 보입니다. 그러나 본회퍼가 말하는 제자의 '가시성'이나 '비범성'은 자기과시나 자기만족적인 것이 아닙니다. 본회퍼는 "다른 사람들은 예수의 제자들이 비추는 빛을 보아야 한다"고 합니다. 그러나 "보이는 일을 하는 사람에게 그것은 숨겨져야 한다"는 것입니다. 예수를 따르는 제자가 바라보아야 할 것은 자기 자신이 한 일이나 자신의 비범성이 아니라, 바로 예수 자신입니다. 그 자신은 자기의 비범성을 비범성으로 여기지 않고 당연한 것, 일상적인 것으로 여겨야 한다는 것입니다. "너희가 선을 행할 때, 오른손이 한 것을 왼손이 모르게 하라."

본회퍼는 예수가 제자들에게 기도를 가르쳤다는 것은 특별한 의미가 있다고 말합니다. 누구나 기도할 수 있고 그럴 욕망을 가질 수 있지만, 누구나 기도할 권리가 있는 것은 아니라는 것입니다. 제자들이 기도할 수 있는 것은 오직 그들이 예수와 사귐을 나누고 있고, 예수를 따르고 있기 때문입니다. 예수와 결속되어 있는 자는 예수를 통해 아버지에게 나아갑니다. 그러므로 본회퍼는 "올바른 기도는 모두 중재된 기도다"라고 말합니다. 기도는 "하나님을 불러내는 주문이 될 수 없으며, 하나님 앞에서 우리를 설명할 필요도 없다"는 것입니다. 본회퍼는 "우리가 기도하기 전에 하나님이 우리에게 무엇이 필요한지를 미리 알고 계시다는 사실을 알아야 한다"고 강조합니다. 중요한 것은 말의 형식이나 말의 수가 아니라 '믿음'이라고 합니다. 본회퍼에 의하면, "올바른 기도는 일종의 공로가 아니고, 일종의 훈련도 아니며, 일종의 경건한 자세도 아니다. 그것은 아버지의 마음을 향한 어린아이의 호소"라고 합니다.

그리스도인의 의의 은밀성에 대한 강조에 이어서 본회퍼는 '기도의 은밀성'을 강조합니다. "기도는 어떤 방식으로든 공개되어서는 안 된다"고 하며, 오직 하나님만 바라보고 하나님께만 기도해야 한다고 합니다. 기도가 어떤 과시적 행위가 되어서는 안 된다는 것입니다. 본회퍼는 현대사회에서는 타인들 앞에서 하는 공개적인 과시적 기도보다는 오히려 자신 앞에서 기도하는 경우가 문제가 됨을 경계합니다. 이는 자신을 바라보는 흡족한 관찰자로서 기도하는 태도를 말합니다. 그렇다면 진정한 의미에서 은밀성을 가지고 골방에서 기도한다는 것은 무슨 뜻일까요? 그것은 "나 자신을 관철하려는 나 자신의 의지가 죽는" 기도를 말합니다. 이는 "오직 예수의 의지만이 나를 지배하고 나의 모든 의지가 그분의 의지에 굴복될 때, 내 의지는 죽는다"는 것을 의미합니다. 그런 다음에야 비로소 내가 기도하기 전에 내게 무엇이 필요한지 다 아시는 분의 뜻이 이루어지기를 기도할 수 있다는 것입니다. 즉 나의 기도가 오직 "예수의 뜻으로부터 나올 때, 나의 기도는 확신에 차 있고, 강력하고, 순수하다. 그런 다음에야 비로소 기도는 참으로 호소가 될 수도 있다"는 것입니다.

이어서 본회퍼는 경건의 은밀성에 대해 강조합니다. 예수는 경건한 금식과 엄격한 절제 실천을 제자들의 삶의 당연한 부분으로 간주한다고 해석합니다. 그런 실천의 목적은 명령받은 일을 더 자발적으로 더 기쁘게 행하려는 것입니다. 그로써 섬김을 거부하는 이기적이고 태만한 의지는 훈련을 받게 되며, 육체는 굴복과 형벌 아래 놓이게 된다는 것입니다. 제자들의 삶은 엄격한 외적 훈련을 필요로 한다는 것입니다. 그러나 육체의 의지가 금욕으로 말미암아 비로소 꺾일 수 있다거나, 예수에 대한 믿음이 아닌 다른 수단을 통해서도 옛사람이 날마다 죽을 수 있다는 뜻은 아니라고 합니다. 그러나 본회퍼는 예수를 믿는 자는 자신의 의지를 꺾고 예수를 따르는 것을 전제로 할 때, 훈련을 통해 교만이 극복된다고 봅니다. "육체는 날마다, 그리고 비범하게 훈련함으로써 자신이 아무런 권리를 갖고 있지 않다는 사실을 경험해야 한다. 날마다 규칙적으로 기도하고 하나님의 말씀을 날마다 묵상하는 것이 유익하다. 육체의 훈련과 절제를 다양하게 실천하는 것이 유익하다."

본회퍼에 의하면, "금욕은 스스로 선택한 고난이다. 그것은 능동적 고난(passio activa)이지 수동적 고난(passio passiva)이 아니다." 본회퍼는 그러기에 금욕은 상당히 위험하다고 경고합니다. 즉, "금욕에는 고난을 통해 예수 그리스도와 똑같은 존재가 되고 싶은 불경스러운 소원이 늘 숨어 있다"는 것입니다. 그러나 이것은 "주님의 고난 자체를 엄청나게 왜

곡"하는 것이라고 합니다. "머리에 기름을 바르고 얼굴을 씻으라"는 말씀은 "단지 그리스도인의 행위가 참으로 은밀해야" 함을 뜻하는 것이라고 합니다.

본회퍼는 일면 경건한 삶을 매우 강조하면서도 한편으로는 경건한 삶을 비판합니다. 그러나 본회퍼가 비판한 경건은 자기 자신에 근거한, 자기 자신의 의를 드러내려는 경건입니다. 그가 말하는 경건은 그리스도 안에서 자기의 옛사람의 죽음을 전제하고, 오직 그리스도만 바라보며 은밀한 중에 자기의 욕심과 교만을 꺾는 그런 경건의 훈련입니다. 본회퍼는 이렇게 엄격한 경건의 훈련을 강조하고 자신도 실천했지만, 스스로 경건주의자라고 생각지는 않았습니다. 오히려 그는 경건주의에 대해 매우 비판적이었습니다. 그는 경건주의가 인간 중심적이요, 개인주의적이며, 내재성을 강조하는, 극복되어야 할 종교적 현상으로 보았습니다.

또 하나 본회퍼의 기도생활은 그의 시편 기도서 Das Gebetbuch der Bibel(1940)에 잘 나타납니다. 본회퍼는 개인적으로나 신학교에서나 즉석 기도를 했는데, 시편을 기도문으로 많이 사용했습니다. 시편은 예수 그리스도의 기도요, 그를 본받아 제자의 길을 걸어가는 사람들의 기도이기도 하다고 보았습니다. 이 책은 시편을 기도서로 사용하려는 사람들을 위한 간단한 시편 해설입니다. 그는 시편을 창조, 율법, 구속사, 메시아, 교회, 삶, 고난, 죄책, 원수, 종말 등으로 분류하고, 각각을 간략하게 해설했습니다.

# 3.
# 한국 교회에 적용할 점

본회퍼는 매우 뛰어난 학자임과 동시에 깊은 기도와 묵상의 사람이기도 했습니다. 그의 기도와 묵상은 그를 단지 개인적인 신앙과 경건의 영역에 머무르게 하지 않았고, 히틀러와 나치에 저항하는 고백교회 운동을 이끌도록 했으며, 급기야는 비밀리에 히틀러 암살음모에 가담하는 일까지 하게 만들었습니다. 그가 옥중에서 보낸 편지들에 나오는 '성숙한 세계'라든지 '비종교적 기독교'는 매우 급진적인 생각들이지만, 그럼에도 불구하고 그는 여전히 신앙의 '비밀훈련'을 강조했습니다. 우리가 그로부터 배울 점을 다음과 같이 정리해봅니다.

① 학문과 영성이 분리되지 않고 일치된 삶의 모습
② 기복주의적이지 않고 로마가톨릭적이지도 않은 깊은 기도와 영성
③ 개인주의적인 영성과 공동체적이고 사회참여적인 영성(타자를 위한 존재)의 조화. 세상에 물들지 않고 철저하게 그리스도를 따르

면서도 적극적으로 세상의 불의와 맞서 싸우는 영적인 삶

④ 철저하게 경건하면서도 그것을 과시하지 않고 감추는 태도

## 참고문헌

Bonhoeffer, Dietrich. *Life Together: Prayerbook of the Bible*. Trans. by Daniel W. Bloesch and James H. Burtness. Minneapolis: Fortress Press, 1996.

Eberhard Bethge. *Dietrich Bonhoeffer, A Biography*. Revised ed. Trans. by Eric Mosbacher et al. Minneapolis: Fortress Press, 2000.

디트리히 본회퍼. 『나를 따르라: 그리스도의 제자직』. 손규태 · 이신건 옮김. 서울: 대한기독교서회, 2010.

_____. 『신도의 공동생활: 성서의 기도서』. 정지련 · 손규태 옮김. 서울: 대한기독교서회, 2010.

_____. 『저항과 복종: 옥중서간』. 손규태 · 정지련 옮김. 서울: 대한기독교서회, 2010.

# 10장

## 존 스토트의 기도와 경건

- 권영석 목사(전 학원복음화협의회 상임대표) -

**존 스토트**(John Stott, 1921~2011)

성공회 사제이자 개신교인으로서 세계적으로 알려진 기독교 복음주의 운동의 거장이다. '말씀을 지
키고 연구하며 적용하고 순종하는 것'을 소명으로 여겼으며, 성경에 대한 믿음은 보수적이지만 그 진
리를 실천할 때는 예수의 급진적 제자의 모습으로 살았다.

# 1.
## 존 스토트의 생애

존 스토트(John Stott, 1921~2011)가 태어날 당시 영국을 비롯한 유럽 전체는 제1차 세계대전(1914~1918)이 막 종식된 후였으며, 그가 사춘기를 지날 무렵의 유럽은 다시 제2차 세계대전(1939~1945)을 치르게 됩니다. 그러나 그는 런던 시내의 의사 집안에서 유복한 어린 시절을 보냈으며, 8세부터는 명문 기숙학교 교육을 받으며 부족할 것이 없는 천진난만한 소년으로 자랍니다.

부친은 심장병 연구에 두각을 나타낸 전문의로서 왕실주치의를 지낼 정도로 명성을 얻고 있었으며, 자신의 아들 또한 과학적 합리주의를 지향하는 인간으로 성장하기를 원하여 어릴 때부터 우표수집, 곤충채집, 새 관찰 등 다양한 경험을 하도록 합니다. 한편 독실한 루터교 신자인 모친은 예배 참여, 성경 읽기와 기도 등의 중요성을 어린 존에게 자연스레 가르쳤던 것 같습니다.

이런 가정환경 덕분에 어린 시절부터 그는 환자들에 대한 부친의 꼼꼼하면서도 진정어린 관심을 눈여겨보면서, 또 진료공간과 주거공간이 함께 있는 일종의 주상복합 건물들이 운집한 의사 마을에 들어와 함께 기거하던 하녀들 사이의 상호교제와 복지를 위해 '하녀회'를 조직했던 모친의 자비심을 피부로 느끼면서 자랐습니다. 이는 후에 그의 사회적 양심을 형성하는 밑거름이 되었을 것입니다. 예컨대 고등학교 시절에 학교 인근의 노숙자들을 사회에 복귀시키기 위한 첫걸음으로 우선 그들을 목욕시켜주자는 취지로 봉사동아리(ABC)를 조직했던 것이나, 후에 올 소울즈 교회 인근의 저소득층이나 백화점 직원들을 대상으로 하는 커뮤니티 사역을 펼쳤던 것을 꼽을 수 있겠습니다.

학교생활을 하면서부터는 끈기와 열심 그리고 부지런한 그의 성품에 힘입어 운동, 노래, 첼로, 연극 등 다재다능한 재주가 두드러지기 시작했는데, 그중에서도 특히 라틴어와 프랑스어, 독어 등 어학에 남달리 뛰어났습니다. 또한 그의 성실한 인품과 대인관계의 원만함은 그의 적확한 어휘구사력과 맞물려 반장, 전교회장 등의 리더십을 두루 경험하게 했습니다. 특히 일생 동안 삶의 일부가 된 새를 관찰하는 취미는 거의 전문가 수준의 지식과 경험에 도달하여 자연사학회 조류학 부문의 정회원으로 허입될 정도였는데, 성경에 대한 그의 예리한 해석도 이런 정확하고 집요한 관찰력에 힘입었을 것입니다.

그러나 당시 영국의 주류사회는 대체로 복음주의적인 신앙을 지나치게 근본주의적이고 협소한 것으로 폄하하는 흐름이 지배적이었습니다. 성공회 내에서도 개인 전도를 근본주의의 소치로 몰아붙이고 있었으며, 빌리 그레이엄 식의 전도집회를 노골적으로 경멸하는 분위기가 만연해 있었습니다. 그의 부친 아널드 스토트가 아들이 인문학적 소양이 불충분한 상태로 바로 신학을 공부하고 목사가 되는 것을 극구 반대했던 것도 같은 맥락에서였다고 하겠습니다.

이런 분위기와는 대조적으로, 사춘기에 접어든 존은 청소년 복음화를 위해 평생을 독신으로 바친 23년 연상인 케임브리지 출신의 성서유니온 간사 내시(Eric Nash. 별명은 Bash)를 만나게 되고 그의 설교와 도움으로 회심을 경험하게 됩니다. 그리고 자신이 맛본 회심의 기쁨과 평안의 연장선에서 평생 목회자의 길을 걷기로 결심하게 됩니다(실제로 그는 29세의 나이에 올 소울즈 교회의 담임목사가 되고 후에는 왕실 담당 목사를 겸하게 된다). 내시는 존의 회심 시점으로부터 시작하여 5년간 존에게 매주 한 통씩의 편지를 써 보낼 정도로 존의 신앙적 멘토 역할을 했으며, 후에 존도 일생 동안 그를 본받아 양육과 권면의 편지를 즐겨 쓰게 됩니다.

　　당시의 영국 교회에서 청소년들은 거의 방치되다시피 했기 때문에 성서유니온 같은 캠프사역이 중요한 역할을 감당하고 있었던 셈인데, 회심한 존은 고등학교 시절부터 캠프사역에 뛰어들어 거의 간사에 버금가는 리더십을 발휘하게 됩니다. 캠프에 관한 그의 애착은 케임브리지에 들어간 후에도 계속되었으며, 자연스럽게 케임브리지 IVF(CICCU)의 성경공부 모임과 전도 사역으로 이어지게 됩니다.

　　당시 케임브리지 신학부 역시 성경의 권위와 해석의 문제를 비롯하여 거의 자유주의 신학 일색이었기 때문에 영국 IVF는 복음적인 믿음이 생명력을 유지하려면 경건주의만으로는 불충분하며, 자유주의 신학 및 비성경적 신학자들과 지적 전투가 불가피하다는 것을 진작부터 인식하고 있었습니다. 이때 맺은 IVF 인맥은 존으로 하여금 신학적인 균형을 맞추도록 하는 데 결정적인 영향을 미치게 됩니다. 예컨대 한번은 존이 '마지막 날'에 대한 설교를 부탁받고, 배시가 선물로 준 스코필드 주석 성경에 의거하여 휴거와 천년왕국, 백보좌 심판 등에 대해 세대주의적 관점으로 설교를 하게 됩니다. 당시 신학석사 과정을 밟고 있던 존 웬함이 그것을 듣고는 스코필드의 해석이 잘못된 것임을 깨우쳐 주었으며, 이것을 계기로 존 스토트는 도리어 전천년설의 폐단을 일목요연하게 정리해내게 됩니다. IVF를 통해 생겨난 이런(예컨대 J. I. Packer, Oliver Barclay 등) 우정과 연대는 후에 영국의 복음주의적 입장을 확립하고 변호하는 데 귀중한 자원이 됩니다.

성서유니온 캠프사역과 IVF 활동 경험은 존으로 하여금 일생 동안 대학생 선교에 지대한 관심을 쏟게 했으며, 중요한 계기마다 복음주의 학생 운동의 역사에 중요한 역할을 감당하게 합니다. 이는 차차 영국 전역은 물론 나중에는 미국의 하버드와 예일, 캐나다와 호주 등 지구촌 전반에 이르기까지 대학생 전도 및 선교 대회를 촉발하고 진작하는 폭넓은 흐름을 만들게 되고, 금세기 최고의 복음전도자인 빌리 그레이엄과도 연결되게 하여 둘 사이에 복음으로 인한 우정이 싹트게 됩니다. 바로 이 우정의 연장선상에서 존은 '빌리 그레이엄 복음전도협회'의 후원으로 개최되던 '세계 복음화 대회'에 초청을 받게 되고, 마침내 1974년 대회에서 '로잔 운동'이 태동하게 되었던 것인데, 이 로잔 언약이야말로 당시 선언문 기초위원회 의장을 맡았던 존 스토트를 오늘날의 복음주의를 대표하는 인물로 부각시켜준 것입니다.

목회 사역과 더불어 교회 밖의 바쁜 일정을 소화해내는 가운데서도 그의 사역을 특징짓는 또 하나의 중요한 축은 저술 활동이었습니다. 사실 그의 저술 활동은 대학 시절부터 시작되었습니다. IVF 활동 당시 어떻게 하면 개인 전도를 잘할 수 있을지에 대한 지침을 만든 것이 모체가 되어 후에 올 소울즈 교회의 전도 매뉴얼로, 그리고 나중에는 ivp 소책자로 출간됩니다. 그의 저작물들은 현장 경험을 바탕으로 하면서도 명쾌한 논리와 균형 잡힌 성경 해석에 기반을 둔 것으로, 영국 성공회는 물론 세계 기독교사에 복음주의라고 하는 통합의 길, '새로운 복음주의'의 길을 제시하는 나침반을 형성하는 데 한몫을 톡톡히 했다고 할 것입니다. 그의 출판 수익금을 주 기금으로 하여 세워진 '랭햄 파트너십 인터내셔널'은 비서구권 목회자들에게 복음적인 신앙과 신학을 보급하는 데 수로 같은 역할을 감당해오고 있는 셈입니다.

또한 고교시절부터 남달랐던 그의 조직력과 실행력 있는 리더십은 그가 기초한 '현대기독교연구소(LICC)'와 '랭햄 파트너십'을 위시하여 기타 여러 공식적인 단체[잡지 Leadership Today, 절충주의자회(Eclectic Society), 웨일스 복음주의 교회 연합, Tear Fund 등]와 각종 비공식적인 모임들을 형성하거나 발전시키는 데 유감없이 발휘되었습니다.

# 2.
## 존 스토트의 기도와 경건

공식적인 은퇴를 선언하기 전, 존은 '케직사경회 2007'에서 마지막 고별 설교를 하게 됩니다. 설교의 주요 강조점은 우리 그리스도인의 영성은 무엇보다 예수 그리스도의 형상을 닮는 것이 그 준거가 되어야 한다는 것이었습니다. "하나님은 자기 백성이 그리스도처럼 되기를 원하십니다. 그리스도를 닮아가는 삶이야말로 당신의 백성을 향한 그분의 뜻입니다. 하나님은 그분의 영을 우리에게 채우사 그리스도를 닮게 하십니다. 다시 말해 그것은 성부와 성자와 성령이 관여하는 삼위일체 사역의 결과입니다."

사실 존 스토트는 영성(spirituality)이란 말보다는 가급적 제자도(discipleship)란 말을 사용하고자 했습니다. 여기에는 영성이란 함의가 지니는 불필요한 오해를 줄이기 위한 의도도 있었겠지만, 기독교 영성의 가시적이고 구체적인 내용은 무엇보다 예수 그리스도를 따르고 본받는 것이어야 함을 부각시키기 위함이었습니다. 비냐드 운동의 연장선에서 토론토 블레싱 등이 극단으로 치우칠 무렵, 존은 「크리스채니티 투데

이」와의 인터뷰에서 사람들이 뒤로 넘어지는 것을 어째서 영성과 연관 지으려 하는지 우려를 표명한 적이 있습니다. 왜냐하면 성경에서는 장엄하고 거룩한 하나님의 임재 앞에서 무릎을 꿇거나 엎드러지는 경우는 더러 볼 수 있어도 뒤로 넘어진 예는 찾아볼 수 없기 때문입니다.

그리스도를 닮는 것은 그리스도와의 만남 또는 교제 없이는 불가능하다고 할 수 있겠습니다. 그의 회심이 자연스럽고도 당연한 분기점이 되었겠지만, 마음 문을 열고 그리스도를 인격적으로 모셔들인 후부터 그는 이제 더 이상 "열쇠구멍을 통해 기도를 드리려고 애쓰거나, 예수님을 달래기 위해 문 밑으로 동전을 밀어 넣는 식의 헛된 시도"를 할 필요가 없게 되었습니다. 왜냐하면 예수님과 얼굴을 맞대고 직접 대화할 수 있게 되었기 때문입니다. 소위 '기도 2.0' 차원이 열리게 된 셈이지요.

그의 빈틈없는 기질과 [기계적] 효율을 중시하는 훈련 방식에 비추어 볼 때, 기도하는 일 역시 철저하게 습관화했음은 그리 놀라운 일이 아닙니다. 여기에는 신입회원들에게 성경과 알람시계를 선물하는 케임브리지 IVF의 오랜 전통도 한몫했겠지만, 대학시절 존은 새벽 5시에 일어나 1시간 30분 동안 경건의 시간과 성경공부를 한 다음, 신문(The Times)을 훑어보고 나서 식사하러 가곤 했으며, 아침에 일찍 일어나기 위해 저녁 9시 30분이 되면 어김없이 자리를 털고 일어섰다고 합니다.

친구, 가족, 여러 가지 사역들, 그리고 중보가 필요한 이들의 기도제목을 적어놓은 '가죽공책'은 성경책과 짝을 이루는 필수품이었으며, 그는 새벽에 일어나 하나님과 독대하며 여러 친구들을 위해 정기적으로 기도하는 습관을 일생 동안 유지했습니다. 그는 또한 잠자리에 들기 전 그날 만났던 사람들을 위해 기도했으며, 특별히 모임에 참석했던 이들 가운데 연약한 자들에게 관심을 두고 기도했습니다. 한두 번 만난 사람인데도 이름을 정확하게 기억하는 그의 장점은 아마도 이런 중보기도와 연관이 있다고 하겠습니다. 이처럼 그는 기도를 그냥 "마음의 소원을 [자유롭게] 표시하고 표현하는 것"으로 편하게 인식했던 것 같습니다.

올 소울즈 교회의 목회 사역 초기부터 회중에게 기도를 무엇보다 강조한 흔적 또한 남아 있는데, 담임목사 취임을 앞두고 있던 그는 올 소울즈 소식지에 목회에 대한 자신의 중점 사항을 공표하는 중에 한 가지 특별 요청을 하게 됩니다. 그 한 가지는 바로 주중 기도회를 신앙생활의 중심으로 삼아달라는 것이었습니다. "주일에는 450명가량이 교회에 예배하러 옵니다. 그러나 목요 기도회에는 25명 정도가 기도하러 교육관으로 옵니다. 우리는 우리 교회 역사의 새 장을 열었습니다. …… 따라서 성공을 거두려면 [무엇보다] 기도를 해야 합니다."

기도에 대한 이 같은 강조는 교단(영국성공회)의 견진성사 준비과정을 위해 그가 만든 매뉴얼(『신앙생활 가이드』, 한국 ivp)에도 잘 반영되어 있는데, 거기서 그는 기도를 그리스도인의 삶을 특징짓는 살아있는 표식(標識, vital characteristic)으로 언명합니다. 그리고 기도의 방법과 관련해서는 개인 기도든 합심기도든 성경연구로부터 흘러나오는 기도가 되어야 할 것, 되도록이면 자연스럽게 기도할 것을 언급합니다. 동일한 강조점이 구도자들을 위한 세계적 베스트셀러인 『기독교의 기본진리』의 마지막 장에도 잘 드러나 있습니다. 그리스도인으로 존재한다는 것(Being a Christian)은 정지되어 있는 것(static)이 아니라 끊임없이 자라나는 것(growing)입니다. 이를 위한 으뜸가는 방법은 성경 읽기와 기도하는 시간을 통해 매일매일 그리스도를 바라보고 좇아가는 것입니다.

존 스토트는 기도에 관한 별도의 저작물을 남기지는 않았습니다. 사실 그의 설교사역에 비하면 기도생활에 관한 기록은 많이 남아 있지 않은 셈인데, 이는 아마도 기도란 결코 따로 떼어내어 생각할 수 있는 신학적 사유의 대상이 아니며, 우리 그리스도인의 일상 속에 자연스럽게 스며들게 하는 방식으로 배우고 또 경험해야 할(사람마다 고유한 그러나 인격적인 방식으로 배우고 경험해야 할) 하나님과의 관계의 일부이자 그리스도인 됨의 특징적인 표지로 보았기 때문이 아닐까 생각됩니다. 기도에 대한 그의 관점은 1978년에 출간된 『산상수훈 강해』의 주기도문 해설 부분에 잘 나타나 있습니다.

기도하면 들어주시겠다고 하는 약속은 창조주 우리 하나님께서 당신의 사랑하시는 자녀들에게 허락하신 '우리 아버지'라는 관점에서 본다면, 복잡할 것도 없으며 지극히 당연하고 단순한(It seems too simple, even simplistic) 논리이자 새로운 실재인 셈입니다. 그분이 무엇이든지 다 하실 수 있는 전능자시요, 또 우리에게 필요한 것을 기꺼이 주시고자 하시는 아버지시라면 우리의 의식주를 포함하여 무엇인들 그분에게 구하지 못할 것이 있을 것이며, 구태여 격식을 차리고 별도의 기계적인 요령(mechanical technique)을 숙달해야 할 까닭이 무엇이겠습니까?! 이런 차원에서 하나님을 알지 못했던 유대인은 기도조차 자기중심적인 목적으로 오용했으며, 하나님을 그저 벙어리 신상[偶像]처럼 여겨온 이방인들은 암중모색의 방편으로 신상들의 이름을 되뇌면서 그저 요행[偶然]을 기다렸던 셈입니다.

따라서 존 스토트에게 기도란 결코 초월적 명상(TM)처럼 몸과 마음을 온전히 비우는 부동(不動)과 무위(無爲)의 정적(靜寂)으로 들어가는 것이 아니며, 도리어 의식적으로 우리 아버지 되시는 하나님을 기억해내고 그분의 어떠하심을 상기하며, 우리의 생각을 가다듬어 그분의 뜻을 헤아리는 것이 되어야 했습니다. 한마디로 경건한 자녀들의 기도는 아버지 되시는 하나님을 어떻게든 움직여보고자 하는 데 초점을 두어서는 안 되며, 우리 자신의 분별력과 욕구와 믿음을 반성하고 반추하면서 아버지 앞에 겸손하게 나아가 그분을 전적으로 의지하고자 하는 신뢰의 표현이자 고백이 되어야 합니다.

# 3.
## 존 스토트에게 비춰본 우리의 경건과 기도

### 1) 우리의 기도와 경건은 충분히 인격적이며 친밀한가?

C. S. 루이스의 표현을 빌리자면 하나님은 아마도 "인격적인 존재 그 이상"일 것이기에 살아계신 하나님과의 인격적인 만남과 교제야말로 기도의 시작이자 끝이라고 하겠습니다. 하나님은 예수 그리스도 안에서 우리를 일일이 [인격적으로] 만나주시며 교제 나누기를 원하십니다. 그분과 친밀한 인격적인 관계를 맺기 위해 우리 인격의 문을 열고 그분을 모셔들이는 것이 회심이라고 한다면, 회심자의 표지는 무엇보다 기도가 될 수밖에 없습니다.

기도의 이런 인격적인 성질 때문에 비인격적인 신상을 상상하는 데 길들여진 우리의 마음을 경계하고 일깨우기 위해서라도 우리는 끊임없이 성경의 [계시하신 대로의] 하나님을 상기하지 않으면 안 됩니다. 아마도 존 스토트가 성경과 기도 사이의 균형을 재삼재사 강조한 것은 바로 이런 연유에서였을 것입니다.

아침에 눈뜨자마자 드리는 그의 '삼위일체 기도'에는 이런 친밀한 동행에 대한 갈망이 고스란히 들어 있습니다.

"굿모닝~ 하늘의 아버지시여, 굿모닝~ 주 예수님이시여, 굿모닝~ 성령님이시여! 하늘에 계신 아버지시여, 우주의 창조주요 보존자이신 아버지 하나님을 찬양합니다. 주 예수님이시여, 세상의 구주와 주이신 주님을 찬양합니다. 성령님이시여, 하나님의 백성을 거룩하게 하시는 성령님을 찬양합니다. 성부와 성자와 성령께 영광을 돌립니다. 전에도 계시고 이제도 계시며 영원무궁하옵소서. 하늘에 계신 아버지께 기도합니다. 제가 오늘 하루도 아버지 하나님의 임재 가운데 거하고 하나님 아버지를 기쁘시게 해드리는 삶을 살게 해주세요. 주 예수님께 기도합니다. 제가 오늘 하루도 제 십자가를 지고 주님을 따를 수 있게 해주세요. 성령님께 기도합니다. 오늘 하루도 저를 성령으로 충만하게 채우셔서 제 삶에서 사랑과 희락과 화평과 오래 참음과 자비와 양선과 충성과 온유와 절제의 열매가 풍성히 맺히게 해주세요. 거룩하고 복되시며 영광스러운 삼위일체 하나님, 저에게 자비를 베풀어주세요. 아멘!"

## 2) 우리의 기도와 경건은 충분히 상황적 · 구체적이며, 하나님의 광대하면서도 세심한 관심과 사랑을 반영하는가?

이런 친밀함과 아울러, 아니 바로 이런 친밀함 때문에 그의 기도는 구체적인 현장의 필요를 아버지 하나님께 알리고 도움을 구하기 위한 통로이기도 했습니다. 올 소울즈를 담임하는 동안 그는 설교 전 반드시

강단에서 무릎을 꿇고 기도를 드렸다고 합니다. 또 한 번은 시드니 대학의 선교대회(1958) 마지막 밤 설교를 앞두고 그의 목은 유행성 감염으로 인해 완전히 잠기고 말았습니다. 그때 그는 진행요원에게 바울의 자기고백적인 이야기인 고린도후서 12장을 읽어 들려줄 것을 요청하면서 기도 부탁을 하고 나서 단상에 올랐으며, 설교하는 내내 마음속으로 '내 능력이 약한 데서 온전해진다는 약속을 성취해주십시오'라고 기도했다고 합니다.

또한 그의 기도는 자신의 은밀한 부분을 내놓고 회개하며 치유받는 통로이기도 했습니다. 1989년 제2차 로잔대회에서 그가 소위원회 자료들을 취합하여 준비해간 "마닐라 선언문" 초안이 양 진영 모두에게 불만족스럽다고 하는 신랄한 비판의 도마에 오르게 되자, 그는 극심한 혼란과 부담감을 경험하게 됩니다. 그날 밤 그는 자신의 '상처 입은 자존심을 회개하고 하나님께 그 문제를 맡겨드리고' 나서 마음의 안정을 되찾았고, 차분한 마음으로 다시 작업하여 마침내 모든 참석자들의 압도적인 지지를 이끌어낼 수 있었습니다.

일생 새를 관찰하고 틈나는 대로 훅시스 인근 바다의 페트병과 쓰레기를 주우면서, 오두막에 딸린 연못의 잡초를 뽑으면서, 제2차 세계대전 당시 양심적인 병역거부 문제를 놓고 고민하면서, 그리고 그로 인해 아버지와 불화하게 되는 아픔을 겪으면서, 올 소울즈 교구가 위치한 도시의 잡다한 구성원들을 관찰하면서, 대학생들에게 복음을 전하기 위해 대륙을 넘나들면서, 지구촌 구석구석의 가난하고 소외된 이웃들을 만나면서, 그리고 또 한국 방문 시에는 비무장지대의 철책을 부여잡고 눈시울을 붉히는 동안 그는 자연계와 세상의 소리에도 귀를 기울이게 되었던 것이며, 이 땅의 산적한 필요들을 생각하고 가슴 아파하지 않을 수 없었을 것입니다. 그리고 불원간 언젠가 하나님께서 그것들을 다 회복시켜주실 것을 동시에 소망했을 것입니다. 이 모든 것들이 또한 그의 기도가 되었을 것입니다. 모름지기 하나님의 관심과 사랑이 그의 관심과 사랑으로 스며들었을 것이며, 아마도 그의 '가죽공책'은 이런 내용들로 빼곡했을 것입니다.


## 3) 우리의 기도와 경건은 충분히 복음적인가?
## 구원 · 해방의 복음을 전하는 것에 초점을 맞추고 있는가?

위에서 언급한 그 모든 것의 선결과제('논리적인 우선성' 내지 '궁극적인 귀결성'이란 측면에서)로, 누구보다 존 스토트 자신이 일생을 바쳐 이루고자 애썼던 바는 언제나 그 초점이 한결같았습니다. 즉, 한편으로는 지성주의적인 합리화에 치우친 인문 교양 수준의 신앙 행태에 매몰되고 다른 한편으로는 반지성적인 종교 의식이나 체험 차원에 갇힌 채 퇴색되어 가고 있는 영국 교회와 세계교회가 복음의 빛과 능력을 다시 회복하는 역사를 견인할 새로운 세대가 일어나기를, 말씀과 세상 모두에 '이중적인 귀 기울임'이 가능한 그리고 그리하여 세상과 소통하는 가운데 복음을 선포하고 변호할 수 있는 세대가 끊임없이 일어나기를 최우선적으로 희구했던 것입니다.

"나는 오늘날도 하나님께서 새로운 세대의 기독교 변증가 내지 복음의 소통가들을 일으켜주시길 빌어 마지않습니다. 이들은 성경에 나타난 대로의 복음에 대한 절대적인 믿음과 성령의 권능에 대한 흔들리지 않는 확신 위에 이 세대를 포장하고 있는 그럴듯해 보이는 '복음'에 대해 깊이 있고도 예리한 이해를 겸비한 사람들이라 하겠습니다. 그들은 사람들의 생각을 돌이키도록 하기 위해 자신들의 생각을 치열하고 정교하게 활용할 수 있는 사람들로서 이 둘 사이, 곧 복음에 대한 확신과 이 시대에 대한 이해 사이를 서로 연결시키되 창발적이고도 권위 있게 그리고 아주 적실하게 연결시킬 수 있는 사람들이라 하겠습니다."(Your Mind Matters, 1972)

## 참고문헌

크리스토퍼 라이트(ed.). *A Portrait by His Friends*. 서울: ivp, 2011. 〈존 스토트, 우리의 친구, 정옥배 외 기고, ivp, 2011〉

티모시 더들리 스미스. *John Stott: The Making of a Leader* (1921~1960). ivp, 1999. 〈탁월한 복음주의 지도자 존 스토트, 정옥배 · 김성녀 옮김, ivp, 1999〉

_____. *John Stott: A Global Ministry* (The Later Years). IVP-USA, 2001.

존 스토트. *Basic Christianity*. ivp, 1958. 〈기독교의 기본진리, 윤상범 옮김, 생명의 말씀사/ KIVF, 1962, 황을호 옮김, 2009〉

_____. *Christian Counterculture*, ivp, 1978. 〈Bible Speaks Today Series〉 *The Message on the Sermon on the Mount* (Matthew 5-7), 〈예수님의 산상설교, 김광택 옮김, 생명의 말씀사, 1999, 존 스토트의 산상수훈, 정옥배 옮김, ivp, 2011〉

_____. *The Radical Disciple*, ivp, 2010. 〈제자도, 김명희 옮김, ivp, 2010〉

로저 스티어, *Inside Story*, ivp, 2009. 〈존 스토트의 생애, 이지혜 옮김, ivp, 2010〉

# 11장

# 길선주 목사와 기도의 영성

- 허호익 교수(대전신학대학교, 조직신학) -

**길선주**(吉善宙, 1869~1935)

장로교회 목사이자 교육가로 민족대표 33인의 한 사람이다. 평양 장대현교회에서 목회를 하면서 신앙활동으로 구국운동을 펼쳤고, 숭실학교 · 숭덕학교 등을 설립했다.

# 1.
## 길선주 목사의 생애

　영계(靈溪) 길선주 목사(1869~1935)는 1869년 3월 25일 평안남도 안주시에서 태어나 한학을 배운 후 17~18세 어간에 상업에 종사하다가 실패한 후 중병에 걸려 잠시 절에 머물기도 했습니다. 이때 세상에 대한 싫증을 느껴 19세부터 10여 년간 선도 수련에 매진하여 21일, 49일, 100일에 걸쳐 불침불휴의 기도에 전념하기도 했습니다. 23세부터는 각종 차력을 배워 기인(奇人)으로 알려졌습니다.

　마포삼열 목사를 통해 복음을 전해 받은 도우(道友) 김종섭을 통해 1895년 기독교 서적과 성경을 전해 받은 길선주는 구도자의 자세로 예수교의 가르침과 자신이 섭렵해온 유불선의 가르침 사이의 차이점을 찾으려고 고군분투했습니다. 마침내 예수교에는 유불선에는 없는 하나님을 감히 아버지라 부르고, 죄에 대한 구원의 도리와 영생의 가르침이 있다는 사실을 깨닫게 되고 자신이 10여 년 수행해온 선도에 대한 회의를 갖게 되었습니다. 그리하여 어느 도가 참된 도인지 의심이 생겨 작심하고 선도의 방식으로 기도하던 중 하나님께서 "길선주야!"라고 부르는 음성을 세 차례 듣고 감동하여 기독교로 회심하게 됩니다. 그의 드라마틱한 회심은 선교사들을 통해 세계교회에 알려졌습니다.

1898년 음력 5월 27일 세례를 받고 1902년 조사가 된 후 1903년 평양신학교에 입학했고, 1907년 1월의 평양대부흥회에서 주 강사를 맡아 회개운동을 일으켰으며, 1907년 9월 17일 최초의 한국인 목사가 된 후 전국적으로 사경회를 인도하며 한국 교회 부흥에 중추가 되었습니다.

목사가 된 후 평양에서 장대현교회를 건축했으며, 한국 교회의 토착적 신앙 형태를 주도하고 행정체계를 수립했습니다. 가정예배와 심방목회, 국내외 선교와 복지 활동, 교육계몽과 민족문화 예술 장려, 여성 목회에도 남다른 관심을 가졌습니다. 1912년 조선예수교장로회 제1회 총회에서 부회장을 맡았고, 1919년 3.1운동 민족 대표 33인으로 참여했다가 옥고를 치렀습니다. 1928년 장대현교회를 사임하고 전국 순회 사경회를 다니면서 부흥운동을 확산시키다가 1935년 12월 3일 향년 67세로 소천했습니다. 주요 논저에는 『해타론』, 『만사성취』, 『영계격언집』 그리고 「신앙생활」에 장기 연재한 "말세학" 등이 있습니다.

# 2.
## 길선주 목사의 기도의 신학




### 1) 새벽기도

초기 한국 교회의 사경회는 언제나 성경공부와 함께 집중적인 기도를 병행했습니다. 1898년 2월(음력 1월) 강진교회에서 31명의 교인이 참석한 가운데 겨울 사경회가 열렸는데, 리길함(Lee) 목사와 휘트모어 (Whitemore) 목사의 보고에 의하면 이때 새벽기도회가 시작되었다고 합니다. 사경회 기간 중 먼 곳에서 참석한 교인들은 교회에서 잠을 잤기 때문에 자연스럽게 새벽 일찍 일어나 기도한 것으로 보입니다. 1901년 황해도에서 열린 새벽기도회에 대한 변하설 선교사의 보고는 이를 뒷받침해줍니다. "밤에 많은 자들이 예배당 안에서 잠을 잤습니다. 거의 매일 새벽 4시경에 우리는 성경공부를 시작하는 소리에 잠을 깼습니다. 저녁에도 동일한 과정이 계속되어 밤 10시까지 계속되었다"고 합니다.

사경회 기간 중에 하던 새벽기도를 매일 새벽기도로 정착시킨 이는 길선주 목사입니다. 그 시기에 관한 논란은 있지만, 1907년 전후에 "그와 그의 친구 박치록 장로는 이른 새벽 여러 시간 동안 모여 기도했습니다. …… 이것이 그 후 특별히 부흥회나 다른 신앙집회 때 한국 교회의 특징이 된 새벽기도회의 시작이었습니다."

길선주는 1907년 평양대부흥운동의 주역이었습니다. 그리고 그 원동력은 그의 기도에서 나왔습니다. 길선주 목사처럼 기도에 생명을 건 사람도 드물 것입니다. 매일 새벽기도회를 시작했고, 평생 매일 1시간 이상의 보통기도와 매주 사흘씩의 금식기도, 그리고 매년 1주일간의 금식기도를 세상 떠날 때까지 계속했습니다. 그는 자신의 형이 주님께 돌아오기 전 그의 회심을 위해 20년을 기도했습니다.

길선주 장로가 새벽기도를 창시한 기도의 사람이 된 배경이 그의 선도(仙道) 수행기간 중에 계속된 기도수련이었다는 것은 부정할 수 없을 것입니다. 유동식은 "새벽기도회가 불교의 새벽 예불(禮佛)과 선도(仙道)의 정시(定時) 기도(祈禱)에서 그 전통을 배운 바 있다"고 했습니다. 길선주는 기독교에 입문하기 전에 9년 동안 선도 수련을 겸한 고행적인 기도생활에 전념했습니다. 그는 매일 새벽마다 기도했고 심산유곡을 찾아다니면서 21일, 49일, 100일에 걸쳐 불면불휴(不眠不休)의 기도에 전념했고, 사(邪)가 틈타지 않게 심혈을 기울였으며, 잠을 쫓기 위해 엄동설한 얼음물로 목욕하고 밀 심지에 불을 붙여 손가락 끝을 지져가며 기도에 전념했다고 합니다. 기도는 주로 참선과 유사한 묵상기도와 주문(呪文)을 반복 암송하는 것이었습니다. 그리하여 기독교로 개종한 후에도 하루 세 번 기도했고, 새벽기도 후에는 요한계시록을 암송하고, 선도 수련식 체조로 몸을 단련했습니다.

평신도가 1년 365일 매일 새벽마다 기도하는 신앙의 전통이 여기서 출발한 것입니다. 불교에서도 3~5시 사이의 새벽예불이 있으나 이는 승려들에게 국한된 것이고, 가톨릭에서도 성무일과(聖務日課)에 따라 새벽기도(lauds)가 있으나 이는 성직자인 사제나 수사들에게만 해당되는 종교의식입니다. 그러나 한국기독교는 세계종교사에 유례가 없는 모든 신자들의 새벽기도라는 새로운 신앙의 전통을 세운 것이라고 평가할 수 있습니다.

"한인들은 영혼을 위해 매우 열심히 기도하고 있습니다. 그들의 독실하고 진지한 신앙은 기독교국의 우리를 부끄럽게 하고 있습니다"라고 고백한 데이비스 선교사도 "한국 교회의 새벽기도회는 ① 한국인이 자발적으로 시작한 '자원' 기도운동, ② 사경회 기간에 시작한 '특별' 기도운동, ③ 전통 종교에 있던 새벽기도 형태를 기독교화한 '토착' 기도운동, ④ 날 연보와 성미와 함께 진행된 '전도' 기도운동, 그리고 ⑤ 국난의 위기 속에서 나라를 위해 기도한 '애국' 기도운동이라는 특징"을 지녔다고 했습니다.


## 2) 철저한 통회와 통성기도

초기 한국 교회는 새벽기도, 철야기도, 위국기도회 등 많은 기도 집회를 가졌습니다. 1907년 평양대부흥회 기간 동안 나타난 새로운 특징은 자연발생적으로 시작된 '통성기도(通聲祈禱)'였습니다. 1903년 원산부흥회에서도 통성기도는 일어나지 않았기 때문에 선교사들이 한결같이 그 충격을 보고했을 정도입니다. 그래함 리(리길함)는 "통성기도가 이번 집회를 특징짓는 현상"이라고 했습니다. 선교사들은 이러한 '통성기도'를 영어로 번역하면서 정확한 단어를 찾지 못해 고심했던 것 같습니다. 통성기도는 '통일된 기도[統聲祈禱]'였고, 각자가 자기의 은밀한 죄를 회개하며 우리의 연약함을 도우시는 "성령의 말할 수 없는 탄식"(롬 8:26)과 더불어 통회 자복하는 '통곡의 기도[痛聲祈禱]'였고, 그래서 모든 이들이 "성령 안에서 서로 교통"(고후 13:13)하며 함께 드리는 기도가 하나님께 상달되어 수직적 소통과 수평적 소통이 이루어지는 '교통의 기도[通聲祈禱]'였습니다.

'통성기도'는 선교사들의 예상과 달리 돌발적으로 이루어진 것이어서 허용 여부를 고심하기도 했으나 정치적으로 '나라 잃은 절박한 상황' 때문이라고 이해했습니다. "우리가 그것을 어떻게 평가하든 분명한 사실은 하나님께서 나라 잃은 백성의 절망과 좌절을 깨뜨리시고 그 무엇으로도 흔들 수 없는 영원한 안식으로 이들을 이끄셨다"고 평가했습니다.

## 3) 개인적 · 사회적 죄의 공개적 고백

평양부흥운동의 또 다른 특징은 사적 회개기도에 이은 죄의 공개적 고백이었습니다. 1907년 1월 15일(화) 마지막 날 길선주 장로는 "나는 아간 같은 사람입니다"라고 고백하고, "나는 약 1년 전 한 친구가 임종하면서 가족을 돌보아달라고 맡긴 미화 100불 상당의 금액을 사취(詐取)했습니다. 나는 하나님의 일을 방해해온 것입니다. 내일 아침에 그 돈 전액을 미망인에게 돌려 드리겠습니다"라고 공언하면서 이러한 공개적인 죄의 고백이 이어졌습니다. '나는 죄인입니다'라는 존재론적 죄의 고백과 함께 그가 지은 구체적인 행위론적 죄가 함께 고백된 것입니다.

특히 "여러 세대에 걸쳐 감정을 드러내지 말라고 교육받은 강인한 한국 남자들이 얼굴을 바닥에 대고 하나님께 죄를 용서해달라고 부르짖으며 기도하고, 억제할 수 없는 슬픔으로 죄를 고백"했습니다. 교인들은 개인적인 수치나 사람들의 경멸, 법적인 제재, 심지어 죽임을 당하는 것조차 두려워하지 않고 오직 용서를 구하기 위해 자신들의 죄를 담대히 고백했습니다.

부흥운동 기간 중 자백한 죄 중에는 살인이나 간음, 절도, 횡령, 거짓말, 질투 등과 같은 개인적인 죄들이 많았지만 기독교가 들어오기 전에는 '죄의식' 없이 행해지던 봉건시대의 습관적 행위들, 예를 들면 축첩과 조혼, 노비제도, 술과 담배 같은 것들이 새롭게 죄로 인식되기 시작했습니다. 이처럼 축첩과 조혼, 노비제도와 반상의 차별 같은 봉건사회의 가부장적이고 구조적인 모순을 죄로 고백하고 이를 철폐하거나 중단했습니다. 대부흥운동은 개인적인 죄만을 회개한 것이 아니라 이처럼 수천 년간 내려온 '사회구조적인 악습'을 성서의 직관적인 가르침에 따라 '하나님 앞에서의 죄'로 인식하고 공개적으로 회개하고 고백했다는 점을 새롭게 인식해야 할 것입니다. 그런 의미에 평양대부흥운동은 개인적인 회개운동인 동시에 사회적인 회개운동이라고 할 수 있습니다.

## 4) 길선주 목사의 목회적 기도

길선주 목사는 장대현교회를 목회하면서 신앙 실천사항으로서 기도, 성경공부, 전도, 교회출석, 헌금 등을 장려했습니다. 목사가 해야 할 기도에 대해 은밀한 기도(마 6:6), 묵상기도(요 1:48; 창 24:63), 새벽기도(시 88:13) 그리고 언제나(무시로)[시 86:3; 살전 5:17] 기도하는 것이라고 했습니다. 제5회 노회에서 '교회 형편'을 보고하면서 "집안 식구끼리 시간을 작정하고 개인 기도도 하며, 몇 날 동안 날을 결정하고 특별 기도회도 하며, 교인끼리 동맹기도도 하며, 직분끼리 특별기도"를 하고 있다고 했습니다. 놀라운 것은 가정예배의 기도 주제를 매일 다르게 정해 기도의 폭을 넓히려고 했다는 점입니다.

월: 식구를 위해
화: 친족(신자, 불신자)을 위해
수: 친구(신자, 불신자)를 위해
목: 나라와 민족을 위해
금: 교육기관과 자선사업기관을 위해
토: 해외에 있는 동포와 혁명 유지들을 위해
일: 국내 교회, 국외 교회, 세계 교회를 위해

# 3.
## 한국 교회에의 적용점

교회사적으로 보면 6세기 초 아레오파고의 디오니시우스가 『교회의 위계』에서 하나님께로 나아가는 3가지 길로서 정화, 조명, 완전(일치)을 주장한 이후 보나벤투라(1121~1275)가 이를 계승하여 『하나님과 하나 되어 ― 하나님을 향한 영혼의 순례』에서 기도를 통해 우리의 영혼 속으로 들어가고, 진리 안에서 행하고, 하나님과의 존엄에 대한 경외 속에서 즐거워하는 것이라고 했습니다. 아빌라의 테레사는 기도의 9단계를 가르쳤으나 기본 골자는 구송기도(vocal prayer)와 침묵기도(meditation), 관상기도(contemplation)입니다. 토머스 머튼도 이러한 입장을 따릅니다.

구송기도(정화): 정직한 영을 새롭게 정화하여 달라는 간청기도
침묵기도(조명): 침묵 가운데서 영적 조명을 통해 하나님의 뜻을 듣는 기도
관상기도(일치): 오직 하나님만을 바라보며 그를 즐거워하는 삶을 사는 일치의 기도

개신교신학에서는 이러한 기도의 신학이 단절되어 오해되거나 배척되기도 하지만, 이러한 기도의 신학은 수도사들의 오래고도 집중적인 기도생활을 통해 체득한 기도의 요체를 가장 잘 설명해주는 것이므로 개신교의 기도의 영성을 보완하고 확립하기 위해 주목할 필요가 있다고 생각됩니다. 개신교에서는 기도는 열심히 하지만 기도의 신학이 빈곤하다는 느낌을 지울 수 없기 때문입니다. 그러나 길선주 목사는 은밀한 간청기도와 묵상기도, 언제나 무시로 하는 일치의 기도가 병행된 것으로 보입니다. 이를 어떻게 한국 교회에 적용하여 계승할 수 있을지 살펴보려고 합니다.

## 1) 간청기도: 통성기도(vocal prayer) - 정화

통성기도의 목적은 우리의 죄를 사하고 "정한 마음을 창조하시고 정직한 영을 새롭게 해달라"(시 51:10)는 정화(淨化)의 기도입니다. 대부흥운동 기간에 시작된 통성기도와 회개기도에 상응하는 것입니다.

한국 교회는 새벽기도, 철야기도, 산상기도, 금식기도 등 여러 양식의 기도를 강조하는데, 기도의 내용은 대부분 "영혼이 잘되고 범사에 잘되고 강건하기"를 원하는 사적이고 기복적인 간구나 교회의 성장, 건축을 위한 목회적 간청기도가 주종을 이루었습니다. 그런데 옥성득은 길선주를 통해 토착화된 한국의 새벽기도와 통성기도의 특징을 "사적인 소원을 빌던 도교의 칠성신 새벽기도나 다른 기도와 비교하면, 개신교의 새벽기도는 민족 위기와 교회, 민족 공동체를 위한 공공성을 지니고 있었다"고 했습니다. 길선주 목사 시대의 기도의 특징인 공적 기도의 내용이 점차 줄어들고 있는 점이 아쉽습니다. 한국전쟁 이후 민족통일을 위해 3.8선이 무너지게 해달라는 기도가 끊이지 않았습니다. 필자가 어렸을 때 장로님들의 대표기도에 빠지지 않았던 기억이 있습니다. 그런데 최근 매주 예배 대표기도에서 민족 통일을 위해 기도하는 교회가 드물다는 지적이 있습니다.

개인적이고 개교회적인 간구와 더불어 한국 교회와 한국민족이 당면한 문제들, 세계 곳곳에서 벌어지는 위기들에 대한 공적인 기도를 다시 한 번 강조해야 할 것입니다. 그래서 필자는 학생들에게 대표기도에는 공적기도를 반드시 포함시키라고 가르칩니다. 세계 도처에서 전쟁과 분쟁이 그치게 하시고, 불의하게 고통당하고 죽어가는 사람들이 없게 해주시고, 빈부 격차를 줄여주시고, 이 땅에 굶주리는 사람이 없게 해주시고, 음란하고 퇴폐적이고 폭력적이고 엽기적이고 세속적인 죽임의 문화가 사라지고 예수 생명의 풍성한 살림의 문화가 이 땅에 넘치게 해달라는 간구 등의 공적인 간구를 목회기도나 대표기도에 꼭 포함시키도록 해야 할 것입니다.

한국 교회는 금식기도도 강조합니다. 그러나 금식기도가 간청기도의 방편으로 소원성취를 위한 지극정성으로 드려지고 있습니다. 금식기도의 영성적인 의미는 육체와 물질의 소욕을 이기는 훈련입니다. 자기가 먹을 음식을 남에게 주는 것이 참된 금식의 의미입니다. 수도사들은 주린 자에게 구제할 것이 없을 경우 자신이 먹어야 할 음식을 나눠주고 금식을 했습니다. 주린 자에게 식물을 주는 것이 '하나님이 기뻐하는 금식'(이사 58:7)이기 때문입니다.

## 2) 듣는 기도: 침묵기도(meditation) - 조명

기도는 '하나님과의 영적 대화'입니다. 기도가 하나님과의 영적 대화라고 주장하면서도 실제로는 우리의 사정을 시시콜콜 날마다 반복하는 독백적인 측면이 강합니다. 그래서 우리 주님께서도 우리의 사정을 하나님께서 다 아시므로 이방인들처럼 중언부언하지 말라고 하신 것입니다. 하나님과 영적 대화를 할 때 우선해야 할 것은 하나님께서 지금 우리에게 하시고 싶은 말씀을 들으려는 자세입니다. 기도는 하나님의 뜻을 간구하는 신탁(信託)입니다. 나의 뜻을 하나님께 간구하고 관철시키는 것이 아니라, 우리가 행해야 할 하나님의 뜻을 묻는 것입니다. 예수께서도 "내 뜻대로 마옵시고 하나님의 뜻대로 하시길"(마 26:39) 기도하신 뜻이 여기에 있습니다. 하나님과의 영적 대화 중에 하나님의 뜻을 경청하기 위해 침묵해야 합니다. 침묵 가운데서 하나님의 응답을 듣는 것입니다. 침묵기도는 흔히 '묵상기도'라고 하는데, 라틴어 어원(meditari)은 '주의하다'라는 뜻입니다. 침묵 가운데서 주의를 집중하여 하나님의 뜻을 묻고 듣는 기도인 것입니다. 그리고 하나님의 말씀을 하나님의 말씀으로 듣기 위해서는 성령의 감화와 감동이 요청되며, 이를 '영적 조명(illumination)'이라고 합니다.

대부분의 한국 교회는 하나님의 뜻을 '듣는 기도'에 대해 가르치고 있지 않습니다. 다만 우리의 간청이 이루어지는 것을 응답받는 기도로 역설하고 있습니다. 그렇기 때문에 하나님의 '선하시고 온전하시고 기뻐하시는 뜻'(롬 12:2)을 분별하기를 구하기보다는 우리의 세속적인 요구를 하나님께서 기적적인 방법을 통해 이루어주시기를 강요하고 고집하면서 그것이 대단한 신앙인 것처럼 칭송합니다. 그리하여 우리의 간구에 대해 하나님께서 이루어주시는 것만을 기도의 응답이라고 착각하는 경우가 많습니다. 바울이 '육체의 가시가 내게서 떠나게' 해달라고 기도했을 때 "내 은혜가 네게 족하다"(고후 12:7-9)라고 하나님께서 거절하신 것도 기도의 응답입니다. 우리가 욕심에 눈이 어두워 이기적인 간구를 할 때 이를 거절하시는 하나님의 뜻을 알아듣는 것도 듣는 기도이며 응답받는 기도라는 사실을 깨달아야 합니다.

## 3) 일치의 기도: 관상기도(contemplation) - 완전

가톨릭 전통에서는 관상기도를 '일치기도'라 했습니다. 관상(contemplatio)의 라틴어 어원(contemplationem)은 "깊은 애정과 생각을 가지고 바라보는 응시의 행위(act of looking at)를 의미하기 때문에 관상(觀想)기도는 정관(靜觀)기도라고 번역합니다. "오직 주님만 바라라"(대하 20:12)는 말씀처럼 마냥 주님을 바라만 보아도 좋은 그런 영적 상태에 이르기 위해 하나님만 바라보고(觀想) 그 현존 앞에 가까이 하나님과의 고도로 친밀한 영적 교제로 나아가는 기도입니다. '세상도 없고 나도 없고 구속의 주만 보이는' 영적인 상태에 이르는 기도를 지향하기 위해 세상을 피해 정관에 집중하는 피세(避世) 정관, 즉 피정(避靜)을 강조한 것입니다.

관상기도의 궁극적 목적은 하나님과의 하나 됨을 지향하는 일치의 기도입니다. "너희가 내 안에 거하고 내 말이 너희 안에 거하면 무엇이든지 원하는 대로 구하라"(요 15:7)라는 말씀처럼 그리스도 안에서 하나님과 하나 됨을 지향하는 기도입니다. 그래서 중세의 신비가들은 관상기도를 '신비적 합일(unio mystica)'의 수단으로 여겼고, 아빌라의 테레사는 '성애적(性愛的) 합일'로 여겼으므로 개신교에서는 관상기도를 신비주의적 경향이 강하고 불교의 참선과 유사한 점이 있다고 비판하게 된 것입니다.

그러나 관상기도의 본래적인 의미는 그렇지 않습니다. 첫째로 관상기도의 목적은 틸리히나 바르트가 말한 것처럼 단순한 신비적 합일이 아니라, "우리가 살아도 주를 위해 살고 죽어도 주를 위해 죽는"(롬 14:8) 그리스도 안에서 하나님과 아주 친밀한 '관계의 일치(unio relatio)'를 지향하는 기도입니다. 둘째로 관상(contemplatio)을 라틴어의 '함께(con) 자리하고 서로 바라보는 것(templatio)'이라고 분석하기도 합니다. 우리가 오직 하나님만을 바라보는 것이 아니라 하나님께서 우리의 일거수일투족을 바라보신다는 것을 항상 의식하는 것입니다. '사람의 모든 걸음을 감찰하시는 하나님'(욥 34:21 등 14회 등장)의 눈치를 보면서 사는 것입니다. 관상기도의 목적은 하나님과 친밀해지고 하나님의 눈치를 보는 기도라고 봅니다.

무엇보다도 기도는 '영혼의 호흡'이므로 '무시로 성령 안에서 기도하는 것'(엡 6:18)과 '쉬지 않고 기도하는 것'(살전 5:17)을 통해 '기도와 삶의 일치'를 지향해야 합니다. 무슨 일을 하든지 늘 기도하는 마음으로 행해야 하는 것입니다. 기도하는 마음으로 일하고, 기도하는 마음으로 공부하고, 기도하는 마음으로 일상생활을 하는 것입니다. 그리하여 기도와 일상의 삶의 일치를 이루려는 것입니다. 슐라이어마허가 말한 것처럼 언제 어디서 무엇을 하든지 늘 하나님을 '순수하게 의식'하고 하나님을 '절대 의존'하는 것이 '쉬지 않고 기도하는 것'이라고 할 수 있습니다. 이를 통해 일상생활에서 '기도와 삶의 일치(contemplation in action)'를 이루는 것이 신앙의 완전을 지향하는 궁극적인 목표입니다.

한국교인들의 가장 큰 문제 중의 하나는 기도와 삶, 신앙과 삶의 불일치입니다. 기도하는 내용과 삶의 내용이 너무 판이하다는 지적입니다. 새벽기도를 열심히 하고 나온 교인들이 교회 앞 교통신호를 무시하고 일제히 교차로를 건너는 모습에 충격을 받았다는 선교사의 얘기를 들은 적이 있습니다. 주일에 교회에서의 신앙생활과 평일에 가정, 학교, 직장, 사회에서의 생활이 불일치하는 경우가 허다합니다. 김재준 목사는 '신앙생활' 대신 '생활신앙'을 역설했습니다. 신앙과 생활, 기도와 삶의 일치 없이는 생활 전체를 통해 신앙을 증거할 수 없습니다. 하나님과 친하다고 하면서 하나님의 눈치를 보지 않는 신자들이 너무 많은 것 같습니다. 그래서 교인들이 하나님을 믿노라 하지만, 우리는 교인들을 믿을 수 없다는 비난을 받습니다.

## 참고문헌

보나벤투라. 『하나님과 하나 되어: 하나님을 향한 영혼의 순례』. 김광식 옮김. 대한기독교서회, 1981.

예수의 성 테레사. 『완덕의 길』. 최민순 옮김. 바오로딸, 1973.

위 디오니시우스. 『위 디오니시우스 전집』. 엄성옥 옮김. 은성, 2007.

짐 보스트. 『관상』. 박금옥 옮김. 성바오로출판사, 1999.

토머스 머튼. 『마음의 기도』. 이영식 옮김. 성바오로출판사, 1988.

허호익. 『길선주 목사의 목회와 신학사상』. 대한기독교서회, 2009.

# 12장

# 문준경의 삶과 순교적 영성

- 최형근 교수(서울신학대학교, 선교학) -

**문준경**(文俊卿, 1891~1950)

한국이 낳은 여성 순교자 중 으뜸으로 꼽히는 인물이다. 신안군에서 20여 년간 복음을 전하며 신안군 내 150여 교회에 직간접으로 큰 영향을 끼쳤으며, 한국 교회를 대표하는 민족 지도자들을 양성해낸 사랑의 씨앗으로 전해진다.

# 1.
## 문준경의 삶과 회심

　한국 기독교 역사 가운데 조명을 받지 못했던 인물들 가운데 한 분이 문준경 전도사입니다. 2014년 기독교대한성결교회 총회사업의 일환으로 슬로 시티(slow city)로 잘 알려진 전라남도 증도에 문준경 전도사 기념관이 완공되었고, 근래에 들어서야 그에 대한 증언들과 연구서들이 나오기 시작했습니다. 문준경의 삶은 결혼에 실패하고 홀로 된 몸으로 예수 그리스도를 위해 남도의 섬들을 순례하는 길 위에서 복음을 전하며 소외된 자들을 돌보았던 여정이었습니다. 문준경은 1891년 2월 2일 당시 외부 세계와 교류가 매우 뜸했던 전라남도 신안군 암태면 수곡리에서 문재경의 셋째딸로 태어났습니다. 그녀는 여성에 대한 차별로 인해 교육의 기회를 얻을 수 없었던 시대를 살았습니다.

　문준경은 1908년 3월, 17세의 나이에 신안군 증도의 정근택과 혼인하여 근 20여 년간의 결혼생활 중 결혼 초부터 아이를 갖지 못한다는 남편의 부당한 모함으로 고통 가운데 홀로 지내야만 했습니다. 생전에 그녀는 자신을 "남편이 있는 생과부"라고 불렀습니다. 결혼 당시 신앙을 갖고 있지 않았던 문준경은 고통스러운 결혼생활의 상처 가운데서도 인간이 해야 할 의무와 도리를 다했습니다. 그녀는 결혼 전부터 다른 여자를 두고 있었던 남편의 외도를 감내하며 홀로 시부모를 사랑으로 보살피며 효도를 다했습니다. 이런 그녀의 효심에 감동한 시부모는 그녀를 사랑했고, 시아버지는 그녀에게 읽고 쓰는 법을 가르쳐주었습니다. 시아버지의 소천으로 인해 가족들이 흩어지게 되어 홀로 남게 되자, 1927년 초 그녀는 외로움과 인생의 허무함을 안고 목포에 있는 큰오빠에게로 갔습니다. 문준경의 목포에서의 삶은 모든 것을 잃어버리고 죽음만을 생각하던 허무와 절망에 가득 찬 삶이었습니다. 1927년 3월 어느 날, 삯바느질을 하며 살아가던 그녀에게 북교동교회(당시 목포교회)의 한 여성 신도의 방문전도는 그녀의 삶에 새로운 활력을 불어넣는 전환점이 되었습니다. 문준경은 북교동교회에 출석하여 회심을 체험하고 당시 교회를 담임하던 장석초 전도사의 신앙지도를 통해 1928년 6월 세례를 받고 집사직분을 받게 되었습니다. 1929년 7월 장석초 전도사가 북교동교회를 사임하고 김응조 목사가 부임하여 약 2년간 목회를 하며 문준경에게 영적인 영향력과 함께 신학교에 입학하려는 동기를 제공했습니다. 1931년 3월 북교동교회의 담임으로 한국 교회의 대표적인 부흥사였던 이성봉 목사가 전도사로 부임하여 사역을 시작했는데, 이성봉 목사는 문준경의 삶과 영성 형성에 지대한 영향을 미쳤습니다. 이성봉 전도사가 북교동교회에 부임했을 때, 문준경은 집사로서 기도와 찬양 그리고 전도에 열심이었습니다. 이성봉 전도사는 교회에 부임하여 '청신 기도단'을 조직하여 교인들과 함께 매일 아침 유달산에 올라가 기도했습니다. 문준경은 기도와 찬양 그리고 복음전도와 연관하여 이성봉 목사에게 큰 영향을 받았습니다.

# 2.
## 문준경의 소명과 순교적 영성

　이성봉 목사의 삶과 사역에 영향을 받은 문준경은 섬 지역에 복음을 전하고 교회를 세워야 한다는 자신의 소명을 확인하고 1931년 40세의 나이에 신학을 공부하기로 결심했습니다. 서울의 경성신학교에 입학할 당시 문준경은 기혼자의 입학을 허용하지 않는 학칙으로 인해 이성봉 목사의 추천으로 청강생으로 입학한 후에 정식 학생이 되어 모든 과정을 마쳤습니다. 그녀는 신학교에서 6년 동안 공부했는데, 6개월은 학교 수업을 듣고 6개월은 사역 현장에서 실습하는 과정을 이수하기 위해 여성의 몸으로 서울과 목포를 오가며 3개의 교회를 개척하고 우전리, 재원, 방축리 세 곳에 기도처를 세웠습니다. 그 당시 여성 혼자의 힘으로 우상과 미신으로 가득 찬 섬 지역에 교회를 개척한다는 것은 거의 불가능한 일이었습니다. 그러나 문준경은 신학교의 실습기간을 이용하여 남편 정근택이 소실을 얻어 살고 있는 임자도에 가장 먼저 교회를 개척했습니다. 남편과 소실의 극심한 방해와 마을 사람들의 온갖 훼방에도 불구하고 문준경은 가가호호 방문하여 복음을 전했을 뿐 아니라 어려운 사람들을 돌보는 일을 감당했습니다. 문준경의 이러한 모습에 감동받은 여성들과 어린이들이 먼저 작은 초가교회를 찾기 시작했고, 후에 13명의 가족과 함께 순교를 당한 이판일 장로가 회심을 하여 그의 온 가족이 신자가 되었습니다. 임자도에 진리교회 개척을 마친 후, 문준경은 자신에게 결혼의 고통과 한을 남겨준 증도에 교회개척을 위해 뛰어들었습니다. 증도 사람들은 문준경을 비애의 사람으로 알고 있었습니다. 그런 과거의 아픔에도 아랑곳하지 않고 문준경이 증도에 교회개척을 시작했다는 것은 매우 역설적인 복음의 능력을 보여준 사건이었습니다. 그녀는 교회개척 장소를 물색하던 중 시숙인 정영범을 만나 그의 도움을 얻어 기적적으로 교회를 시작하게 되었고, 기도로 준비하고 찬양을 통해 복음을 전하는 가운데 병자들이 치유되는 일들이 일어나게 되었습니다. 자식이 없었던 문준경은 아이들을 좋아해서 주일학교에 아이들로 가득 찼는데, 당시 주일학교에 다니던 분이 중앙성결교회 원로인 이만신 목사입니다. 1935년 문준경이 신학교의 마지막 실습기간에 개척한 교회는 '후증도'라고 불리던, 증동리에서 썰물 때를 이용해 갯벌 위로 드러난 아주 미끄러운 노두길을 따라 연결되었던 전증도의 대초리교회였습니다. 문준경은 이 위험한 갯벌 노두길을 따라 증동리와 대초리를 오가며 복음을 전하고 교회를 세워나갔습니다. 세 개의 교회를 개척한 후, 문준경은 마을 중간중간에 수시로 모여 기도할 수 있는 세 개의 기도처를 세웠는데, 이 기도처들은 나중에 교회로 성장했습니다.

교회와 기도처들이 늘어나면서 그녀의 사역은 여자 전도사 혼자의 몸으로 감당할 수 없을 정도로 확장되었습니다. 문준경은 목숨을 아끼지 않고 섬과 섬을 오가는 작은 돛단배에 의지하여 개척한 교회들을 돌아보며, 복음에 적대적이고 미신에 찌든 매우 저항적인 수많은 섬사람들에게 복음을 전하며 몸과 마음을 다해 병들고 어려운 사람들을 돌보았습니다. 당시 신학교를 졸업하고 본격적으로 사역을 시작한 문준경 전도사가 섬을 돌아다니며 복음을 전했던 모습과 그 결과에 대한 정태기 목사의 체험담은 실로 놀라운 것이었습니다. "문준경 전도사님의 전도로 인해 섬마을마다 예수를 믿겠다는 사람들이 너무 많이 나오게 되어 섬마다 심부름할 아이들을 제자처럼 세웠는데, 훗날 이 아이들 가운데 목회자가 된 사람만 해도 70명이 넘었다고 합니다. 신안군의 수많은 섬들은 문준경 전도사로 인해 일대에 복음의 혁명이 일어나게 된 것이지요."

일제강점기 말 신사참배, 교단과 신학교 해산, 교회재산의 몰수 등으로 인해 혹독한 시련의 시기를 거쳐 해방을 맞이한 지 얼마 되지 않아 한국전쟁이 발발하게 되었고, 신안군의 작은 섬들도 전쟁의 비극을 비켜갈 수 없었습니다. 특히 전쟁 당시 임자도와 증도에는 자생적인 좌익들이 많아서 인민군이 들어오면서 그리스도인들에 대한 박해가 극렬했습니다. 임자도의 이판일 장로는 동생인 이판성 집사를 통해 당시 임자 진리교회 교역자였던 젊은 이봉성 전도사를 증도로 피신시켰는데, 이미 증동리교회도 인민위원회 건물로 사용되고 있었고 좌익들에 의해 교인들의 목숨이 위협받는 상황이었습니다.

문준경 전도사 일행이 비밀리에 주일예배를 드리는 것이 밀고자에 의해 발각되었고, 그들은 체포되어 인민군이 점령하고 있었던 목포 정치보위부로 압송되어 갇히게 되었습니다. 그곳에서 임자도 진리교회의 이판일 장로 형제도 만나게 되었는데, 인천상륙작전으로 서울이 수복되자 인민군은 갇힌 사람들을 그대로 놔두고 도주했습니다. 인민군이 도망가는 기적적인 상황 가운데 문준경 전도사와 일행은 전국을 돌며 부흥집회를 인도하다가 전쟁을 맞아 목포로 내려온 이성봉 목사를 만나 눈물어린 재회를 하게 되었습니다. 그러나 재회의 기쁨도 잠깐이었습니다. 1950년 10월 4일 문준경 전도사는 아직도 좌익들에 의해 점령되어 있던 임자도와 증도에 남아 있는 성도들을 걱정하며 그들에게 돌아가기로 결단하고 이성봉 목사와 작별을 고했습니다. 그때 이성봉 목사는 그들에게 "네 백성아 갈지어다 네 밀실에 네 문을 닫고 분노가 지나기까지 잠간 숨을지어다"(사 20:26)라는 말씀을 들려주며 국군이 들어갈 때까지 참으라고 권면했습니다. 그러나 문준경 전도사는 만류를 뿌리치고 "비록 제가 죽을지언정 저 때문에 성도들이 희생되면 안 되지요"라고 말하며 증도로 급하게 뱃길을 재촉했습니다. 이판일 장로 형제도 임자도로 돌아갔습니다. 그날 밤 증도로 돌아온 문준경 전도사는 숨어 있던 공산당원들에게 체포되어 일행과 함께 정치보위부로 끌려갔습니다. 증도 바닷가 모래사장에서 심문을 받던 문준경 전도사는 10월 5일 새벽 2시 "새끼를 많이 깐 씨암탉"이라는 조롱을 받으며 죽창에 찔려 59세를 일기로 순교를 당했습니다. 같은 시간 임자도에서는 이판일 장로가 가족 13명, 그리고 24명의 성도들과 함께 순교를 당했습니다.

# 3.
# 문준경의 순교적 영성이 한국 교회에 주는 교훈


문준경의 신앙은 그녀가 살아온 고통스러운 삶의 여정과 밀접한 연관성을 갖고 있습니다. 여성의 인권이 억압당하고 사회활동을 제한하던 시대 문화적 상황, 그리고 불행한 가정사 가운데 문준경에게는 오직 복음의 능력 이외에 다른 어떤 희망도 없었습니다. 그녀의 회심체험은 20여 년간 그녀의 삶과 사역을 지탱시켜준 중요한 계기가 되었습니다. 문준경의 회심에 대한 자료는 남아 있지 않지만, 회심의 확실성과 철저함은 그녀의 삶과 사역의 결과를 통해 분명하게 드러났습니다. 당시 성결교회의 신학과 신앙적 특징은 믿는 바를 성결한 삶으로 보여주는 것이었습니다. 문준경에게 영향을 준 장석초, 김응조 그리고 이성봉의 신앙은 이러한 거룩한 삶의 실천과 괴리되지 않는 열정적인 복음전파와 고난 받는 민초들과 함께하는 것이었습니다. 특히 한국 교회의 대표적 부흥사였고 성결한 삶의 모범을 보여준 이성봉 목사와의 만남은 그녀의 사역 내용과 방식을 결정짓는 중요한 계기가 되었습니다.

문준경 전도사의 영성은 남도의 섬들과 해안의 갯벌 노두길을 통해 연결되는 수많은 섬마을들로 이어지는 길 위의 영성이고, 일상의 삶 가운데 민초들의 고난에 참여하는 일상의 영성입니다. 이런 의미에서 문준경의 목회사역과 복음전도는 총체적(holistic)인 특성을 띠었다고 볼 수 있습니다. 문준경의 나이 37세, 모든 희망을 잃고 죽음에 직면해 있던 상황에서 주님을 만나고 회심을 체험한 그의 유일한 헌신의 대상은 예수 그리스도 외에는 없었습니다. 많은 사람들이 문준경 전도사의 영성을 보여주는 중요한 요소로 찬양을 꼽고 있습니다. 예수님에 대한 사랑의 유일한 표현은 찬양이었습니다. 그녀에게 찬양은 기도였고 복음의 내용이었습니다. 문준경의 영성은 고난과 역경, 한과 절망 가운데 피어난 예수 그리스도를 향한 눈물의 결정체인 찬양을 통해 나타났습니다. 사도바울이 "그의 은혜의 영광을 찬송하고 …… 그의 영광의 찬송이 되게 하려고"(엡 1:6, 12) 우리를 택하셨다고 말하듯이, 문준경 전도사의 삶 자체가 하나님의 영광을 위한 찬양이었습니다. 즉, 그녀는 찬양하는 삶을 살아냈던 것입니다. 그녀 자신의 신앙고백과 삶의 내용과 일치하는 「허사가」 같은 찬양의 곡조와 가사는 매우 효과적인 복음전도 방법이 되었습니다. 아마도 찬양을 통한 복음전도 방법은 문준경 전도사의 은사이기도 했지만, 이성봉 목사에게서 크게 영향을 받았을 것입니다.

문준경의 영성 발현은 고난 받는 사람들, 특히 과부와 고아들을 돌보는 사역을 통해 나타났습니다. 그녀의 시조카가 되는 크리스천치유상담대학원대학교의 정태기 총장은 문준경 전도사의 영성의 핵심을 말씀과 행위를 통해 예수 그리스도의 발자취를 따르고 그 모습을 삶으로 보여준 제자도라고 말합니다. 그녀에게 복음전도는 단순히 말로만 외치는 선포가 아니라 삶으로 보여주는 것이었습니다. 따라서 그녀의 삶과 사역은 성육신적 사역(incarnational ministry)이라고 볼 수 있습니다. 문준경 전도사와 동향이며 한국전쟁 당시 부친과 아내를 잃은 한국대학생선교회(CCC)의 창립자 김준곤 목사는 자신의 신앙의 원초인 문준경 전도사의 사역을 소외되고 고통 받는 사람들을 위한 것이었다고 증언했습니다. 그녀의 사택과 교회는 병자들과 버림받은 여인들과 고아들, 그리고 귀신들린 자들을 돌보는 목민센터 같은 기능을 했습니다. 그녀는 신자와 불신자를 구별하지 않고 먹이고 치유하며 구제하고 돌보는 사역을 감당했습니다. 그래서 그녀에게 '대리거지'라는 별명이 붙었다는 일화가 있을 정도였습니다. 이성봉 목사에 따르면, 문준경 전도사는 한 해에 고무신 아홉 켤레가 닳아 없어질 정도로 갯벌을 걸어 섬들을 오가며 복음을 전하고 사람들을 돌보며 예수 그리스도를 위해 방랑하던 순례자였습니다. 그래서 혹자는 문준경 전도사의 복음전도의 여정을 '고무신행전'이라고 부르기도 합니다.

'영성(spirituality)'이라는 단어는 다양한 의미로 정의될 수 있지만, 기독교적인 의미에서 영성은 '경건한 삶'이라고 볼 수 있습니다. 물론 기독교적인 의미에서 경건한 삶을 규정하는 것이 간단한 일은 아니지만, 기독교는 경건한 삶의 전형을 예수 그리스도의 십자가에서 발견했고 그의 성육신적인 삶과 사역, 그리고 그의 죽음과 부활을 통해 그를 따르는 제자도(discipleship)를 추구해왔습니다. 기독교 역사는 '예수 따름'을 철저하고도 급진적으로 추구한 사람들에 의해 형성된 역사라고 해도 과언이 아닙니다. 따라서 교회가 위기의 때마다 자신의 정체성에 대한 질문을 던졌던 시대에는 항상 '복음의 본질'에 대한 성찰과 함께 그 본질을 추구했던 '본보기가 되었던 인물들'을 찾아 그들의 삶 속에서 갱신을 위한 단초를 찾으려고 시도했습니다.

오늘날 한국 교회가 처한 위기는 영성의 문제, 즉 경건한 삶의 상실에 기인한 바가 매우 크다고 봅니다. 경건한 삶을 살기 위한 방식은 여러 가지이며, 우리는 그 방식들을 존중할 필요가 있습니다. 그러나 영성은 세상을 단순히 신앙을 침식하는 위협적인 대상으로 보고 세상으로부터 탈출하여 신앙을 보호하면서 초자연적인 천상의 삶을 추구하는 것이 아닙니다. 영성은 우리가 기도를 하든 일을 하든 그리스도 안에 거한다는 사실을 의미합니다. 거한다는 것은 집 안에서 가족과 가정의 살림이 이루어지는 것처럼 삶의 문제입니다. 그것은 일상다반사에서 그리스도와 함께 걷는 일상의 영성을 의미합니다. 그러므로 "내게 사는 것이 그리스도니 죽는 것도 유익함이라"(빌 1:21)는 사도바울의 고백처럼 기독교 영성은 삶과 죽음이 모두 그리스도 안에 있음을 고백적인 삶을 통해 드러내는 하나님 백성의 순례하는 길 위의 영성이라고 볼 수 있을 것입니다. 기독교 역사 가운데 이러한 순례적 영성을 추구했던 사람들이 켈틱 수도사들이었습니다. 켈틱 수도원 운동(Celtic Monastic Movement)의 특징은 수도사들이 수도원 밖 먼 곳을 방랑하며 복음을 전파하고 교회를 세우는 것이었습니다. 켈틱 수도사들에게 선교의 중대한 동기는 그리스도를 위한 방랑(wandering for the sake of Christ, peregrinatio pro Christo)이라는 금욕적인 순례였습니다. 이러한 순례의 개념은 열악한 불모지에 복음을 전하는 선교적 열정으로 나타났습니다. 문준경 전도사의 삶과 사역과 영성은 역사적으로 켈틱 수도사들이나 탁발 수도사들의 삶이나 영성의 형태와 유사하다고 볼 수 있습니다.

필자는 오늘날 한국 교회 안에 살아 있는 본보기가 되는 목회자들이나 신학자들을 찾기가 쉽지 않은 상황에서 목회와 선교현장으로 나아갈 새내기 신학대학원 학생들에게 단지 형식적이고 공식적인 많은 수업들, 그리고 질식할 것 같은 강의실과 과제와 시험들은 그들의 신앙과 영성과 소명감을 일깨우는 데 오히려 방해물로 작용할 수도 있다는 생각을 하게 되었습니다. 이러한 생각은 신학교육의 본연의 목적에 대한 깊은 성찰로 이끌었습니다. 필자는 신학교육의 존재 목적은 하나님의 백성을 부르시고 세상으로 보내시는 하나님의 선교(Missio Dei)라고 확신합니다. 하나님의 선교를 근거로 전통적이고 제도적인 신학교육의 현장에서 고민하던 내용들 가운데 하나는, 어떻게 하면 신학생들로 하여금 목회자로서의 소명을 다시 일깨우고 영성의 깊이를 다시금 자각하게 하느냐 하는 것이었습니다. 지난 2011년 서울신학대학교 개교 100주년을 맞으면서 제가 담임을 맡은 학생들에 대한 막중한 책임감을 느끼게 된 계기는 한국 교회의 미래에 대한 불안감 때문이었습니다. 개인적으로 신학대학원 커리큘럼과 교육방식에 대해 깊은 회의를 갖고 있었던 필자는 신학대학원 3년 과정 가운데 명목상으로만 이루어지던 목회실습에 대한 새로운 대안을 모색하고 있었습니다. 목회를 준비하는 신대원 학생들 대부분이 목회실습을 단순히 통과해야 하는 의례적인 과목으로 여기고 있는 상황에서 신앙의 순결함을 지키려고 노력했던 한국 교회가 낳은 인물들의 발자취를 따라 학생들과 함께 걷고 묵상하며 체험하는 비공식적인 현장실습을 시도한 것이 증도 방문이었습니다. 필자는 2012년 2월 신대원 학생들과 함께 당시 문준경 전도사의 기념관이 건축되고 있던 증도와 남도의 섬들을 걸었고, 2013년 2월에는 학생들과 함께 지리산을 중심으로 여수와 순천을 돌며 손양원 목사의 순교의 발자취를 돌아보았습니다.

필자가 선교학을 전공한 교수로서 아프리카 선교사로 사역하며 케냐와 탄자니아, 우간다와 카메룬의 오지들을 걸으며 사람들을 만나고 경험했던 선교사들의 삶과 신앙과 하나님과 그의 백성의 이야기는 나의 신앙과 삶과 사유를 형성한 중요한 내용입니다. 지난 15년간 강의실에서 학생들을 만나고 선교현장에 동행하는 가운데 느낀 것은 신학교육뿐 아니라 모든 교육이란 단지 형식적이고 공식적인 방법을 통해 이루어지는 것이 아니라 함께 이야기를 나누고, 함께 먹고 걷고 삶을 나누는 비형식적(informal)이며 비공식적인(nonformal) 방법을 통해 더욱 효과적으로 이루어질 수 있다는 사실을 확인했습니다. 예수 따름의 제자도가 가장 잘 구현될 수 있는 모판은 기독교의 본질을 추구하는 건강한 공동체입니다. 이런 이유에서 신학대학원 학생들과 함께 순교자 문준경의 숨소리와 기도소리, 찬양소리, 죽음을 무릅쓰고 피를 토하며 복음을 전하는 광야에서 외치는 소리가 아직도 아련히 울려 퍼지는 증도와 남도의 섬들을 걷는다는 것은 우리 모두의 가슴에 새로운 복음의 활력을 불어 넣는 기회가 되었습니다. 오늘날 한국 교회가 다시 찾아야 할 것은 다름 아닌 복음의 능력과 십자가의 능력(고전 1:18-25; 고후 11:16-30)입니다.

복음의 능력은 잊힌 여인이었던 문준경의 삶을 절망에서 희망으로 변화시켰을 뿐 아니라, 섬 지역의 수많은 사람들에게 복음의 능력을 입증하고 보여주어 사회문화의 변화를 초래했습니다. 증도는 역사적·지정학적으로 소외와 반역을 의미하는 '반역향(反逆鄕)'이라고 합니다. 그러한 반역향인 섬 인구의 90% 이상을 그리스도인으로 변화시키고 수많은 도서지역에 교회를 세운 원동력은 한 여인의 헌신과 희생적 순교 때문이었습니다. 오늘날 빛과 소금의 땅 그리고 슬로 시티(slow city)라 불리는 증도. 한국에서 질 좋은 소금을 가장 많이 생산하는 증도는 문준경 전도사의 순교의 피가 뿌려진 곳입니다. 소금과 햇빛은 불가분의 관계를 갖고 있습니다. 소금과 햇빛, 그리고 소금을 만드는 사람의 고생과 인내가 아름다운 결정체인 소금을 만들어냅니다. "너희는 세상의 소금이니 소금이 만일 그 맛을 잃으면 무엇으로 짜게 하리요!" 하나님의 백성으로서 거룩한 삶의 맛을 잃어버린 오늘날 한국 교회를 향해 외치는 예수님의 음성에 귀 기울여야 할 때라고 확신합니다.

## 참고문헌

데이비드 보쉬. 『길 위의 영성』. 이길표 옮김. 서울: 한국교회선교연구소, 2011.

이덕주. 『한국 교회 처음 여성들』. 서울: 홍성사, 2007.

이성봉. 『말로 못하면 죽음으로』. 서울: 기독교대한성결교회, 1970.

임병진 · 유승준. 『천국의 섬』. 서울: 가나북스, 2007.

주승민. 『순교자 문준경의 신앙과 삶』. 서울: 킹덤북스, 2010.

CBS 기독교방송. 『CD 시루섬』.

# 13장

## 이용도의
## '고난받으시는 예수' 신비주의

- 류금주 교수(서울장로회신학교, 교회사) -

이용도(李龍道, 1901~1933)

1919년 3.1운동 이후 한국 교회 부흥운동을 주도한 감리교회 목사이다. "아시아 영성을 바탕으로 근대 개신교의 모형을 한국적으로 변형시켰다"는 평가를 받는 인물로, 한국 기독교 100년을 빛낸 100인의 인물에 선정되기도 했다.

# 1.
## 이용도 신비주의의 기독교적 구조

　이용도(1901~1933)는 감리교회의 목사로서 한국 교회 최초의 신비주의자로 알려져 있습니다. 신비주의는 대개 하나님과의 합일(合一)을 추구하는 신앙의 형태라고 봅니다. 그런데 이용도는 고난받으시는 예수와의 합일, 즉 고난을 통해 예수와 하나가 되는 것을 연모해간 삶의 흔적이 뚜렷합니다. 그래서 그의 사상을 '고난받으시는 예수' 신비주의라고 명명할 수 있습니다. 이 명칭은 물론 '고난받으시는 그리스도' 신비주의로도 말할 수 있습니다. 그런데 이용도 자신은 '그리스도'보다는 '예수'라는 단어를 주로 사용했기에 '고난받으시는 예수' 신비주의라고 이름 하는 것이 좋겠습니다.

　우리는 흔히 '역사의 예수'와 '신앙의 그리스도'라는 말을 사용하곤 합니다. 초대교회 교인들은 그들이 본 역사의 예수, 곧 성육신 하셔서 하나님 나라의 복음을 전하시고 십자가에 달리시고 부활하시고 승천하신 그 '예수'가 바로 신앙의 그리스도, 곧 자신들을 구원하시고 만유의 주가 되시며 하나님의 보좌 우편에 앉으시며 이내 심판주로 오실

'그리스도'이심을 증거 하는 일에 그들의 전 생애를 바쳤습니다. 그만큼 예수는 성육신과 이 지상 생애에서의 사역을 강조하는 이름임을 알 수 있습니다.

한편 '그리스도 신비주의'는 기독교회 안에 유일하게 가능한 신비주의의 형태를 일컫는 말입니다. 즉, 그리스도 안에서 하나님과 하나가 된다는 것을 말합니다. 여기서 그리스도는 하나님과 우리를 잇는 유일한 중보자요 메디아(media)가 됩니다. 그런데 고전적 신비주의는 신과의 합일을 추구하는 데서 어떠한 중보자나 매체도 용납하지 않습니다. 신과 직접적으로 하나가 되는 것이 그들의 목표입니다. 중간에 누군가가 개입하는 것을 견디지 못하는 것이지요. 그런데 피조물인 우리가 창조주와 직접적으로, 구분할 수 없이, 본질적으로 하나가 된다는 것은 기독교에서는 결코 성립할 수 없는 것입니다. 이런 의미에서 고전적 신비주의는 기독교와 양립할 수 없습니다.

다시 말하면 기독교회 안에 유일하게 가능한 신비주의 형태가 바로 '그리스도 신비주의'인데, 이를 '예수 신비주의'라고 하지 않는 이유는 그만큼 신비주의 자체가 현실과 세상을 경원시하는 경향을 띠기 때문입니다. 따라서 성육신과 지상에서의 삶을 강조하는 '예수'를 포함한 '예수 신비주의'라는 말은 거의 쓰이지 않는 표현입니다. 그런 의미에서 이용도가 현실과 세상을 부정적으로 보는 신비주의자임에도 불구하고 '그리스도'라는 표현보다 '예수'라는 표현에 집중했던 것은 독특한 점이라 하지 않을 수 없습니다. 그는 우리 믿음의 대상으로서의 그리스도보다는 성육신 하셔서 고난당하신 예수와 하나 되기를 애모해 마지않았던 것입니다. 이런 점에서 볼 때, 이용도의 경우 성부·성자·성령 하나님 중에서 고난받으시는 성자의 이미지가 압도하고 있다는 사실을 다시 한 번 확인할 수 있습니다. 즉 하나님과 하나 되는 것이 신비주의자의 이상(理想)이라고 했을 때, 이용도에게서 이 하나님은 바로 성자 하나님을 가리키는 것이라고 할 수 있습니다. 이상의 내용을 도해하여 정리하면 다음과 같습니다.

# 2.
# 이용도가 예수의 고난에 집중하게 된 경로

이용도가 예수의 고난에 집중하고 고난을 통해 예수와 하나가 된다
는 '고난받으시는 예수 신비주의'로 자신의 사상을 굳히게 된 데는 그
만한 이유가 있었습니다. 그것은 두 가지 측면에서 살필 수 있습니다.

첫째, 그가 살던 시대가 바로 고난의 시대였습니다. 이용도가 한
국 교회 현장에서 본격적으로 활동하기 시작한 때는 신학교를 졸업하
고 강원도 통천에 파송을 받아 목회하던 1928년부터였습니다. 그리고
1933년 지병인 폐병으로 생을 마감하기까지 만 5년여의 시간을 한국
교회 현장에서 살다가 갔습니다. 즉, 1930년대를 전후한 그 시기가 이
용도가 자신의 신비주의를 실험해갔던 시간입니다.

주지하다시피 1929년은 전 세계적인 경제대공황으로 각인되어 있
는 해입니다. 일본의 식민지였던 한국의 경우는 정치적인 독립 상실에
이은 경제적인 독립 상실의 격변으로 체감되었습니다. 교인의 대부분
이 농민이었던 한국 교회도 식민지 한국의 경제적 시련의 참경을 피해
갈 수 없었습니다. 교인들은 살 곳을 찾아 만주와 간도로 뿔뿔이 흩어

지고 있었습니다. 세계 경제대공황의 여파로 해외 선교본부의 선교비 지원 삭감도 불가피했습니다.

게다가 3.1운동 이후 일본의 강압으로 선교사들이 한국 교회 현장에서 선교기관 같은 교회 후방으로 인퇴하게 됨에 따라 한국 교회는 선교 역사가 채 40년도 되지 못한 어린 나이로 선교사의 후견 없이 역사의 격랑을 헤쳐 나가야 하는 형편이었습니다. 무단통치에서 문화통치로 전환하면서 갑자기 그 통제가 해체된 세속문명의 쇄도, 3.1운동의 실패로 인해 한국 지성사회에 만연했던 허무주의와 비관주의, 러시아의 공산화에 따른 공산주의와 유물론의 국내 침투, 일본의 물질문명 중심의 근대화 추진과 한국사회의 정신적인 피폐 획책과 피폐상 등이 대개 이용도가 활동하던 시대의 한국 교회가 마주한 역사적 정황이었습니다.

요컨대 이용도가 활동하던 1930년을 전후한 시기는 바로 한국 교회의 고난의 시기였습니다. 경제적 고난과 정신적 고난이라는 역사의 대전환기를 나이 어린 한국 교회가 스스로 헤쳐 나가려고 애쓰고 있었습니다. 이러한 고난의 시대에 대한 응답의 하나로 나타난 것이 이용도의 신비주의였습니다. 시대의 고난에서 예수의 고난을 몸으로 겪으며 고난받으시는 예수와 하나 되어 고난의 시간을 말없이 겪어나간 것입니다.

다음으로 이용도 개인의 삶이 바로 고난의 연속이었습니다. 이용도는 1901년 4월 6일 황해도 금천군 서천면 시변리에서 대주가(大酒家)이던 부친 이덕흥(李德興)과 경건한 신앙을 간직한 모친 양(梁)마리아 사이에서 4남 1녀 중 3남으로 태어났습니다. 언젠가 이용도는 예수를 믿노라 핍박을 받다가 자살도 여러 번 생각하시던 어머니의 신앙과 그 기도 때문에 자신이 주의 일을 위해 나서게 되었다고 고백한 일이 있습니다. 겨우 밥이나 먹는 사람이 부자로 불릴 정도로 가난했던 그 시절, 이용도는 빈한하기만 했던 가정의 불화와 신앙으로 인한 핍박을 겪으며 성장했습니다. 그는 결혼하고 나서도 부모와 형제, 아내로부터 주의 일을 하노라 집안을 돌아보지 않는다는 원망을 종종 듣고 있었습니다. 가난했던 그의 결혼생활은 불행했던 것으로 알려집니다. 더욱이 일곱 명의 자식을 낳았으나 그중 장남 영철만이 살아남는 참척(慘慽)의 아픔을 여섯 번이나 겪었습니다. 자신의 병고는 말할 것도 없거니와 동생까지 병으로 앞세우는 슬픔까지 겹친 그였습니다. "구약 때에 욥이 있고 신약 때에 욥이 있고 현대의 욥 내가 있는가?" 이것이 자식을 앞세우고 난 이용도의 토로였습니다.

'고난받으시는 예수' 신비주의자 이용도는 늘 자신의 고난의 정점에서 예수의 고난을 몸으로 겪은 듯 바라보았습니다. 다음의 그림과 시(詩)는 이용도의 것으로, 자신의 고난에서 예수의 고난을 체감하고 고난받으시는 예수와 하나 되어 생을 살아가던 이용도의 모습이 역력합니다. 우선 왼쪽의 그림은 그가 친형 이용채(李龍采)로부터 편지를 받고 난 뒤 회신하면서 그려 넣은 자화상(自畫像)입니다. 사방으로부터 공격당

나는 천동(賤童)으로 태어나서 빈궁의 사람
무식(無識)의 노동자 무명(無名)의 종교가(宗敎家)
무의무가(無依無家)한 걸아(乞兒)로
하늘을 지붕 삼고 땅을 자리 삼아
남들의 반생(半生)을 겨우 일생(一生)으로 살고
마침내 외의내의(外衣內衣)조차 빼앗기고
참형(慘刑)으로 종신(終身)한 내가 아니냐!

하는 자신을 함께하시는 주님만이 보호하신다는 그런 내용의 그림입니다. 또한 오른쪽의 시는 그가 평양을 구심으로 하면서 전국적으로 부흥회를 인도하던 무렵의 것입니다. 시에서 노래한 예수의 고난은 그의 삶에서 그대로 재현되는 듯했습니다.

# 3.
## 이용도의 '고난받으시는 예수' 신비주의의 지역적 전개

1920년대 이후 한국 교회는 선교사가 후견하는 '선교의 시대'에서 스스로 역사의 격랑을 헤쳐 나가야 했던 '교회의 시대'로 전환하고 있었습니다. 그런데 이러한 한국 교회사적 전환기에 한국 교회가 수립되는 모습이 서울과 평양, 원산 세 도시를 중심으로 하여 각각 다르게 나타나고 있었습니다. 우선 이 세 도시는 당시 한국 교회의 신앙 지형을 잘 보여주고 있습니다. 선교 초기부터 해방까지 한국 교회 안에는 서북 대 비서북의 지역 구도가 있었습니다. 이것은 황해도와 평안도, 곧 서북에 있는 장로교회의 교세가 한국 교회 전체 교세의 2/3 이상을 차지해왔던 사실에서 비롯되었습니다. 막강한 교세로서 한국 교회 전체에 대한 교권(教權) 기능을 다짐한 서북 교회의 중심이 바로 평양이었고, 이에 따라 나머지 한국 교회 전부는 비서북 교회로서, 자연히 수도임에도 불구하고 한국 교회의 중심이 되지 못했던 서울을 중심으로 교권 도전의 형세를 띠고 있었습니다. 그리고 평양대부흥운동의 발원지였던 원산은 신령주의자들의 거처로서 한국 교회의 역사적 정황이나 서북 대 비서북의 지역 구도에는 무심한 내면화(內面化)의 신앙 형태를 가지고 있었습니다.

1920년 이후 한국 교회의 홀로서기에서 평양을 중심으로 한 서북 장로교회는 교회진흥운동을 중심으로 새 시대의 위기와 전기(轉機)를 헤쳐 나가고 있었습니다. 교회를 중심으로 한 신앙 보수가 그 특징이라고 할 수 있겠습니다. 다음으로 서울을 중심으로 한 비서북 교회는 기독교 사회운동이나 YMCA, YWCA 등의 교회 변경 기관을 중심으로 한 교파 연합운동에서 새 시대의 돌파구를 찾고 있었습니다. 역사적 격류에 무심했던 원산의 경우 숙명적인 가난의 현실에 눈감고 초월적 세계에 침잠하는 형태로서 그 시간을 지내고 있었습니다. 당시 스스로 예수가 되었다고 자처하며 도처를 돌아다니던 황국주의 열광주의의 모습이 이용도의 결정적 몰락을 가져온 원산의 신령주의자들 한준명(韓俊明), 유명화(劉明花) 등에게 강렬했습니다. 이용도를 철저히 이용하면서 그와의 동질을 자처했던 그들은 이용도의 신비주의에는 낯선 입류(入流), 접신(接神), 친림(親臨)의 강신(降神)을 주장했던 것입니다.

그런데 이들 세 지역, 즉 교권 기능의 서북장로교회, 교권 도전 기능의 비서북 교회, 그리고 신앙 내면화 기능의 원산이 바로 이용도의 신비주의 여정과 겹치고 있다는 사실은 대단히 흥미롭습니다. 신학교를 졸업하고 비서북지역인 강원도 통천에 부임한 이용도는 처음 반년 동안에는 사회 대세의 영향도 없지 않아서 신앙의 중심을 잃고 이른바 인본주의로 전락하는 모습마저 보이기도 했습니다. 그러던 중 산기도와 승마(勝魔) 체험을 통해 신앙의 중심을 되찾고 신앙의 능력을 확인한 이용도는 자신이 목회하던 통천지역 주변 20여 교회와 인천 덕적도에서 부흥회를 인도하게 됩니다. 이때만 해도 이용도는 예수의 고난을 낭만적으로 생각하는 경향이 있었습니다. '고난을 내가 다 지고 가겠다. 예수께서 고난당하셨으니 나도 당하겠다'고 다짐한 그는 예수의 십자가를 고난의 실제적 심도에서 이해하기보다는 아무 죄 없으시되 말없이 당하신 예수의 성품이 그대로 나타난 '아름다운 십자가'라고 부르고 있습니다.

그리고 1930년 2월부터 1932년 10월 한준명 사건에 연루되어 몰락하기까지 이용도는 서북지역의 평양을 구심으로 하여 전국적인 부흥회 인도에 돌입하게 됩니다. 부흥회를 인도하는 가운데 그의 눈에 들어온 한국 전체의 경제적 시련의 참상에서 예수의 고난의 실제에 눈 뜨게 됩니다. 이때 이용도는 한국의 겨레와 교회의 아픔을 더 이상 비판의 대상이 아니라 자신의 아픔으로 동일시하게 됩니다. 그리고 예수께서 당하신 역사적 고난의 심각성을 발견하고 고난당하신 예수와 한 몸이 되어 사는 것만이 우리 겨레와 교회가 살아갈 유일한 방도임을 설파하게 됩니다.

한편 1932년 10월 말 원산신학산계의 한준명이 서북 교권의 중심인 평양에 가서 예언을 하다가 문제를 일으켜 원산으로 쫓겨간 일이 있었습니다. 그런데 그가 평양에 갈 때 이용도가 그 손에 소개장을 들려보낸 것이 문제가 된 것입니다. 이때 한준명과 연루된 일에 대해 유감을 표시할 것과 그와의 인연을 끊을 것을 종용받은 이용도는 이를 거부하고 무차별 사랑을 선포하게 됩니다. 그 와중에서 그 역시 신령주의자들의 거처인 원산으로 쫓겨나고 말았습니다. 1933년 2월 해주에서의 집회를 마지막으로 한국 교회로부터 서서히 사라져간 것입니다. 그해 8월 원산으로 간 이용도는 지병인 폐병으로 10월 2일 끝내 소천하고 맙니다. 그가 평소에 그렇게도 연모하던 예수와 같은 나이인 33세의 일기(一期)였습니다.

원산에서 전개된 그의 신비주의는 예수 고난의 현재성에 주목하고 있습니다. 이곳에서 이용도는 '주의 역(役)'을 할 자가 누구이냐고 묻습니다. '주의 일을 하는 자를 통해 예수가 알려질 터인데, 예수의 일을 맡아하는 자가 아직 나타나지 않았구나' 하는 탄식이 거기에 무겁게 내려앉아 있었습니다. 여기에서 이용도의 신비주의는 새로운 국면에 접어듭니다. 비서북지역에서 전개된 이용도의 신비주의가 예수의 고난을 실제적 심각성을 간과한 낭만의 차원에서 이해했다면, 서북지역에서 전개된 이용도의 신비주의는 예수가 겪으신 역사적 고난의 심각성에서 예수의 고난을 뒤따르기를 갈망했던 것을 알 수 있습니다. 그런데 원산에 와서는 누군가 주의 일을 할 때 거기 나타나는 것은 바로 '고난받으시는 예수'라고 주장함으로써 2천 년 전 겪으신 예수의 고난이 지금의 일로 현재화한다는 주장을 펼쳤던 것입니다. 이상 서울과 평양, 원산이라는 한국 교회의 신앙지형에서 펼쳐진 예수의 고난에 대한 이용도의 이해를 도해하면 다음과 같습니다.

# 4.
## 이용도 신비주의의 여운

　이용도의 '고난받으시는 예수' 신비주의가 오늘의 한국 교회에 울리는 여운이 없지 않습니다. 지금까지 살펴본 내용을 중심으로 여기 몇 가지를 정리하여 남깁니다.

　첫째, 시대의 요청에 응답하는 신앙입니다. 이용도는 정신적 고난과 경제적 고난에 시달리는 한국의 겨레와 교회를 고난받으시는 예수와의 합일에서 위로할 수 있었습니다. 그가 신비주의자임에도 불구하고 이 역사를 경원시하거나 피안의 세계로 돌아서지 않고 성육신 하셔서 역사의 실제에서 친히 고난당하신 예수와 하나 되는 것을 그토록 연모했던 이유가 바로 여기 있습니다.

　둘째, 그의 사상의 실존적 형성입니다. 이용도의 신비주의는 그의 삶과 불가분리의 것입니다. 고난으로 점철된 삶을 통해 신비주의가 형성된 것입니다. 자신이 몸으로 겪은 고난을 신앙적으로 승화한 것이 그의 '고난받으시는 예수' 신비주의였기에 당시 한국 교회에서 울린 이용도의 메시지는 그토록 호소력을 지닐 수 있었습니다.

셋째, 남의 문제를 내 문제로 아는 신앙의 자세입니다. 이용도는 자신의 신비주의의 지역적 전개 과정에서 한국 겨레와 교회의 아픔을 자신의 아픔으로 여기게 되었습니다. 이때 한국 교회는 더 이상 신비주의자의 날선 비판의 대상이 될 수 없었습니다. 그는 또한 자신과는 다른 모습으로 시대의 격랑을 헤쳐 나가는 한국 교회와 끝까지 동행하기를 마다하지 않았습니다.

마지막으로 '주의 역' 이론에서 보인 그의 사명의식입니다. 주님의 일을 하는 자를 통해 주님이 나타난다는 그의 말은 '우리의 옛사람은 그리스도와 합하여 죽고 이제 우리 안에 계신 그리스도가 사시는 것'이라는 크리스천의 실제를 명료하게 보여줍니다. 곧 우리 모두 하나님의 일을 맡아 할 뿐 그 일을 통해 우리 자신의 영광이 아닌 하나님의 영광을 드러낸다는 투철한 종(從)으로서의 사명의식이 그에게서 빛나고 있습니다.

## 참고문헌

두란노아카데미 편집부. 『중세 후기 신비주의』. 류금주 옮김. 서울: 두란노아카데미, 2011.

류금주. 『이용도의 신비주의와 한국 교회』. 서울: 대한기독교서회, 2005.

민경배. "李龍道 神學이 聖靈運動에 미친 影響". 『이용도와 한국 교회의 개혁운동』. 서울: 장안문화사, 1995.

邊宗浩 편. 『李龍道 牧師 書簡集』. 서울: 新生館, 1953.

_____. 『李龍道 牧師 日記』. 서울: 心友園, 1966.

# 14장

# 함석헌의 범재신론적 영성과 기도

- 김희헌 교수(성공회대학교, 조직신학) -

**함석헌**(咸錫憲, 1901~1989)

기독교 문필가, 사상가, 민중운동가이다. 명동사건, YWCA 위장결혼식 사건에 연루되어 재판에 회부
되는 등 많은 탄압을 받았다. '폭력에 대한 거부', '권위에 대한 저항' 등 평생 일관된 사상과 신념을
바탕으로 항일 · 반독재에 앞장섰으며, '한국의 간디'로 불리기도 한다.

# 1.
## 전일적인 영성을 추구한 신앙인

　　함석헌(1901~89)은 그의 아호 신천(信天)이 가리키는 대로 평생 동안 하나님을 향해 믿음의 등불을 켜고 살았습니다. 하나님과의 관계를 근본적으로 생각했기 때문에 그의 삶은 정갈했습니다. 새벽 4시경에 일어나서 2시간 남짓 좌정 침묵기도를 드리는 것으로 하루를 시작하여 해가 뜨면 주로 노동을 하고, 오후 1시경에는 하루 한 끼 먹는 식사를 위해 휴식을 했습니다. 종교사상가이자 사회운동가로 살았지만, 그의 손은 농부의 손이었습니다. 그에게는 영혼의 애탐과 삶의 몸짓이 하나요, 종교적 갈구와 정치적 행동이 하나요, 개인의 추구와 역사에의 참여가 하나였습니다. 삶의 전체적인 요소가 하나님을 향한 진심에서 하나가 된 전일적(全一的)인 삶의 영성을 추구했던 것입니다.

　　그의 전일적인 영성은 우리의 생명이 하나님께로부터 온 것이라는 믿음에 기초합니다. 함석헌은 종교적 삶이란 특수한 능력에 의존해서 가능케 되는 것이 아니라 '생명의 버릇'이라고 생각했습니다. 그러므로 참된 종교 영성은 뜨거운 열기 속에서만 유지되는 감정의 능력이기보다는 생명이 지닌 지정의(知情意)의 모든 온도에서 통용되는 넓고도 상식적인 것이어야 한다고 여겼습니다. 기도 역시 자신의 정서적 강도에 의존하는 개인적인 독백이 아니라, 하나님과 세계와 이웃을 분별하는 종교지성과 분리될 수 없는 것으로 봤습니다. 그는 이렇게 말합니다. "믿음은 상식적이어야 한다. 상식은 곧 세상을 앎이요, 세상을 앎은 이웃을 사랑함이다. 상식에 어그러진 믿음은 사랑 없는 믿음이요, 그것은 뿌리 없는 나무다. 믿음은 제 힘으로 땅의 진액을 빨아올리고, 햇빛과 비바람을 받아 자라야 하는 것이다. 욕심으로 기도하여 하룻밤 동안에 감정으로 기른 믿음은 콩나물 믿음이요, 그것은 햇빛만 만나면 말라버린다. 상식은 될수록 넓어야 하고, 믿음은 될수록 높아야 한다."(19: 205)

함석헌이 전일적이고 통전적인 영성을 추구했던 것은 종교가 삶에서 유리되어 저세상적인 것이 되거나, 생존의 욕망에 사로잡혀 이세상적인 것이 되는 이중적인 잘못에 빠져서는 안 된다고 생각했기 때문입니다. 그는 '믿음'이라는 이름으로 인간이 노예상태에 빠지고, '영성'이라는 이름으로 종교가 거짓된 마술을 부리는 것을 혐오했습니다. 기독교 역시 그 점에서 예외가 되지 않는다고 봤습니다. 그는 "근래에 극단의 유물론, 무신론, 향락주의가 유행하는 것은 풍파에 부대낀 사공이 모든 연장을 내던지고 죽든지 살든지 불문하고 일시의 평안을 얻으려고 드러눕는 것"이라고 진단했는데, 그것은 "잘못된 종교에 지친 인생이 낙망하고 반동으로 하는 일"이라고 말합니다(14: 68). 이 말은 인생과 역사에 담긴 짐을 팽개치고 단번에 천국에 오르려고 하는 잘못된 종교적 욕망을 소위 '믿음'이라고 여기고 있는 세태에 대한 비판이라 할 것입니다.

함석헌은 하나님에 대한 믿음이 '인생의 의무'를 지는 일과 '역사의 뜻'을 분별하는 일로부터 분리되지 않는다고 믿었습니다. 바로 이 점이 허울뿐인 종교인들에게는 그의 믿음과 삶의 방식이 불편하게 느껴지는 이유입니다. 하지만 또한 그렇기 때문에 진실한 믿음을 추구하는 사람들에게는 그의 삶과 글이 큰 가르침을 주는 이유가 되기도 합니다. 그는 이렇게 말합니다. "믿는다는 것은 그저 쿵덕쿵덕하는 굿 구경을 가서 저도 모르게 으쓱으쓱 춤을 추며 구경을 하다가 다 끝난 후에 떡이나 먹는 놀음이 아니다. 선과 악이 싸우는 이 역사의 싸움터에서 그리스도의 편에 서서 생명을 걸고 싸우는 일이다. 종교라면 그저 값없이 준다니까 달려갈 줄만 아는 것은 아직도 욕심만이고 도덕의식은 없는 어린애 같은 심리지, 인생의 의무와 역사의 뜻을 아는 장성한 사람은 못된다."(15: 52-3)

함석헌은 하나님의 진리를 향한 종교적 믿음의 삶에서 독단적인 태도를 버리고 열린 마음을 갖는 것이 중요하다고 봤습니다. 자신의 대표저작인 『뜻으로 본 한국역사』의 서문에서 이렇게 말합니다. "독단적인 태도를 버리고 어디까지나 이성을 존중하는 자리에 서서 과학과 종교가 충돌되는 듯한 때는 과학 편을 들어 그것을 살려주고 신앙은 그 과학 위에 서서도 성립이 될 수 있는 보다 높은 것을 찾아야 한다는 것이다." 그는 '믿음에 이르지 못한 철학'과 '철학이 없는 종교'로서는 하나님의 진리를 드러낼 수 없다고 생각했습니다. 그가 평생 동안 성경을 가까이 읽고 또 가르치며, 동양의 고전과 이웃 종교의 경전을 배우고, 역사와 철학을 깊이 해석하고자 했던 모습은 드넓은 하나님의 진리를 향한 그의 진지함과 철저함을 웅변해줍니다.

함석헌은 특정한 기독교의 교리에 충실하기보다는 광활한 종교 사상을 펼치고자 했습니다. 상식적이지만 본질적이고, 친근하면서도 심원하며, 꾸밈없이 감동을 주는 전일적인 삶의 영성을 추구했던 것입니다. 사도바울이 그러했듯이, 그가 추구한 하나님의 복음은 "진리(ἀλήθεια)와 정의(δικαιοσύνη)와 평화(εἰρήνη)"였습니다. 함석헌의 삶과 사상은 이 복음을 얻기까지 밀고 나가는 영혼의 원대한 달음질이었습니다. 바울이 '믿음의 방패'와 '구원의 투구'와 '성령의 검'을 얻으려고 바친 정성과 비슷한 것을 함석헌이 남긴 수많은 시와 글을 통해 보게 됩니다. 함석헌이 추구한 영성은 말 그대로 '하나님의 전신갑주'였고, 그것을 얻기 위해 그는 "항상 성령 안에서 기도하고, 깨어 구하기를 힘쓰는" 삶을 살아갔습니다.

# 2.
# 범재신론적인 믿음과 역동적인 역사 이해

함석헌은 하나님이 살아계신 분이요, 지금도 일하시는 분이라는 것을 진실로 믿었고, 깊이 들여다본 사람입니다. 하나님이 지금도 일하고 계시다면, 그래서 새로운 창조가 지금도 일어나고 있다면, 이제까지 하나님을 증언해온 교리를 모두 합한다고 하더라도 지금 새로운 일을 하고 계시는 하나님을 모두 대변할 수 없다고 봐야 할 것입니다. 따라서 믿음이 교리적 독단에 빠지게 된다면, 그것은 자기 술에 취한 어리석음을 드러내는 일이 되고 말 뿐입니다. 따라서 함석헌은 "종교와 진리를 바꾸지 않는 사람이 종교를 가진 사람이요, 진리와 생명을 바꾸지 않는 사람이 진리를 아는 사람이요, 생명과 하나님을 바꾸지 않는 사람이 생명을 가진 사람"이라고 말합니다. 종교교리에 대한 충성보다는 진리를 향한 열림이 보다 더 중요하고, 진리에 대한 갈구는 생명살림이라는 뚜렷한 목표를 향해야 하며, 생명의 본질은 하나님과의 관계에서만 밝혀진다는 그의 사상이 이 말에 압축적으로 담겨 있습니다.

함석헌의 사상과 영성은 그가 가진 고유한 신관에 기초합니다. 그에게 하나님은 '기성품의 신'이 아니요, 하나님의 활동은 율법에 갇힌 법칙이 아니라 은총의 자유에서 행해지는 사랑입니다. 함석헌은 그 하나님을 가리켜 '뜻으로 계신 분'이라고 말합니다. 이 말에는 심원하고도 비판적인 사유가 담겨 있습니다. 전문적인 신학용어로 표현하자면, 함석헌은 기독교 신앙을 위기에 빠뜨린 근대의 신관인 '초월적 이신론(transcendental deism)'을 비판하고, '범재신론(panentheism)'을 주장했다는 말입니다. 근대의 전통적인 신학이 오랫동안 '초월적 이신론'이라는 신관에 기초하여 기독교 신앙을 설명해왔고, 그런 이해가 대부분의 교회에서 통용되어왔기 때문에 범재신론에 근거하여 종교사상을 전개했던 함석헌의 주장이 오히려 낯설게 여겨집니다.

그러나 근대 후기에 서구의 기독교 문명이 유물론과 무신론에 잠식당하고, 힘의 복음과 축복의 교리에 물들게 된 가장 근원적인 이유는 바로 '초월적 이신론'이라는 신관에 의해 기독교의 '믿음의 체계(belief system)'가 왜곡되었기 때문입니다. 따라서 오늘날 교회와 신앙의 위기를 극복하기 위한 신학적 모색 가운데 가장 근원적인 해결방식을 범재신론에서 찾고 있는 신학자들이 많다는 사실을 알게 된다면, 함석헌의 종교사상이 얼마나 큰 가치를 갖고 있는지를 올바로 평가할 수 있을 것입니다. 그것은 영성과 기도를 이해하기 위해서도 중요합니다. 왜냐하면 믿음이란 '어떤 분을 향해 있는' 것이고, 기도란 바로 그 '어떤 분'과의 소통이기 때문입니다. 하나님에 관한 이해방식이 영성의 특질과 기도의 내용을 결정합니다.

함석헌은 1934년부터 「성서조선」이라는 잡지에 "성서적 입장에서 본 조선역사"라는 글을 연재했고, 그것을 모아서 1950년에 책으로 펴냈습니다(1965년 4판에서 제목이 『뜻으로 본 한국역사』로 변경됨). 그는 한국 민족이 경험한 수난의 역사를 하나님의 심판이 아니라, 하나님의 '뜻'이라는 관점에서 읽어냅니다. 그것은 그가 하나님을 "원료를 가지고 마음대로 기계를 만드는 공예가"가 아니라, "생명이 있는 종자를 심어 스스로 자라게 하는 농예가"로 이해했기 때문입니다. 그는 전자를 가리켜 "정적·기계적 신관(神觀)"이라 하고, 후자를 "동적·생명적 신관"이라고 말합니다(17: 111).

함석헌이 주장한 '동적·생명적 신관'에 따르면, 하나님은 단지 "있는 이"라기보다도 "영원히 있으'려'는 뜻"입니다. 다시 말해, 하나님은 이미 완성되었기 때문에 불변하는 분이 아니라 '영원의 미완성'으로서 지속적인 창조를 하시는 분으로 이해됩니다. 하나님이 '무엇이려는' 분이기 때문에 역사와 우주에도 변화와 운동이 있게 됩니다. 함석헌은 그것을 이렇게 표현합니다. "역사는 영원의 층계를 올라가는 운동이다. 영원의 미완성곡이다. 하나님도 죽은 완성이라기보다는 차라리 영원의 미완성이라 하는 것이 참에 가깝다. 그렇기 때문에 만물이 쏟아져 나오는 것이요, 그렇기 때문에 역사의 바퀴가 구르는 것이다."

신관(神觀)은 단지 하나님에 대한 특정한 관념에 머물지 않습니다. 신관은 우주론의 다른 이름이요, 역사관을 결정하며, 인생관과 신앙관을 주도합니다. 불변하는(immovable/impassible) 하나님에 대한 유신론적 관념이 기계론적인 세계관과 숙명론적인 인생관을 낳고, 역동적인 하나님에 대한 이해가 생명적인 세계관과 진취적인 인생관을 낳습니다. 함석헌에게서 후자를 대표하는 사유방식을 발견하게 됩니다. 그는 이렇게 말합니다. "절대와 상대는 서로 마주 서는 것이지만 마주 서기만 가지고는 다 죽는다. 세계는 시시각각으로 낡아가는 세계이지만 그것으로 하나님의 영원을 드러내고, 하나님은 거룩한 하나님이지만 시시각각으로 그 세계에 사랑의 손을 아낌없이 대신다. 이리하여 영원히 새로 워지는 생명의 역사바퀴는 구른다."(2: 207)

위와 같이 우리가 사는 세계를 (죄악의) 법칙에 묶인 기계적인 세계 가 아니라 하나님의 부르심과 뜻을 따라 살아가는 생명의 터전으로 본 다면, 영성의 성격과 기도의 내용도 새롭게 이해됩니다. 영성이 하나님 의 진리를 따라 살아가려는 영적인 갈망이라면, 영원히 새로운 분의 진 리는 항상 새로워지는 것이요, 영성 역시 새로움을 향한 창조적이고도 약동적인 것이어야 합니다. 신앙인의 영성은 믿는 자에게 주어진 '고정 된 기성품'이 아니라 살아서 자라나는 것이요, 기도는 살아있음의 지표 요, 자람의 통로로서 하나님과 세계를 호흡하는 총체적인 활동이 될 것 입니다. 이때 신앙인은 이원론적인 선악의 교리에 매인 사람이 아니라, "넘어지면서 또 일어나면서, 찾으면서 또 깨달아가면서 나아가는 역사 적인 인간"이 됩니다. 이 세계 속에서 생명의 의무를 다하면서, 또한 하 나님의 부르심에 따라 세속의 장벽을 넘어가는 사람이 되는 것입니다.

# 3.
## 전체의 구원을 향한 새로운 종교

    하나님이 새로움을 낳는 분이라면 교회와 신앙 역시 늘 새로워지지 않으면 안 됩니다. 함석헌이 제도적인 교회를 통렬히 비판한 것은 제도 자체에 대한 것이 아니라 교회가 '반동적 보수주의'를 믿음이라 하고, '타협적 추종'을 하나님의 명령이라고 여기면서 새로움을 거부했기 때문입니다. 그가 일찍이 우치무라 간조의 영향을 받아 무교회주의를 옹호했던 것도 이 때문이었습니다. 그는 제도교회가 문명의 "지도자요 개척자"가 아니라, "소유자나 향락자"가 되어버린 사실을 한탄했습니다. 1953년 「대선언」이라는 시를 통해 기성 교회와의 결별을 선언한 것은 교회가 인류를 변혁적인 삶으로 불러일으키는 사명을 감당하지 못하는 낡은 종교로 퇴락했다고 판단했기 때문입니다. 그것은 "시대를 감시하고, 가르치고, 심판하는" 교회의 자격, 즉 "하나님이 주시는 천작(天爵)을 내버리고 세속의 시장"에 들어간 한국 교회에 대한 비판이었습니다.

    그는 이렇게 선언합니다. "낡은 종교는 벗어서 역사의 박물관에 걸어라! 그리고 무기는 지금 건너는 역사 일선의 냇가에서 주워드는 두 서너 개의 조약돌이면 충분하다! 가톨릭의 조직이 훌륭하다고 해도 요컨대 봉건시대의 작품이요, 프로테스탄트의 교리가 날카롭다고 해도 아무래도 국가주의 시대의 산물 아닌가? 그것을 벗어라! 벗고 나서면 새 종교는 발 앞에 있을 것이다."(2: 224) 이 선언은 '제도'나 '교리' 자체에 대한 거부는 아닐 것입니다. 대신 기독교 교회가 제도와 교리를 절대화하며 '힘의 질서'를 구축하고, 그 질서를 유지시킬 '힘의 철학'을 숭상함으로써 하나님으로부터 멀어졌다는 비판입니다. 따라서 그는 해방의 영성을 지닌 '새로운 종교'가 필요하다고 역설합니다. '해방의 영성'이란 힘의 철학을 극복하고 '사랑의 철학'에 의해 주도되는 영성으로서, 전체를 아우르는 사랑과 지혜를 가진 영성이요, 특히 고통당하는 생명과 민중을 구원하는 일에 관심을 가진 영성입니다.

함석헌은 종교가 추구해야 할 참된 영성이란 자기 안에서 전체를 느끼며 전일화(全一化)하려는 사랑의 마음이라고 믿습니다. 그것이 바로 세상 전체를 보듬어 구원하시려는 하나님의 마음일 것입니다. 그는 전체의 해방을 고려하지 않는 영성은 존재론적으로 잘못되었고, 윤리적으로도 나쁜 것이라고 이해했습니다. 그는 이렇게 말합니다. "선한 자 상 주고 악한 자 벌 준다는 것은 소학에서나 하는 방편의 가르침이지 참이 아니다. 참에서 보면 선악이 한 뿌리에 달렸다. 어떤 선도 캐어 들어가면 악에 연접이 되어 있고, 악도 캐어 들어가면 선과 연접이 되어 있다."(3: 269) 그러므로 "내게는 이제 믿는 자만이 뽑혀 의롭다 함을 얻어 천국 혹은 극락세계에 가서 한편 캄캄한 지옥 속에서 영원한 고통을 받는 보다 많은 중생을 굽어보면서 즐거워하는 그런 따위 종교에 흥미를 가지지 못한다."

함석헌이 이렇게 전체의 구원을 강조한 것은 특권의식과 선민의식에 사로잡힌 종교의 거짓을 밝히는 것과 연관되어 있습니다. 그 핵심은 종교가 가난하고 힘없는 민중을 무시하고, 조롱하며, 위험시했던 고질적인 잘못입니다. 그것은 성경의 가르침과 예수님의 삶에 대한 철저한 오독입니다. 함석헌은 "하늘에서 이루어진 뜻이 땅에서도 이루어지려면 하나님이 마구간에서 탄생하고, 세리의 친구가 돼야 하고, 구더기 같은 민중에게 넘겨줌이 되어야 한다"고 말합니다. 기독교의 진리는 '땅에 임한 하늘'을 밝히는 것이요, 신앙의 참된 가르침은 땅 중의 땅인 민중의 마음에 하늘의 마음을 심는 일이라는 것입니다. '민중을 억압하는 정치'와 '정신을 노예화하는 종교'는 늘 같은 뿌리를 지닙니다. 종교는 "스스로 민중의 친구가 됨으로써만 자기와 민중을 살렸다"는 사실을 깨달을 때 새로운 영성을 담을 수 있는 새 부대를 마련할 수 있을 것입니다.

# 4.
## 기도, 고난에 맞선 생명의 거룩한 호흡

　함석헌에게 기도란 하나님께 '드리는' 간구와 그분의 말씀을 '듣고' 깨닫는 과정이 결합된 하나님과의 깊고도 역동적인 대화입니다. 그는 아침마다 오래도록 깊이 침묵·명상했고, 몸을 움직여서 노동하는 수행자로서의 습관을 가졌으며, 일할 때나 쉴 때 찬송가를 즐겨 부르고, 수많은 글과 강연을 통해 믿음의 고백을 토해냈습니다. 그의 기도는 말과 글과 노래와 몸짓과 침묵이라는 다양한 형태를 가졌으며, 거기에는 하나님의 뜻을 향한 갈구와 죄의 고백, 인도하심에 대한 감사와 찬양, 역사와 민중의 아픔에 대한 탄원과 애통, 깨달음을 통해 얻은 기쁨과 하나님 안에서 누리는 안식의 표현 등이 담겨 있습니다. 그에게 기도의 핵심은 하나님께 집중하는 것으로서, 기도의 진실은 '요청'에 앞선 '갈망'에 있고, 그 목표는 '효력'보다 '깊이'에 있으며, 그 방식은 말의 '외침'보다 '묵상과 들음'이었습니다.

　함석헌은 들음(listening)이 없는 일방적인 요청(asking)으로서의 기도, 신앙의 지성(知性) 없이 정서의 간절함에만 의존한 기도를 좋아하지 않왔습니다. 오늘날에도 많은 사람들이 기도를 '산타클로스 할아버지에게 보내는 어른의 편지' 정도로 생각합니다. 이러한 생각에는 신을 이세상의 밖에 거주하며 위기에 처한 인간이 합당한 방식으로 부를 때에야 개입하는 존재로 보는 이해, 기도를 신을 향한 간구와 중보기도로서 초자연적인 존재와 동맹을 맺기 위한 교신수단으로 보는 이해, 인생에서 경험되는 비극과 질병을 형벌로 생각하는 이해 등이 서로 뒤죽박죽 섞여 있습니다. 그것은 믿음이 고난을 회피하는 수단으로 사용되는 경우로서, 고난의 면제를 약속하는 거짓 종교의 현혹에 넘어간 관념적인 영성을 대변합니다.

이와는 달리 함석헌은 고난이란 "생명의 근본원리"요, 생명은 고난에 맞섬으로써 자유에 이르기까지 자라난다고 말합니다. 그가 보는 역사의 현실, 그 속에서의 종교적 믿음의 실상은 이렇습니다. "고를 피하고 낙을 맞으려는 사람은 영원히 고를 못 면할 것이다. 천국에 가면 눈물도 한숨도 없는 데서 영원한 복락을 누릴 줄만 믿는 사람이 참 종교가 무엇임을 모르듯, 모든 싸움을 다 싸워내며 무풍지대의 유토피아가 올 줄로 생각하는 사람은 역사가 무엇인지 모르는 사람이다."(30: 26) 함석헌은 생명현실에서 고난을 피할 수 없다고 보았는데, 그 이유를 다음과 같이 역설적으로 말합니다. "인생에 눈물과 한숨이 있는 것은 저에게 목적 있는 증거다. 목적이 없다면 환난이란 말도 성립되지 않는다. 사람이 도달해야 할 목적이 있으니 고통이지, 목적이 없다면 고통 당할 필요가 없다. 그 목적이란 절대명령이다. 인생의 목적이라면 곧 하나님께로 가는 것, 그것은 절대적인 명령이다."(19: 135)

따라서 함석헌에게 기도는 고난을 피하거나 면제받을 수 있는 길이 아니라, 고난 속에서 하나님께로 나아가려는 생명이 취하는 모든 분투라고 할 수 있습니다. 이 분투는 고난에 맞선 영혼이 지닌 자유에 기초한 것으로서, 이 자유가 생명의 본성이요 종교의 거처가 됩니다. 그러므로 생동하는 종교정신은 영혼의 내면적 활동에 그치지 않고 외부로 육화되며, 개인적인 관심을 넘어 사회적인 영성으로 확대됩니다. 생동하는 신앙은 영성과 지성의 조화를 이루면서 인생의 의무와 역사의 뜻을 분별하고, 그것을 감당하는 근본 동인이 됩니다. 이때 기도는 마음이 길러낸 신앙의 숨결과 행위요, 고난을 딛고 일어선 혼이 얼을 담아 하나님께 드리는 몸과 맘의 제사입니다. 함석헌에게 기도는 "하늘 우러름"이요, "무한에 대한 종교적 애탐"으로서, 고난 속에서 하나님을 호흡하려는 생명의 간절하고도 거룩한 몸짓입니다.

## 참고문헌

김경재. 『내게 오는 자 참으로 오라: 함석헌의 종교시 탐구』. 서울: 책으로보는세상, 2012.

알프레드 노스 화이트헤드. 『진화하는 종교』. 김희헌 옮김. 서울: 대한기독교서회, 2013.

존 쉘비 스퐁. 『새 시대를 위한 새 기독교』. 최종수 옮김. 서울: 한국기독교연구소, 2005.

함석헌. 『함석헌 저작집』. 총 30권. 서울: 한길사, 2009.

# 15장

# 손양원 목사의 기도신학

- 정주채 목사(산돌손양원기념사업회 회장) -

**손양원**(孫良源, 1902~1950)

장로교회 목사이며 순교자이다. 한센병자를 돌보고 두 아들을 죽인 원수까지 사랑하는 등 오직 성경
대로 하나님만을 섬기고, 나라와 민족과 교회의 아픔을 자신의 아픔으로 안고 산 인물로, 한국 교회
100년사에서 세계 교회에 내놓을 수 있는 인물로 평가받는다.

손양원 목사는 한국 교회의 보배요 자랑의 면류관입니다. 세상 어디에 내놓아도, 어떤 사람들과 비교해도 손색이 없는 위대한 성자이며 용서와 화해와 사랑의 사도입니다. 그는 기독교 역사에 해와 같이 빛나는 귀한 인물입니다. 그런 그가 그동안 너무나 묻혀 있었습니다. 그를 새롭게 발견하고, 널리 알리고, 그를 본받아 사는 운동을 일으켜야 하겠습니다.

# 1.
## 손양원 목사의 신앙 성장

손양원은 1902년 경남 함안군 칠원면 구성리 685번지에서 아버지 손종일과 어머니 김은수의 장남으로 출생했습니다. 그는 당시의 어린 아이들처럼 일반 학교에 입학하기 전에 한문서당을 다니며 공부했는데, 그가 자주 한문을 구사하고 한시를 읊었던 것은 어릴 때 했던 이런 공부가 밑받침이 되었던 것으로 보입니다.

그는 열두 살이 되던 1914년 4월 칠원보통학교에 입학하여 1919년 졸업했고, 이어 4월에 서울 중동학교에 입학했습니다. 그러나 부친 손종일 장로가 1919년 칠원의 3.1독립만세운동의 주동자로 구속되면서 손양원은 중동학교에서 퇴학을 당하게 됩니다. 그 후 1921년 손양원은 일본으로 건너가 동경에 있는 스가모중학교 야간부 속성과에 입학하여 1923년에 졸업했습니다. 졸업 후 돌아와 1924년 1월 17일에 정양순 여사와 결혼했습니다.

1909년에 부친이 신앙생활을 시작하면서 손양원도 자연스럽게 교회(구성리교회: 칠원교회의 전신)를 다니기 시작했는데, 그때 그의 나이 7세였습니다. 그리고 16세가 되던 해 1917년 10월 3일 맹호은(본명 F. J. L. Macrae) 선교사에게 세례를 받았습니다.

부친 손종일은 38세 때인 1909년 4월에 예수를 믿기로 결단했고, 5월부터는 교회에 출석하기 시작했습니다. 그리고 1910년 12월 17일에 세례를 받음과 동시에 그 교회의 집사로 임명받았으며, 1919년에는 칠원교회 초대 장로로 장립을 받았습니다. 이런 그의 회심과 이어진 신앙생활은 매우 획기적이고 드라마틱했습니다. 그는 예수를 믿기로 작정하면서 상투를 자르고 머리를 깎았으며, 그토록 즐기던 술과 담배도 하루아침에 끊어버렸고, 조상에게 제사를 드리는 자리에서 제사상을 뒤집어 엎어버리는 등의 행동으로 이웃 사람들에게 '미친 놈'이란 욕을 들었다고 합니다.

그리고 새벽기도와 아침저녁 가정예배, 십일조 연보와 주일 성수를 엄격하게 지키고 실천했으며, 전답을 처분하여 칠원교회당을 세운 것으로 전해지고 있습니다. 또한 손종일은 그 교회의 장로였을 뿐 아니라 그 지역의 유지로서 몇몇 동지들과 함께 칠원장터에서 독립만세운동을 일으켰다가 일경에 체포되어 징역 1년의 옥고를 치렀던 애국지사였습니다.

손양원은 이런 아버지 슬하에서 엄격한 가정교육과 신앙훈련을 받으며 자랐습니다. 후에 그의 생애와 사역에 나타난 철저하고 독실한 신앙생활과 신사참배 반대운동 등은 이 시기에 이루어진 가정교육의 바탕에서 나온 것으로 보입니다.

그리고 손양원은 일본에 유학하는 동안 일본 홀리네스교파(성결교)에 소속된 이타바시(板橋)교회에 출석하여 나카다 주지(中田重治) 목사로부터 큰 감화를 받게 되는데, 후에 그는 그를 신문하는 일본 형사에게 나카다 목사의 설교를 통해 "참된 신앙의 의의를 체득하게 되었다"고 말하고 있습니다. 나카다 목사는 미국에서 신학을 공부했고, 재일 선교사 카우먼(C. E. Cowman)과 함께 동양선교회 성결교회를 조직하여 일본 교회의 갱신을 주장하며 강력한 종말론적인 신앙운동을 일으켰던 인물입니다. 또한 그는 일본의 무교회주의자 우치무라 간조(內村鑑三)와 다카키 미쓰타로(高木任太郎), 구로사키 고키지(黑崎幸吉) 등과 일본 교회 갱신을 위한 신앙운동에 동역했습니다.

그리고 위 인물들은 손양원에게 신학적으로 큰 영향을 끼쳤던 것으로 보입니다. 손양원은 신사참배 반대로 구속되어 심문을 받을 때 "어떠한 서적을 읽는가?"라는 질문에 "주로 기독교에 관한 서적을 읽는데, 우치무라 간조, 다카키 미쓰타로, 구로사키 고키지, 나카다 주지 씨 등의 저서를 애독하고 있습니다"라고 대답했는데, 이들이 바로 위에서 말한 일본 교계 지도자들입니다.

이들 중 우치무라 간조는 무교회주의자였습니다. 손양원이 무교회주의를 신봉했다거나 공개적으로 지지했다는 증거는 없지만, 그들로부터 신앙적으로 큰 영향을 받았을 것이란 사실은 부정할 수 없습니다. 아마 제도적 교회를 부정하는 무교회주의에 대해서는 찬동하지 않았을지라도 그들이 가졌던 성경 중심의 신학과 영성에는 깊이 매료되었던 것으로 보입니다. 그가 무교회주의자 김교신이 발행한 「성서조선」을 애독하면서 그 내용으로 설교까지 했고, 이 때문에 그는 감만리교회의 전도사직을 사임해야 하는 일까지 있었으니 말입니다. 그 후 손양원은 주기철 목사의 지도로 평양신학교에 입학했고, 거기서 그는 한국 장로교의 보수신학을 공부하며 이를 전수받습니다.

# 2.
# 손양원 목사의 신학사상

　　손양원 목사가 자신의 신학사상을 정리하여 저술한 논문이나 책은 없습니다. 주로 그가 남긴 설교 원고들과 옥중서신들, 그가 구속되어 재판을 받는 과정에서 남겨진 신문조서 등에서 그의 신학사상을 엿볼 수 있습니다. 특히 그가 체포되어 여수경찰서에서 받은 신문에 대답한 기록을 읽으면 무슨 신학 교과서라도 읽는 것 같은 느낌을 받습니다. 책이나 그 어떤 자료도 참고할 수 없는 유치장에서 어떻게 그렇게 정리된 내용으로 자신이 믿는 바를 분명하게 진술할 수 있었을까요? 그것은 그의 신앙이 그의 생활과 아무런 괴리가 없었기 때문이었을 것입니다.

## 1) 성경 중심의 신앙

　　그의 신학은 철두철미하게 성경 중심이었습니다. 그가 자신의 설교론을 설파한 적이 있는데, "성경에서 성경을 전부로 삼고, 성경으로 성경을 풀고 싶습니다. 서론도 성경이요 내용도 성경이요 결론도 성경이 되게 하고자 합니다. 즉, 성경으로 시작하여 성경으로 마치고 싶습니다"라고 했습니다.

그의 신학 모토는 '오직 성경'이었으며, 그의 신앙생활은 철저히 성경 중심이었습니다. 성경에 대한 그의 신앙고백은 일본 고등계 형사의 신문에 대답한 말에서 더욱 잘 드러나고 있습니다. 그는 "성경에 대해 여하한 관념을 가지고 있는가?"라는 질문에 "성경에 기록돼 있는 것은 여호와 하나님의 말씀이어서 나에게 있어서는 생명으로도 바꿀 수 없는 절대적인 기록입니다. 나는 교리를 굳게 믿고 인생의 영원한 생명을 얻는 신조로 하고 있는 것입니다. …… 고로 성경은 나의 유일한 신조요 신앙의 목표입니다. 성경 중에 기록된 것은 전부 그대로 굳게 믿고 전부가 실현될 것으로 믿어 마지않습니다"라고 대답했습니다.

미루어보건대 그가 무교회주의자들에게 받은 영향도 그들이 가졌던 무교회주의 신학사상이 아니라 그들의 성경 중심의 신앙이었다는 것을 알 수 있습니다. 그는 말씀 중심의 신앙과 신학을 독실하게 신봉하고 거기에 충성했던 사람이었음을 알 수 있습니다.


## 2) 종말론적인 신앙

손양원 목사의 신학사상에서 두드러지게 나타나는 또 하나의 특징은 세대주의적인 전천년설을 따르는 종말신앙이라는 점입니다. 천년왕국설에는 전천년설, 후천년설, 무천년설의 3가지가 있습니다. 전천년설은 천년왕국 전에 예수 그리스도의 재림이 있다는 학설이며, 후천년설은 그 반대이고, 무천년설은 천년왕국을 신약교회 시대를 상징하는 것으로 해석하여 그런 의미에서 천년왕국은 이미 실현되었다는 주장입니다. 세대주의 전천년설은 구원의 역사에서 시대적인 구분을 하고, 시대에 따라 일어난 역사적인 사건들이나 현재 일어나고 있는 일들을 성경의 예언들과 직접 연결시키면서 종말을 강조하는 것이 특징입니다. 그의 이런 신학사상은 그의 설교에서, 특히 신사참배 반대로 구금되었을 때 남겨진 신문조서들에서 아주 명확하게 나타나고 있습니다.

손양원 목사의 세대주의 말세론은 앞서 언급한 나카다 주지 목사의 영향을 받은 것으로 여겨지는데, 나카다 목사는 그리스도의 재림과 천년왕국의 급속한 도래를 강조했기 때문입니다. 지금은 세대주의 종말론에 신학적인 문제가 있음이 드러나고 있지만, 당시로서는 이것이 대세를 이루고 있었습니다.

그리고 손양원 목사의 말세론에 크게 영향을 미친 또 다른 측면은 일제강점기를 거치면서 형성된 한국 교회의 말세사상입니다. 일제강점기의 암울한 현실은 사람들로 하여금 현실도피적인 생각을 하도록 만들었는데, 이것은 기독교 신자들에게도 많은 영향을 끼쳤습니다. 그러나 기독교 신자들은 현실도피적인 염세사상에 기울어진 것이 아니라 그리스도의 재림으로 이루어질 천년왕국에 대한 소망으로 기울었습니다.

이런 신앙 때문에 손양원 목사는 보이지 않는 것들을 보는 것보다 더 중히 여기며 살았고, 주를 위한 고난이라면 조금도 주저하지 않고 달게 받았습니다. 그는 더 낫고 영구한 소유가 있음을 알았고, 그리스도께서 나타나실 때 칭찬과 영광과 존귀를 얻게 될 것을 확신했기 때문입니다.

## 3) 실천적 복음주의 신앙

손양원 목사는 그리스도의 재림과 천년왕국의 도래를 대망하는 사람이었지만, 내세주의적인 이원론에 빠진 사람은 아니었습니다. 그는 일생 동안 복음전도자로 살았을 뿐 아니라 모든 사람들이 접근하기조차 무서워했던 나환자들을 자기 몸을 사랑함 같이 사랑하며 섬겼던 인물입니다. 그는 배달민족의 근본정신은 '경천애인'임을 강조하며 설교했고, 스스로 이 길을 걸으며 대계명을 실천한 사람입니다. 자신의 두 아들을 죽인 청년을 양아들로 삼은 일도 원수를 사랑하라는 그리스도의 말씀에 대한 순종이었습니다.

그는 하나님의 말씀을 그대로 믿었고 그 믿음에 자기의 인생을 실었습니다. '손불'이라는 별명으로 불릴 정도로 열정적인 설교자였지만, 말로 전한 설교보다 그의 삶을 통한 설교가 훨씬 더 강력했습니다. 48세의 짧은 인생을 살았고 사역기간도 길지 않았지만, 그의 신앙과 사랑의 삶은 천 대까지 이를 만큼 큰 울림을 남겼습니다. 그를 알면 누구나 그 앞에 고개를 숙일 수밖에 없는, 그야말로 그는 '작은 예수'였습니다.

## 4) 순교신앙

손양원 목사의 설교에는 현세적 축복을 약속하는 설교가 없었습니다. 그의 딸 손동희 권사는 "아버지는 하늘나라의 복음을 전하실 뿐 현세의 안락과 풍요를 약속한 적이 한 번도 없었다"고 했습니다. 손 목사의 복음은 고난과 십자가였습니다. 그는 옥중에서 부인 정양순 사모에게 보낸 편지에서 고난이 바로 복이라고 역설했습니다. "내가 항상 말하거니와 고난은 참으로 큰 복이외다. 꿀 같이 달게 받으사이다. 참고 견디기만 하면 이보다 더 큰 대복은 없는 법이외다."

손양원 목사가 순교자가 된 것은 돌발적인 사건의 결과가 아니었습니다. 그는 순교적인 삶을 살았고, 그것의 결과가 순교로 이어졌습니다. 감신대 이덕주 교수의 말대로 "백색순교에서 적색순교"로 이행되는 것입니다. 그는 설교에서 "하나님께 영광 돌리는 일에 손해되는 일이라면 다 내려야 할 것이요, 하나님이 기뻐하시는 일이라면 나의 생명까지도 바쳐야 할 것입니다. 하나님의 영광을 위해 지음 받은 이 몸이니 주 위해 살다가 주 위해 죽는다면 이 이상 더 성공이 있겠는가? 이것이 인생의 고귀한 생활이라 할 수 있는 것입니다."

그리고 대한예수교장로회가 총회 중에 시간을 따로 만들어 최봉석 목사와 주기철 목사의 순교추도예배를 거행했을 때 설교자였던 손 목사는 "우리도 최 목사님과 주 목사님의 피에 따라 순교정신을 가집시다. 나는 이제 살기를 도모하기보다 어떻게 해야 주를 위해 잘 죽을까 결심하고 기도합니다. 갑자기 순교자가 되는 법이 아닙니다. 잘 준비해야 하는 법입니다. 깨끗한 죽음, 귀한 죽음이 되려면 평소에 깨끗하고 아름다운 삶이 따라야 합니다"라고 말했습니다.

그는 자신이 설교했던 대로 우상 앞에 절하지 말라는 계명에 순종하기 위해 신사참배를 반대했고 감옥에 가는 일도 주저하지 않았습니다. 그리고 그는 죽음의 위험을 기어이 피하려 하지 않았습니다. 북한의 남침으로 인민군이 여수 가까이까지 왔을 때 많은 사람들이 그에게 피난하라고 권했지만, 그는 "목자가 양들을 두고 어디로 가겠느냐?"며 끝까지 애양원에 남아 있다가 인민군에게 잡혀서 순교했습니다.

# 3.
## 손양원 목사의 기도신학

손양원 목사가 하나님의 말씀대로 살기 위해, 그리고 나환자들을 섬기는 일을 위해 온갖 고난을 견디며 남다른 희생을 할 수 있었던 것은 기도의 힘이었습니다. 그는 "기독교는 '기도의 종교'이며, 기독인은 '기도의 사람'이다"라고 외쳤던 사람입니다.

### 1) 한국 교회의 기도 전통

주지하다시피 우리나라 초대교회에 나타나는 뚜렷한 두 가지 특징은 '사경(査經)'과 '기도'였습니다. 권서인(勸書人)들이 쪽복음을 나누어주는 것으로 시작된 전도는 한국 교회에 성경애독과 부흥사경회라는 전통을 만들었습니다. 성경애독은 신앙생활의 중요한 일과였고, 문맹자들은 성경을 읽을 목적으로 한글을 배우고 깨쳤습니다. 또 어느 교회에서 사경회가 열리면 멀리 떨어진 곳의 사람들까지 모여 합숙하며 말씀을 듣고 배웠습니다.

그리고 한국 교회는 복음이 들어오고 한 세대가 지나기도 전에 큰 부흥이 일어나면서 새벽기도회가 시작되었습니다. 1907년에 일어난 한국 교회의 획기적인 부흥은 원산에 수련회로 모였던 선교사들의 기도회로부터 시작되었습니다. 이 부흥기에 자연스럽게 새벽기도회가 시작되었는데, 이 기도회는 영계(靈鷄) 길선주 목사가 시작한 것으로 알려져 있습니다. 그는 기독교 신앙을 갖기 전에 선도(禪道)에 심취하여 입산수도에 전념했던 경험이 있는 분입니다. 이런 경험이 새벽기도로 자연스럽게 연결되지 않았나 생각됩니다.

이런 한국 초대교회의 전통과 열심이 손 목사에게도 그대로 전수되었을 것입니다. 그는 성경학교에 다니던 전도사 시절부터 많은 교회들을 순회하며 설교했고, 8.15광복으로 출옥한 후에는 열정적으로 수많은 부흥사경회를 인도했습니다. 이런 확신과 능력은 기도생활에서 비롯되었습니다. 손 목사야말로 사경과 기도 사역에 탁월한 실천가요 지도자였습니다.

그의 아버지 손종일 장로의 획기적인 회심과 철저한 신앙생활은 우리나라 초대교회 신자들에게서 종종 찾아볼 수 있는 모습인데, 아버지의 신앙과 생활이 그 아들에게 그대로 이어졌을 것입니다. 매일 새벽기도회에 참석하는 것은 물론 아침저녁 하루 두 번씩 가정예배를 드리면서 가족들과 함께 그리고 가족들을 위해 기도했던 아버지의 기도생활이 손양원에게는 산교육이요 훈련의 산실이었을 것입니다.

그리고 성결교회의 설립자인 나카다 주지 목사, 그리고 그와 동역했던 일본 교계의 지도자들에게서 받은 영향도 매우 컸을 것입니다. 무교회주의자들의 특징은 개인적인 경건생활이 남달랐다는 것입니다. 곧 말씀 묵상과 기도에 깊이와 열정이 있었습니다. 손 목사의 기도생활에도 이런 열정이 있었는데, 이것은 그들에게서 받은 신앙적인 감화와 무관하지 않을 것으로 생각됩니다.

## 2) 오직 기도

여기서 더 나아가 손 목사는 기도의 중요성에 대해 특별한 인식을 가지고 있었던 사람입니다. 손양원 목사의 설교를 분석하고 연구했던 고신대 양낙홍 교수는 "손 목사의 설교 가운데 가장 많이 강조하고 가장 자주 등장하는 주제는 기도에 관한 것이었다. 손 목사가 가장 자신 있게 느낀 설교 주제는 기도에 관한 것이었던 것 같다"고 말했습니다.

손 목사는 "하루 중 제일 가치 있는 시간이 기도하는 시간"이라고 했으며, "일 중의 일이요 생활 중의 생활이 바로 기도"라고 했습니다. "기도에 실패하면 만사에 실패한다"는 것이 손 목사의 주장입니다. "개인적으로 기독자의 실패가 기도에 있고 기독교의 흥망이 기도에 있으니 실로 기도 여하에 있다"는 것이었습니다. 그는 "오 주여, 나에게서 모든 힘을 빼앗아갈지라도 기도하는 힘 하나만은 남겨주소서"라고 절규했던 사람입니다. 그에게 기도는 영적 전쟁에서 승패를 가름하는 영적 전투였습니다.

"육체와 마귀와 세상을 이기는 힘은 기도뿐입니다. …… 기도는 일대 전쟁입니다. 육체와 나, 세상과 마귀와 내가 전쟁함입니다. …… 오직 우리의 신앙생활이 성경에 부합하게 되는 것은 기도의 전쟁 승패 여부에 달려 있습니다. 때는 말세이니 말입니다. 기도하다가 죽자. 성경

대로 살기 위해!"

　그리고 그는 "기도하는 사람이 되자"라는 제목의 설교에서 자신은 "기도로 살다가 기도로 인생을 마치고자 한다"고 선언했습니다. 그의 선언대로 그는 기도하다가 잡혀가 순교했습니다. 인민군이 그를 체포하러 왔을 때 그는 교회당에서 기도하고 있었다고 합니다. 그는 피난을 가자는 주위 사람들의 권고를 기어이 뿌리치고 강대상 앞에 엎드려 기도하다가 체포되어 순교한 것입니다.

# 4.
## 결언

    손양원은 한국 교회의 보배입니다. 그는 양들을 위해 목숨을 버린 예수님의 사랑의 삶을 따라 산 선한 목자입니다. 그는 용서와 화해의 사도였고, 헌신과 희생의 사람이었습니다. 그는 죽음으로써 순교자가 되었지만, 그의 삶과 사역 역시 순교였습니다. 손양원은 오늘의 한국 교회가 새삼스럽게 주목해야 할 분입니다.

    그는 하나님의 말씀을 목숨보다 귀히 여기며 믿고 순종했습니다. 그는 "큰 확신과 성령과 능력"으로 뜨겁게 말씀을 강론한 설교자입니다. 무엇보다 그는 기도의 사람이었습니다. 그의 삶과 사역의 동력은 기도에서 비롯되었습니다. 기도의 자리가 영적인 에너지의 발전소였습니다.

    한국 교회 안에는 선뜻 이해되지 않는 대조가 나타나고 있는데, 그 것은 기도를 많이 강조하는 사람들은 교회의 사회적 책임을 예사롭게 여기는 경향이 강하고 반대로 교회의 공적 책임을 강조하고 사회 선교에 관심이 많은 사람들은 기도를 소홀히 여기는 경향이 강하다는 것입니다. 그러나 사실 이 둘은 반드시 함께 가야 합니다. 하나님과 친밀한 관계 속에 있지 못한 사람이 영적인 일을 제대로 분별할 수 있다거나 그것들을 수행할 수 있는 성령의 능력을 가졌다고 말하기 힘듭니다. 또한 하나님의 경륜을 알고 하나님 나라가 임하기를 기도하는 사람이 공적인 책임에 둔감하다는 것은 있을 수 없는 일이기 때문입니다. 이런 면에서 손양원 목사는 보수와 진보를 망라한 모든 지도자들에게 훌륭한 본이 되는 사람입니다. 그는 기도의 사람이었고, 나아가 하나님 나라의 큰 일꾼이었습니다.

## 참고문헌

산돌손양원기념사업회 엮음. 『산돌손양원의 목회와 신학』(이만열 외 7명의 논문). 서울:
    한국기독교역사연구소, 2014.

———. 『신사참배 자료집 총서』 Vol. I, II, III(수집 및 번역: 김승태). 서울: 한국기독교역사연구소,
    2014.

손동희. 『나의 아버지 손양원 목사』. 서울: 아가페출판사, 1994.

손동희 편. 『사랑의 순교자 손양원 목사 옥중목회』. 서울: 보이스사, 2000.

안용준. 『사랑의 원자탄』(개정판). 서울: 성광문화사, 2009.

이광일 편. 『손양원 목사 설교집 I, II, III』. 손양원목사순교기념사업회, 1991.

이광일 편. 『손양원 목사 옥중서신』. 손양원목사순교기념사업회, 1993.

차종순. 『애양원과 사랑의 성자 손양원』. 서울: KIATS press, 2008.

# 16장

# 한경직의 경건, 그 구조와 의미

- 김은섭 목사(대덕한빛교회) -

**한경직**(韓景職, 1902~2000)

장로교회 목사이다. 1945년 서울 영락교회 목사로 부임해 숭실대학 학장을 겸직했으며, 대한예수교
장로회 총회장, 숭실대학 이사장을 역임했다. 1992년에 '노벨 종교상'으로 일컬어지는 템플턴상을 수
상하기도 했다.

# 1.
## 들어가며

　　한국 교회사의 태두 민경배 선생은 "한경직 목사님은 한국 교회 신
앙전통사의 정점에 서 계신 분이다. 한국 교회가 복음주의 신앙과 경건
으로 근대 세계사의 기적이라 할 만한 발전을 거듭한 그 역사의 주맥에
서 계신 분이다"라고 평했습니다. 그리고 세계적인 부흥사 빌리 그레
이엄(Billy Graham)은 "한경직 목사님은 제가 가장 존경하고 사모하는 분
으로, 그분의 기도와 후원이 개인적으로나 제 사역에 얼마나 큰 도움이
되었는지 목사님은 아마 상상도 못하실 것입니다. 세계는 가장 위대한
크리스천 지도자 가운데 한 사람을 잃었지만, 천국에서는 사도와 교부
에 버금갈 신앙의 거장을 얻었습니다"라고 회고했습니다. 본고에서는
이러한 한경직의 경건한 삶을 구조적으로 파악하고 그 의미를 살펴보
고자 합니다.

# 2.
## 경건의 형성: 생애

### 1) 국내에서의 배움을 통해

　한경직은 1902년 12월 29일(양력 1903년 1월 27일), 평양에서 동북쪽으로 100리 정도 떨어진 곳에 위치한 평안남도 평원군 공덕면 간리에서 농사를 짓던 한도풍 씨의 3남 1녀 중 맏아들로 태어났습니다. 간리(당시는 자작마을)는 20여 가구가 사는 작은 동네였으나, 이미 복음이 전파되어 마을 사람들 대부분이 예수를 믿고 있었습니다. 그의 집 근처에 교회가 세워져 있어서 그는 예배당 뜰에서 놀면서 자랐습니다. 또한 평생을 교회의 울타리 안에서 공부도 하고 목회도 하며 보냈고, 마지막 삶은 영락교회의 사택에서 마쳤습니다. 따라서 그의 삶은 교회에서 시작해서 교회에서 마쳤다고 해도 과언이 아닙니다.

　그가 제일 처음 배운 성경구절은 친척 되던 이의 큰 부잣집 대문간에 붙여진 말씀으로, 매일 그 집 앞을 지나다니다가 보고 그게 무슨 말인지 어른들에게 물어 배운 요한복음 3장 16절이었습니다. 그는 이로 말미암아 한글을 배우게 되었으며, 그 말씀은 한평생 그의 가슴에 가장 깊이 새겨진 성경이 되었습니다. 곧 예수 사랑의 신앙적 토대가 놓이게 된 것입니다.

그는 집에서 천자문을 배운 다음, 비록 친척이 훈장으로 있던 서당이 있었음에도 불구하고 아버지의 결정에 의해 선교사가 세운 교회학교인 진광소학교를 다녔습니다. 이 학교를 우수한 성적으로 월반하여 졸업한 한경직은 남강 이승훈이 설립하고 고당 조만식이 교장으로 있던 오산학교에 입학했습니다. 기독교인이자 애국자였던 이 두 선각자는 학생들에게 "너희는 커서 나라를 되찾으라"며 애국심을 고취시켰고, 나라를 되찾으려면 옛날 공맹의 도(道)로는 불가능하니 현대과학을 배우라고 했으며, 아무리 애국심이 있고 또 아무리 과학을 많이 배웠다 해도 근본적으로 사람이 못되면 쓸데없으니 예수를 잘 믿으라고 가르쳤습니다. 이렇게 그는 오산에서 예수 사랑과 나라 사랑을 함께 배웠습니다.

오산에서의 영향으로 그는 숭실대학에 입학할 때 이과를 선택했습니다. 그러나 3학년 때 방위량(William N. Blair) 선교사를 도와 책을 번역하기 위해 선교사의 피서지인 소래에 갔다가 저녁에 홀로 해변을 산책하던 중 하나님의 음성을 들었습니다. "네가 갈 길은 네 민족을 새로운 민족으로 만드는 것이다. 그러기 위해 너는 복음을 전파하라." 이 체험은 과학으로 민족을 선진화하여 독립을 이루려던 그의 뜻을 변화시켜 신학의 길로 접어들게 했습니다.

## 2) 국외에서의 배움

숭실대학을 졸업하고 방위량 선교사의 인도와 윤치호 선생의 경제적 도움(여비)을 받아 한경직은 미국 캔자스 주 엠포리아 대학에서 신학을 공부하기 위한 준비로 철학과 심리학 등 인문학을 공부했습니다. 그는 숭실대학에서의 학점을 인정받아 1년 만에 그 학교를 졸업했고, 유서 깊은 장로교 전통의 프린스턴 신학교에 입학했습니다. 학비는 엠포리아 대학 학장의 추천으로 장로교의 멕시코 선교사였던 필립스 선교사의 지원을 받게 되었으며, 나머지 부족한 돈은 식당에서 아르바이트를 하며 충당했습니다. 그는 외국인 최초로 설교상을 받기도 했으며, 학생회장으로 섬기기도 했습니다.

신학교를 졸업한 한경직은 예일대학에서 교회사로 박사학위(Ph.D) 공부를 하려고 했지만, 입학하기 전에 학비를 벌기 위해 일하던 중 그만 폐병에 걸리고 말았습니다. 그 당시는 자연요법인 요양 외에는 폐병을 치료할 수 있는 특별한 방법이 없었습니다. 다행히 결핵요양원 협회장을 알게 되어 뉴멕시코 주 앨버커키에 있는 장로교 요양원에 입원하여 2년 동안 지냈습니다. 그곳은 장로교파의 요양원으로서 신학교 출신인 그에게 입원실을 내주었습니다. 그에게 이때는 기도와 독서의 기간이었으며 새로운 배움의 시간이었습니다. 그는 두 가지를 놓고 기도했습니다. 첫째는 죄를 자복했습니다. 공부하는 학생이 큰 죄는 없었지만, 청년으로서 이름을 날린다는 입신양명의 야심을 가지고 있었습니다. 이것은 허위의식으로 세상을 사랑한 것임을 깨닫게 되었고, 그는 이 죄를 자복했습니다. 둘째는 사역에 대한 것으로서 죽음에 직면하게 되자 학문적으로 계속 공부할 마음이 사라졌습니다. 어릴 때부터 남의 도움을 받아 공부한 햇수가 17년이었는데, 그냥 죽으면 너무 허망하다는 생각을 하게 되었습니다. 그래서 "하나님께서 건강을 주신다면, 3년이라도 고국에 돌아가서 내가 믿는 바를 소신껏 외치다가 나를 부르시면 좋겠습니다"라고 기도했습니다. 이러한 경험을 통해 그는 철저히 겸손하고 온유한 사람이 되었습니다.

그리고 아무것도 없는 식민지 청년에게 끝없는 사랑을 베푸는 기독교인들을 통해 예수 사랑에서 흘러나오는 이웃 사랑을 체험했습니다. 콜로라도 덴버에서 6개월을 더 요양한 다음, 1932년 죽음을 각오한 비장한 마음을 품고 귀국했습니다.

## 3) 귀국 후의 목회사역

귀국 후 그는 당시 평양 YMCA 총무였던 조만식이 세운 숭인상업학교에서 고당 선생의 요청으로 1년간 성경과 영어를 가르쳤습니다. 숭실대학의 교수로도 초빙을 받았으나 사상이 불온하다는 이유로 교수 자격이 주어지지 않았고, 결국 일제에 의해 학교에서 쫓겨났습니다. 그리고 목회의 길로 접어들어 신의주제2교회와 영락교회에서 목회를 했으며, 오늘날 우리가 아는 목회자 한경직이 되었습니다.

# 3.
## 경건의 구조: 신학

한경직은 나라를 잃은 서러움, 신앙의 자유를 찾은 도피와 전쟁의 쓰라린 피난민 체험, 결정적으로 질병으로 인한 죽음의 직면을 통해 "아! 이것이 내 것이 아니구나!" 하는 자각과 동시에 "하나님의 것이구나!" 하는 깨우침이 내면 깊은 곳에서 일어났습니다. "모든 것이 하나님의 것이구나. 내가 가진 물질, 나의 자녀, 심지어 나의 생명까지 하나님의 것이구나!" 하는 청지기 의식을 가지게 되었다. "주신 자도 여호와시요 취하신 자도 여호와시니 여호와의 이름이 찬송을 받을지어다(욥 1:27)"라는 욥의 고백이 그의 고백이 되었습니다. 그런데 이러한 청지기 의식은 말씀, 기도, 감사, 나라 사랑을 그 경건의 요소로 가집니다.

### 1) 말씀

한경직은 교회의 아들로서 말씀의 기초 위에서 살았습니다. 앞서 살펴보았듯이 교회의 뜰에서 자랐고 교회의 뜰에서 죽었습니다.

그에게 학문과 신앙은 따로 떨어져 있지 않았습니다. 초등과정은 교회가 세운 교회학교에서 마쳤습니다. 중등과정은 이승훈이 설립한 오산학교에서 배웠으며, 또한 이승훈이 설립한 오산교회에서 주일학교 교사로 신앙생활을 했습니다. 대학과정은 선교사가 세운 학교에서 오전에는 공부하고, 오후에는 방위량 목사 집에서 비서로 일했습니다. 또한 주일에는 창동교회에 나가 주일학교 교사로 학생을 가르쳤습니다. 그리고 YMCA 운동에 가담하여 부장과 회장으로 활동하며 사경회를 인도하기도 했습니다. 어느 여름에는 전도대를 조직하여 중국에까지 가서 순회전도를 하기도 했습니다. 유학을 다녀와서 숭인상업학교에서 성경을 가르쳤으며, 이후 그의 삶이 다하는 날까지 성경을 연구하고 설교를 하며 목회를 했습니다.

곽선회 목사가 97세 된 한경직을 찾았습니다. 그때 한경직은 "곽목사, 목사가 설교를 못하니 살았으나 죽은 것 같이 늘 마음이 허전해"라고 말했습니다. 이에 "아닙니다. 목사님께서는 지금도 훌륭하게 설교하고 계십니다. 여기 계시며 그처럼 환하게 웃고 계시면 그 자체가 설교입니다"라고 답했다고 합니다.

요컨대 그는 일평생 목회자로 살았습니다. 또한 목회는 말씀 전하는 것, 즉 설교라고 확신하고 있었습니다. 비록 많이 분실되었지만, 지금까지 남아 있는 그의 설교는 약 1,200편에 이릅니다. 한경직에게 말씀, 곧 성경을 읽고 연구하며 그대로 살고, 또 그것을 나누는 것은 그의 삶의 기준이었으며 동시에 원천이기도 했습니다.

## 2) 기도

　한경직의 삶에 있어서 기도는 결코 떼어놓을 수 없습니다. 앞서 언급한 소래해변의 소명경험과 병상에서의 기도 외에도 삶의 전환기에 이를 때마다 그는 기도를 통해 이끌림을 받고 또한 결단했습니다.

　한경직은 태평양전쟁이 진행 중이던 1942년에 일제의 강압으로 신의주제2교회 목회를 그만두게 됩니다. 그리고 목회 중에 그가 세웠던 고아원이자 양로원인 보린원에서 원장으로 지냅니다. 이때 종종 뒷산에 올라 기도를 했는데, 하루는 먼 산을 바라보면서 '앞으로 한국 민족이 어떻게 되려나? 이 민족이 제 이름도 못 가지고, 제 말도 없어지고, 제 문화도 완전히 없어지려 하나? 한국 교회가 아주 없어져서 일본 천황을 섬기는 신도(천리교)의 한 종파로밖에 남을 수 없는 운명인가?' 이런 생각을 하며 눈물을 흘렸다고 합니다. 이때 하나님께서 이상한 환상을 그에게 보여주었습니다. 곧 삼천리가 그의 눈앞에 환하게 보이는데 골짜기마다 아름다운 촌락이 빛나고 있었으며 그 가운데에는 흰 돌로 만든 예배당이 보였습니다. 이 환상을 본 후 그는 당시 우리 민족의 운명이 아무리 어둡다고 하더라도 반드시 하나님께서 이 민족을 해방할 때가 있으리라는 것을 확실히 믿을 수 있었습니다. 그리고 해방 후 이 환상에 따라 흰 돌로 영락교회를 건축했습니다.

　이와 같은 특별한 기도 체험은 어디를 가든지 자신만의 기도 장소를 택하여 정해진 시간에 기도하는 신앙습관으로 말미암았습니다. 프린스턴 재학 중에는 무명용사의 묘지에서, 은퇴 후 남한산성에 있을 때에는 뒷산 기도바위에서 정해진 시간에 꼭 기도했습니다.

　요컨대 한경직에게 기도는 말 그대로 영적 호흡이었습니다. 하나님과 교통하는 방법이었습니다. 그는 이 호흡을 쉬지 않았으며, 하나님과의 친밀한 관계를 깨뜨리지 않았습니다. 기도는 그의 영성에 끊임없이 역동적인 힘을 공급하는 에너지원이었습니다.


## 3) 감사

한경직은 구술 자서전의 책명을 『나의 감사』로 지었습니다. 여기서 그는 마음속으로 외우고 외워 자신의 심정이 된 말씀이 "여호와께서 내게 주신 모든 은혜를 무엇으로 보답할꼬!(시 116:12)"라고 했습니다. 이는 죄인의식, 구원은총 그리고 사명의식으로부터 흘러나온 것입니다.

사실 한경직만큼 치열하게 하나님 앞에서 바르게 살려고 애쓴 사람도 흔치 않습니다. 그는 솔직히 자손들에게 남길 유산이 하나도 없다고 한 사람입니다. 문자 그대로 자신에게 속한 집 한 칸, 땅 한 평도 없는 사람이라고 했습니다. 그 이유는 본래 자신의 몸을 하나님께 바칠 때 온전히 모든 것을 바치기로 결심했기 때문에 재산을 소유한다는 것이 어쩐지 부끄럽게 여겨졌기 때문이라고 했습니다.

그럼에도 불구하고 한경직은 1992년에 템플턴상을 수상하고 귀국한 축하모임에서 자신이 하나님 앞에서, 사람 앞에서 죄를 많이 지은 죄인이라고 했습니다. 그런데 자비하시고 긍휼이 많으신 하나님은 자신을 용서하고 축복해주셨다고 고백했습니다. 그리고 그 축복은 바로 하나님께서 자신에게 부여하신 사명에 있음을 밝혔습니다. 그는 모든 선지자들, 모든 하나님의 일꾼들은 비록 부름을 받는 양식은 다르더라도, 사람마다 경험은 다르더라도 다 하나님의 부름을 받아서 그 자리에 있게 된다고 생각했습니다.

　요컨대 "내가 역시 죄인의 괴수인데, 그리스도께서 십자가 위에서 내 죄를 속량해주셨고, 나에게 이 직분까지 맡기시니 얼마나 감사한가?"라는 감격스런 감사는 그에게 교만하지 않고 늘 겸손하게 주어진 사명을 수행하게 하는 마르지 않는 샘이었습니다.


## 4) 나라 사랑

　한경직의 경건은 한마디로 청지기 의식이라고 할 수 있으며, 이 청지기 의식을 구성하는 마지막 요소는 '나라 사랑'입니다. 여기서 나라는 우선 대한민국을 의미합니다. 그러나 거기에 그치지 않고 나아가 신앙적으로 확장된 하나님의 나라를 가리키고 있습니다.

　한경직은 이 땅 위에서 98년을 살면서 35년, 곧 일생의 1/3이 약간 넘는 시간을 나라 잃은 식민지 백성으로 살았습니다. 그리고 이제 막 해방된 나라에서 엄청난 증오를 낳게 하고 한반도 전체를 황폐화시켰던 한국전쟁을 몸소 체험했습니다. 이러한 그이기에 나라에 대한 애착은 남다를 수밖에 없었습니다. 그리고 한경직이 뼛속 깊은 곳에서 나라를 사랑하게 된 것은 배움의 과정에서 만났던 스승들의 영향도 컸습니다. 진광소학교의 홍기주 선생과 자작교회의 우용진 전도사는 유명한 애국자였던 안창호가 세운 대성학교 출신의 민족주의자였으며, 오산학교의 설립자 이승훈과 조만식 교장은 민족의 지도자들이었습니다. 그들은 한경직에게 예수 사랑과 나라 사랑이 결코 둘이 아님을 가르쳤습니다. 그 결과 그에게 신앙과 애국은 분리되지 않았으며, 신앙을 애국의 원천으로 보았습니다.

그는 기독교인의 사명이 개인과 가족이 영적으로 구원을 받아 영생을 얻을 뿐만 아니라 이 땅 위에 자유민주주의국가를 바르게 건설하고 장차 통일된 국가를 이룩함에 있다고 보았습니다. 그리고 그는 참된 민족주의는 민족 지상주의나 배타주의가 아니라고 생각했습니다. 왜냐하면 하나님이 제일 높기 때문입니다. 그는 내 민족을 옳게 사랑하고 다른 민족에 대해서도 옳은 대우를 할 줄 알아야 한다고 확신했습니다. 그는 민족복음화만이 우리나라를 도덕적으로 중생케 하여 새로운 나라를 건설할 수 있다고 보았으며, 같은 맥락으로 세계복음화만이 세계 모든 인류를 행복하게 만들 수 있다고 보았습니다. 이를 이룩하기 위해 그는 자신의 삶을 하나님께 온전히 바쳤습니다.

요컨대 복음을 통해 우리나라를 새로운 나라, 곧 민주국가로 건설하는 것뿐만 아니라 온 세계를 평화와 화해의 하나님 나라를 건설하고자 하는 나라 사랑은 한경직의 삶과 사역의 지향점이었습니다.

# 4.
## 경건의 의미: 적용

### 1) '안꼴겉꼴'의 신앙유형 제시

한경직은 '여호와의 아름다움'(1967.9.3)이란 제목의 설교에서, 아름다운 사람이 되는 비결은 마음이 고와야 하며 생각이 아름다워야 한다고 했습니다. 얼굴은 생각의 거울이므로 더러운 생각이 마음에 가득하면 어딘가 모르게 얼굴에 반드시 나타나고 만다는 것입니다. 그러면서 아름다워지는 길은 하나밖에 없는데, 그것은 우리가 참으로 죄를 회개하고 하나님의 사랑과 그 화평과 그 즐거움이 우리 마음에 충만하게 되면 언제나 아름답게 된다는 것입니다. 이는 그가 우리 속담의 '겉꼴안꼴'을 바꾸어 '안꼴겉꼴'로 표현한 것인데,이는 '속에 있는 것이 바깥에 나온다'는 뜻입니다.

인간의 영혼이 기독교의 복음으로 변화되면 자연히 그의 말과 행동이 바뀌게 됩니다. 이렇게 개인이 변화되면 가정이 행복하게 되고, 가정에 기쁨이 넘치면 사회가 건전하게 되며, 나아가 국가가 부강하게 됩니다. 개인의 변화는 개인으로 끝나는 것이 아니라 결국 이 민족의 장래에 영향을 끼치게 되는 것입니다. 한경직은 그의 삶을 통해, 사역을 통해 이러한 기독교의 정수를 보여주었습니다.

## 2) 신앙과 애국의 조화

한경직은 소래해변에서 하나님의 부르심을 받아 우리 민족의 정신적이고 영적인 방면에 헌신하기로 결정했고, 앨버커키의 장로교 요양원에서 폐병으로 죽음에 직면했을 때 자신의 모든 삶을 주님과 민족을 위해 바치기로 결단했습니다. 이후 그는 결단한 그대로 살았습니다. 소명에 응답하여 사명을 완수했습니다.

한경직은 죄, 무지, 가난을 우리 민족의 병폐로 보았고 전도, 교육, 봉사를 통해 이를 해결하고자 했습니다. 그는 영락교회의 3대 목표를 이와 같이 정했습니다. 기독교의 복음을 전하기 위해 교회를 세우고 방송전도, 문서전도, 구두전도 등 다양한 전도방식을 개발하여 사용했습니다. 교회에서 가르치는 사역을 진행했을 뿐 아니라 초등학교, 중학교, 고등학교, 상업고등학교, 신학교, 대학교 등을 세워 인재를 양성했습니다. 고아원, 모자원, 양로원, 장애아를 위한 시설들을 만들고 도움이 필요한 사람들에게 구제의 손길을 뻗었습니다. 그에게는 예수를 사랑하는 것과 나라를 사랑하는 것이 분리되어 있지 않았습니다. 곧 신앙과 애국은 다른 개념이 아니라 목회라는 도구를 통해 하나로 연결되었습니다.

# 5.
## 나오며

한경직은 교파를 초월하여 한국 교회가 인정하는 유일한 목회자이며, 대한민국 정부가 인정하는 애국자이고, 세계가 인정하는 유일한 한국의 종교인입니다. 이는 한국의 모든 교단으로부터 인정받는 목회자가 한경직 외에 아직 없다는 사실로 확인되며, 대한민국 정부가 그에게 수여한 무궁화장과 건국공로장을 통해 알 수 있습니다. 그리고 종교계의 노벨상이라는 템플턴상을 받은 유일한 한국인이라는 것으로 증명됩니다. 한경직은 방지일이 평하는 것처럼 한국 교회의 표준입니다. 그리고 그 바탕에는 한경직의 경건한 삶이 놓여 있습니다.

## 참고문헌

김은섭 외. 『한경직 목사와 한국 교회』. 대한기독교서회, 2015.

김은섭 편. 『한경직 목사 설교 전집(전 18권)』. 한경직목사기념사업회, 2009.

_____. 『한경직 목사의 사상과 사역』. 나눔사, 2014.

김은섭. "한경직, 그의 영성과 영향". 『한국 교회사학회지』. 2011.5.

한경직. 『나의 감사』. 두란노, 2010.

# 17장

이현필의
'기도의 신학, 경건의 실천'

- 정성한 목사(한국기독교공동체연구소) -

**이현필**(李炫弼, 1901~1933)

일제강점기 독립운동가이자 기독교 수도공동체를 이끌던 종교인이다. 모든 생명에 대한 사랑을 품은 이세종의 토착적 영성의 핵을 계승한 인물로, '한국의 성 프란치스코', '맨발의 성자'로 불릴 정도로 예수의 삶과 성경 말씀을 실천했던 신앙의 뿌리로 평가받는다.

# 1.
## 이현필의 생애

　이현필(1901~1933)은 1913년 1월 28일 전라남도 화순군 도암면 권동(용하리)에서 아버지 이승노 씨와 어머니 김오산 씨 사이에서 3남매 중 막내아들로 태어났습니다. 이현필은 어렸을 때 '싹뿌리'라고 불렸는데, 그 까닭은 막둥이인 그가 일곱 살이 될 때까지 어머니 젖에 매달려 귀찮게 굴었기 때문이라고 합니다. 어린 이현필은 비록 가난한 농가에서 태어났지만, 부모와 온 마을 사람들의 사랑 속에서 자라났습니다. 싹뿌리는 너댓 살 때부터 가난 속에서 굶주리는 엄마의 배고픈 사정을 눈치 채고 엄마의 배를 채워주기 위해 애를 썼습니다. 집에서 품앗이 일꾼들을 얻어 일을 하게 되면 엄마가 부엌에서 밥을 하게 되는데, 그때마다 엄마에게 자기 밥과 국을 많이 달라고 해서 결국 엄마에게 주고는 자신은 일꾼들 사이를 돌아다니며 한 수저씩 얻어먹었다고 합니다. 그러나 이현필이 훗날 스스로 고백한 바에 따르면, 어린 시절 자신을 매우 욕심 많고 비겁하고 간교한 성격의 소유자로 표현했습니다.

　이현필이 본격적으로 기독교 신앙을 접하게 된 시기는 1930년경

18세의 나이에 이세종(1877~1942) 선생을 만나게 되면서부터로 보입니다. 이현필의 고향에는 개천산(開天山) 또는 천태산(天台山)이라 불리는 산이 있었습니다. 사실 이현필이 다녔던 보통학교도 천태보통학교입니다. 그가 살고 있던 마을에서 그리 멀지 않은 거리인 그 개천산 밑 등광리에 바로 이세종이라는 분이 살고 계셨습니다. 그 이세종이 산중턱에 산당을 짓고 기도하고 수도하면서 신령처럼 살고 있다는 소문이 나 있었습니다. 이현필은 호기심에 이끌려 마을 친구들과 함께 그곳을 방문하게 되었고, 이 방문이 계기가 되어 기독교 신앙에 입문하게 된 것입니다. 이현필이 본 이세종 선생은 생활과 삶으로 예수를 믿고 있었습니다. 땀 흘려 힘들게 모아 온 재산도 절반은 장로교단의 전남노회에 바친 후 남은 절반마저 가난한 이들과 소작인들에게 다 나눠주고 자신과 아내 두 식구가 겨우 연명할 정도만 남겨두었습니다. 남편의 이해할 수 없는 행동에 부인이 심지어 다른 남자에게 시집을 가고 없어도 믿음으로 성경연구와 기도로 평화로운 삶을 살고 계셨습니다. 그의 삶은 '이공(李空)'이라는 호에서 드러나듯, 자신의 모든 것을 이웃들에게 다 나누어주고 더 이상 아무것도 없이 하나님 앞에 모든 것을 비운 '자기 비움[空]', '빈 껍질' 그 자체였습니다. 10대 후반의 이현필은 집에 돌아와 자리에 누워 있어도 연인에게 끌리듯 이세종이 그리워지며 하루에도 수없이 개천산을 바라보곤 했다 합니다.

이현필이 예수를 믿고 등광리 이공(이세종)을 찾아다니며 성경을 배우자 그의 부친은 웬 미치광이를 따라다니느냐며 몹시 꾸짖었습니다. 이후 이현필이 친형과 함께 고향 다도면 면서기 시험에 합격하기도 했으나 그 자신은 면서기 되기를 포기했습니다. 그러던 차에 이세종 주변을 오가던 도회지 광주의 목회자들에게 영향을 받아 그도 광주로 진출하여 큰 교회 목사들을 추종하며 광주 변두리에 있는 교회에서 전도사 일을 보기도 합니다. 이후 이현필은 1939년 그의 나이 27세 때 22세의 황홍윤과 결혼합니다. 이현필의 이런 행보는 사실 스승 이세종의 가르침을 배신하는 것이었습니다. 이세종은 순결사상을 가르치고 있었는데, 예수를 믿는 사람은 육신으로도 정절을 지켜야 한다는 것과 결혼생활까지도 금해야 한다는 사상이었습니다. 이세종 본인도 순결사상을 실천하여 부인과 해혼(解婚: 부부가 한 집에 살면서 부부관계를 갖지 않는 생활) 상태에 있었고, 그의 영향으로 한때 광주를 중심으로 '독신전도단'이란 것이 조직되기도 했습니다. 이현필은 결혼한 직후 아내와 함께 스승 이세종을 찾아가 보란 듯이 말했습니다. "고독한 산중에서 묵묵히 썩을 수는 없었습니다. 인생으로 태어나 날개 한 번 펴보지 못하고 죽기란 너무 억울했습니다. 세상에 나가보니 사방에서 저를 불렀습니다. 보십시오. 그래서 이렇게 결혼도 했습니다. 저희들의 결혼을 축하해주십시오." 이 자리에서 이세종은 말할 수 없이 괴롭고 슬픈 얼굴로 "남매같이 깨끗하게 사시오" 하며 권면합니다. 이후 3년쯤 지나 부인이 자궁외 임신으로 죽을 고비를 넘긴 것을 계기로 이현필은 다시 스승 이세종에게 돌아오게 됩니다. 이때가 1942년 이현필의 나이 30세, 부인은 25세였는데, 이때부터 이현필은 스승처럼 부인과 남매관계로 지내게 됩니다. 그런데 이현필이 스승에게 돌아온 1942년은 이세종 선생이 사망한 해(6월 4일)이기도 합니다. 이세종은 죽기 직전 제자들에게 유언처럼 "나 떠난 뒤에 나 같은 사람 한 사람 만날 것이오"라고 했다고 합니다. 얼마 후 이현필은 바로 "나 같은 한 사람" 제2의 '이공'이 되어 제자들 앞에 나타났습니다. 이제 이현필은 스승의 가르침과 삶을 그대로, 아니 어쩌면 더 철저히 살아가게 됩니다.

화순군 도암면을 중심으로 기도와 말씀생활에 전념하던 이현필은 복음의 진리를 애타게 찾던 오북환이라는 목공소 사장의 초청으로 전라북도 남원을 방문합니다. 이 만남을 계기로 이현필은 남원을 중심으로 지리산 자락 일대와 섬진강을 따라 수도생활을 하며 제자들을 모아 성경을 가르치고 훈련합니다. 이 교육은 경건생활과 노동이 엄격히 결부된 것으로 한국 최초 기독교 공동체의 시작을 알리는 것이었습니다. 이때가 그의 나이 31세인 1943년경입니다. 그러나 이현필과 제자들의 신앙과 공동체 삶은 주변 기성 교회들에게 큰 도전임과 동시에 많은 이단 시비를 낳았습니다. 이런 일을 계기로 이현필과 제자들은 1947년경(?) 남원을 떠나 광주로 활동의 중심지를 옮기게 됩니다. 이들은 광주 YMCA 회관 주변과 양림동 다리 밑 움막들을 거처로 삼아 넝마와 탁발로 살면서 가난한 사람들을 섬겼습니다. 스스로 거지가 되어 낮은 곳으로 내려가 '나는 없고 주님만 계시는' 자기 부정의 삶을 살아갔습니다.

　　이현필이 세운 동광원은 1949년 여순사건의 여파로 생긴 수많은 고아들을 데려다 기르는 데서 시작된 것입니다. 동광원은 야고보서 1장 27절 "하나님 아버지 앞에서 정결하고 더러움이 없는 경건은 곧 고아와 과부를 그 환란 중에 돌아보고 또 자기를 지켜 세속에 물들지 아니하는 이것이니라"는 말씀에 따라 세워진 고아원에 붙여진 이름입니다. 이렇듯 동광원은 처음에는 고아 사업을 위해 시작된 단체이지만, 지금은 순수한 수도단체가 되어 있습니다. 동광원은 현재 전라북도 남원시 대산면 운교리에 본원, 경기도 고양시 덕양구 벽제동에 벽제분원, 전라남도 화순군 도암면 호암리 중촌에 화순분원이 있으며, 동광원 산하에 광주시 남구 봉선동의 사회복지법인 귀일원이 있습니다.

이현필은 1964년 3월 17일, 그의 나이 53세로 하나님의 부름을 받았습니다. 광주를 중심으로 활동하던 이현필은 그의 마지막을 서울 인근의 경기도 벽제 동광원에서 제자들과 보냈습니다. 제자 김준호의 증언에 의하면, 그가 해골같이 병든 약한 몸을 이끌고 굳이 광주에서 서울까지 마지막 여행길에 오른 이유는 종로 사거리에서 "음란과 사치로 이 세상이 망할 것이니 회개하라"고 외치려는 것이었다고 합니다. 이현필은 운명하면서 유언하기를 "내 시신에 관을 쓰지 말라. 나는 죄인이니까 거적때기에 싸서 내다 파묻으라. 무덤은 평토장으로 해서 죄인의 시체니까 아무도 모르게 하고 아무나 함부로 밟고 다니게 하라"고 했다고 합니다. 그는 자신을 안타까이 지켜보고 있는 제자들을 향해 "제가 먼저 갑니다. 다음에들 오시오!" 하며 마지막 인사를 하고 조용히 눈을 감았습니다.

# 2.
## 날마다 기도하며, 날마다 그렇게 살며……

이현필이 남겨놓은 동광원의 신조는 다음과 같습니다.

① 하나님의 거룩하신 뜻을 따라 은총으로 순결하게 산다.
② 하나님을 믿고 의지하고 모든 이웃을 사랑한다.
③ 지향이 같은 형제자매들이 모여 공동체 생활을 한다.
④ 모든 교파를 초월해서 담 없이 산다.
⑤ 고아와 과부를 그 환란 가운데서 돌아본다.

이 신조를 간단한 단어들로 표현하면, '순명, 순결, 청빈, 노동, 나눔의 삶, 섬김의 사랑'이라고 할 수 있습니다. 사실 이런 단어들은 '하나님을 향하여 집중하고, 이웃을 향하여 집중하는 삶'을 살 때만 나올 수 있는 거룩한 언어들입니다. 그렇다면 어떻게 이런 삶이 가능할까요? 이현필의 기도가 갖는 의미를 통해 살펴봅니다.

## 1) 이현필에게 기도는 예수의 삶을 따라 살기 위한 몸부림 같은 것입니다

　이현필은 자신의 제자들을 철저히 예수님의 삶을 따라 살도록 생활 훈련을 했습니다. 침묵 속에 고요한 묵상, 몇 시간이고 무릎 꿇는 기도의 자세, 두 무릎 위에 가지런히 손을 모으고 부르는 찬송, 검소한 무명 옷차림, 고무신, 거지 음식보다 못한 최하의 음식, 그런 음식조차 선생의 훈련에 따라 땅에서 먹는 겸손, 아무 장식이 없는 숙소, 소박하고 검소하며 일체의 형식을 초탈한 삶을 훈련했습니다. 이런 '예수의 삶'을 살아내기 위해 그들은 끊임없이 기도했습니다. 이현필의 하루 24시간은 기도생활이었고, 기도는 그의 삶이었습니다. 해가 지면 거의 자리에 눕지 않고 들에 나가 이슬을 맞으며 밤새 묵상했습니다. 제자들이 방에서 잠깐 잠들었다가 깨보면 그때까지 움직이지 않고 있었습니다. 제자들이 "선생님, 모기가 많은데 낮에 기도드리시지요" 하면, "기도는 하는 게 아니라 은혜를 받는 시간입니다"라고 대답하며 주님과의 무아지경에 빠져 기도에 몰입했습니다. 이런 가운데서도 어려운 사람이 찾아오면 밤새 그의 이야기를 들어주었고, 그 사람이 간 뒤에는 하루 한 끼 하던 식사도 그만두고 그 사람의 문제 해결을 위해 기도했습니다. 추운 겨울 지리산에서 오랫동안 금식하며 기도하는 제자를 위해 험한 눈길을 맨발로 걸어와서는 제자의 기도가 끝나기를 밤새 서서 기다리다가 품속에 고이 간직해온 떡덩이를 내놓고 다시 말없이 돌아서 산길을 내려가는 선생이기도 했습니다.

　이현필이 병중에 있을 때 제자들과 글로 대화를 하며 남겨놓은 다음과 같은 내용의 글이 있습니다.

예수님을 너무 얕게들 찾고 있습니다. 예수 믿는 일은 주님과 그 당시 제자들의 생활과 교제에 있습니다. 주님의 생애를 좀 더 알려고 하지 않고 자기들 스스로 생활을 영위합니다. 각 개인 각자의 종교요 주님이 보이신 길이 아닙니다. 모두가 곁길로 가면서 주님만 부릅니다. 믿는 일은 봉사생활이나 기도생활이지 금식고행이나 찬송예배만이 아닙니다. …… 주님 걷던 길을 찾아 눈물로 걷고 제자들이 주님을 어떻게 모셨는가를 착실히 알아 우리도 그같이 주님을 아는 일입니다. 가짜의 화려한 종교, 세상 사람이 좋아하는 종교는 언뜻 보기에 웅장하고 화려하고 음악이 있고 예술이 있고 취미가 진지하나 참 구원과 참 생명과 영원의 빛은 떠나 있습니다.(1956년)

이현필에게 기도란 예수의 삶을 따르기 위한 몸부림 같은 것이었습니다.

## 2) 이현필에게 기도는 나를 낮추어 더 낮은 사람들과 함께하려는 것이었습니다

한국전쟁 이후 동광원에는 전쟁고아들이 많이 들어와서 살았습니다. 그러나 고아들은 동광원의 엄격한 생활과 훈련을 싫어하여 빠져나가는 경우가 많았습니다. 그들은 광주 양림천 다리 밑 거지들에게 가서 그들과 합류하고 한 번 거기에 들어가면 도무지 나오려 하지 않았습니다. 이것을 본 이현필은 제자들에게 광주 시가지를 흐르는 양림천이나 방림천 다리 밑에 거지막을 치자고 했습니다. 제자들은 쓰레기더미에

버려진 마대자루나 헌 가마니, 막대기 등을 주워와 다리 밑에 거지막을 지었고, 거기에서 고아들을 데리고 살았습니다. 이 일에 남자 제자든 여자 제자든 모두가 참여했습니다. 사람들이 이현필에게 "예수 잘 믿으려면 어떻게 해야 합니까?" 하고 물으면, "오장치를 짊어지고 나서라"고 대답했습니다. 거지가 등에 지고 다니는 것이 오장치(오쟁이)이니, 곧 거지가 되라는 뜻이었습니다. 이현필은 실제로 제자 김준호에게 성경을 가르쳐주기보다는 걸인 한 명을 스승처럼 붙여줘 같이 다니게 했습니다. 탁발생활을 몸에 익히게 하려는 것이었습니다. 이와 같은 낮아짐은 자기 부정을 통해 가능한 것이고, 자기 부정은 기도 없이는 불가능했던 것입니다.

## 3) 이현필의 기도는 욕정과의 투쟁, 자기와 세상을 이기는 투쟁이었습니다

이현필의 스승인 이세종은 제자들에게 순결사상을 가르쳤습니다. 순결은 남녀 간의 성적인 문제를 직접적으로 일컫는 것이지만, 그 근원은 식욕과 관련되어 있다는 것이 이세종의 생각이었습니다. 이세종 선생은 자신의 설교에서 "인간은 식욕이 패하면 자연히 색욕이 패한다"라고 말했습니다. 이세종 선생이든 이현필이든 극도로 음식을 절제한 것은 정욕을 이기고 성결하여 궁극적으로는 순결을 통해 성경의 진리 안으로 깊이 들어가기 위해서였습니다. 그러므로 음식의 절제와 아내와의 부부관계 정리(해혼)는 거의 동시에 이루어지는 것이었습니다. 실제로 이현필도 스승의 가르침으로 돌아가면서 부부관계를 정리함과 동시에 극단적인 음식절제에 들어갔습니다. 그리고 그 두 가지 어려움을 기도로 극복해갔습니다.

## 4) 이현필의 기도는 사회와 역사의 부조리를 꿰뚫어보는 눈이었습니다

이현필과 제자들은 밤낮으로 숨어서 수도하며 기도만 하는, 세상에 대해서는 무관심과 무책임으로 일관한 사람들이 아니었습니다. 그들은 가난한 사람과 사회의 부조리에 대한 걱정으로 밤잠을 이루지 못하는 역사의식이 있는 사람들이었습니다. 이현필의 제자들에 따르면, 그는 신비적인 체험이 많으면서도 현실의 실제적인 문제에도 매우 밝았습니다. 그리스도인들이 신비를 무시하고 사회 참여를 하면 세속화를 조장하여 위태롭게 된다고 보았습니다. 그리스도인들의 현실 참여가 무력하거나 세상에 많은 병폐를 끼치는 것은 하나님과의 교제가 없기 때문이라고도 했습니다. 또 진정한 신비 체험은 하나님의 참사랑을 맛보고 능력을 얻기 때문에 염세주의도 현실도피도 될 수 없고, 오히려 세상의 부조리에 맞서 용감하게 싸우게 한다고 가르쳤습니다. 그는 어디를 가든지 화해와 평화가 이루어지게 했습니다. 그는 신비가임과 동시에 지극히 현실적인 사람이었습니다. 이것을 가능하게 한 것은 그의 기도였습니다.

## 5) 이현필의 기도는 이 땅에서 주님의 몸인 공동체를 이루는 것입 니다

이현필이 그의 스승 이세종을 넘어서는 부분이 있다면, 그가 처음 부터 제자들과 공동체로 살았다는 데 있습니다. 그의 주님 사랑에 기초 한 이웃 사랑은 제자들을 비롯한 이 땅의 모든 가난한 이들, 더 나아가 산천초목과 어우러져 사는 공동체로 귀착되었습니다. 동광원이나 귀일 원은 그의 삶을 표현한 기관들입니다. 그는 제자들에게 초대교회의 공 동체 정신을 아주 분명하게 가르쳤습니다.

부디 부탁하오니 아무도 하지 않는 그 방법에 봉사하십시오. 반드시 주님이 기뻐하신 일입니다. 하나님의 크신 뜻은 그 거룩한 한 가정을 택 정하사 이 우주를 새롭게 하시려는 뜻입니다. 그 가정 장래가 곧 교회요, 그 나라요, 새 천지올시다. 다 한 가족이 되고 한 형제가 되고 한 지체가 되는 일입니다. 그것이 믿는 일입니다. 주님 일입니다. 하늘나라입니다. 한 지체가 안 되고 한 나라가 안 된다면 그것은 주님이 세우신 교회가 아 니고 인간 조직의 집회입니다. 초대교회는 처음부터 의심 없이 한 가족으 로 살고 한 형제로 꼭 알았습니다. 그것만은 틀림없는 것입니다.(1956년)

# 3.
## 어떻게 적용할까?

이현필의 기도는 두 가지 중요한 양면성이 있습니다. 첫째는 하나님께 집중함으로써 자신의 죄인 됨을 깨달음과 동시에 신비한 은혜를 체험함으로써 하나님과 일치됩니다. 둘째는 여기에 근거해서 이웃에 집중함으로써 가난한 백성과 일치됩니다. 보통 첫 번째의 경우를 기도라 일컬을 수 있다면, 두 번째 경우는 기도에 응답하는 삶으로 정리할 수 있을 것입니다. 그러나 이현필의 삶에서는 이 두 가지가 분리되지 않습니다. 그는 하나님과 일치함과 동시에 가난한 백성과 일치하고 있기 때문입니다. 이것이 이현필의 양면성입니다. 이 양면성을 가능하게 하는 것이 기도입니다.

이현필의 기도 신학을 어떻게 우리 한국 교회에 적용할 수 있을까요? 우선 이현필의 기도에 견주어볼 때, 우리의 기도는 너무 피상적이고 나 개인이나 가족의 평안을 중심으로 이루어진다는 사실을 확인할 수 있습니다. 우리의 기도가 복음서를 읽고 그 가운데 나타난 예수의 삶을 따라 살기 위한 몸부림이었던 적이 있을까요? 나를 낮추어 더 낮은 사람들과 함께하려고 성령님의 도우심을 간절히 구하는 기도인 적은 더욱 없었습니다. 하루를 시작하며 드리는 우리의 기도는 무엇일까요? 오늘도 평안한 발걸음을 구하고, 하는 일에 좋은 성과가 있기를 간절히 간구하며, 남에게 해를 당하지 않고 무사하기를 바라는 기도입니다. 이현필은 우리에게 기도를 통해 자기 자신과의 싸움에서 이기고 세상에서 하나님의 자녀로 거룩하게 살도록 가르칩니다. 또한 세상의 온갖 부정부패와 타락을 바로 꿰뚫어보고 그것을 피하는 것만이 아니라 싸워 이겨내고 소금과 빛의 예언자적 삶을 살아가려는 몸부림치는 기도를 하라고 간절히 권고합니다. 이런 기도를 통해 우리 그리스도의 제자들은 이 땅의 모든 백성과 더 나아가 모든 피조물들까지도 공동체를 이루어 하나님 나라를 이룰 수 있는 것입니다.

## 참고문헌

김금남 편저. 『동광원 사람들』. 남원: 도서출판 사색, 2007.

엄두섭. 『맨발의 성자 이현필』. 서울: 은성출판사, 1992.

# 18장

## 늦봄 문익환

- 조헌정 목사(향린교회) -

**문익환**(文益煥, 1918~1994)

장로교회 목사이자 신학자, 시인, 사회운동가이다. 통일이 곧 민주화라는 진보적 기독교인들의 신념
에 따라 통일운동과 민주화운동에 참여했으며, 성서학자로 활동하며 신구교 공동구약번역 책임위원
으로 일하기도 했다.

소설가 김형수가 지은 『문익환 평전』은 문익환(文益煥, 1918~1994)을 이렇게 말합니다. "신학자로서, 목회자로서, 시인, 번역가, 언어학자로서 그리고 무엇보다도 실천하는 예언자로서, 문익환은 우리 시대의 중심에서 불꽃같은 생을 살았다." 그가 심장마비로 갑작스런 죽음을 맞이했을 때 대학로에서 진행한 노제에서 그의 영정이 움직이자 누군가 격정을 못 이기고 큰 소리로 외쳤습니다. "이렇게 해서 20세기가 서울을 뜨는구나!"

그렇습니다. 문익환은 단순히 한국기독교장로회 교단 소속의 목사로서 사회선교와 통일운동에 앞장선 사람이 아니라 이 시대가 낳은 진정한 예언자였습니다. 문익환은 국가 독재권력에 저항한 민중의 대변자로서, 그리고 구약 예언자들의 외침을 가장 확실하게 보여준 사람으로서, 히틀러 독재정권을 비판하다가 형장의 이슬로 사라진 본회퍼와 자주 비견됩니다. 문익환과 같이 뜨거운 영성과 깊은 지성 그리고 사회적 실천을 통해 사회에 깊은 울림을 준 이는 매우 드뭅니다. 남북한의 많은 사람들이 문익환 목사를 기억하는 모습은 김일성 주석과 만나는 장면입니다. 큰 웃음을 지으며 두 팔을 활짝 펼치고 다가가 그를 힘 있게 껴안는 장면은 이념의 굴레와 법의 경계를 뛰어넘은 화해의 사도로서의 모습입니다. 그 누가 이 모습을 상상이라도 할 수 있었겠습니까! 남에서는 반국가단체의 괴수로, 북에서는 신의 위치에 맞먹는 절대 권력자였던 김일성 주석을 품에 안는 장면은 감히 예수 그리스도의 복음의 힘이 아니고서는 할 수 없는 일이었습니다. 북의 주민 가운데 '문익환 목사선생'(북에서는 이렇게 호칭한다)을 모르는 사람은 거의 없습니다. 가장 확실하게 기독교 선교를 한 셈입니다.

# 1.
## 가족 배경

    대한제국이 외세에 의해 풍전등화와 같이 흔들리던 1899년 2월 28일, 관북의 네 가문 141명은 북간도에 새로운 공동체를 만들고 나라를 일으킬 인재를 키울 것을 약속하고 함께 국경을 넘습니다. 문익환의 고조부 문병규는 이 새 공동체의 웃어른이었습니다. 일제강점기 북간도의 대통령으로 불렸던 김약연, 의사 안중근 등 당시 독립운동을 하는 사람 치고 문 씨네 식객이 되지 않은 사람은 없었습니다. 이들 대부분은 기독교를 받아들였고, 문익환의 아버지 문재린은 장로와 전도사를 거쳐 평양신학교 졸업 후 목사가 되었습니다. 당시로서는 매우 드물게 캐나다 유학을 마치고 돌아온 후 용정의 한 교회를 섬기던 문재린 목사는 일본 헌병대와 조선공산당 그리고 소련 사령부에 체포를 당해 옥고를 치르면서 죽음의 문턱을 여러 차례 넘나들곤 했습니다. 이는 당시 북간도가 폭력이 난무하는 살벌한 전쟁터였음을 보여주는 실례이기도 합니다.

    1989년 문익환이 방북으로 인한 국가보안법 재판을 받을 당시 아버지 문재린 목사는 재판장에게 이런 글을 보냈습니다.

"재판 시작하기 전에 내가 아들에게 부탁할 일이 있소. 아들은 72세고 나는 95세요. 익환아! 너는 우리 7천만 민족을 위해 일하고 감옥에 들어 갔으니 예수님이 십자가를 메고 골고다를 향해 가는 심정으로 재판을 받 아라! 익환아, 그것을 기억해라! ……"

그 아버지에 그 아들이었습니다. 그뿐만이 아닙니다. 문익환의 어머니 또한 젊은 시절 기독교 여성해방 운동에 힘입어 '고만네'라는 이름을 버리고 '김신묵'이라는 새 이름을 가지게 되었습니다. 이때 명동촌에서 '믿을 신(信)' 자 돌림으로 이름을 갖게 된 여성이 50명이나 되었다고 하니 기독교 신(新)여성운동이 얼마나 활발했는지를 짐작할 수 있습니다. 김신묵은 이 '신' 자 여성들을 대표하는 사람으로 명동여학교 동창회장과 여전도사로 일하면서 용정 만세시위에 참가한 여성 지도자였습니다. 문익환과 동생 문동환 형제의 민족 사랑은 부모님으로부터 물려받은 신앙의 유산이었습니다.

문익환은 재판정에서 이렇게 말합니다.

"제가 태어난 곳은 두만강 저쪽 북간도입니다. 고구려와 발해의 넋이 가는 곳곳에 스며 있는 곳입니다. 우리의 옛 강토를 못난 조상들 때문에 잃어버리고 중국 사람들에게 푸대접을 받으면서 신라의 삼국통일에 분루를 삼키면서 자랐습니다. 우리의 국경을 압록강·두만강으로 끌어내린 김부식을 원망하면서 살았습니다. 국경을 또다시 휴전선으로 끌어내리고 이것을 조국이라고 생각하고 국토수호에 열을 올리는 것을 저는 이해할 수 없는 사람입니다."

# 2.
## 생애

    27세의 나이로 후쿠오카형무소에서 요절한 시인 윤동주와 1970년 대 반(反)박정희 유신정권의 상징적 인물이었던 사상계의 주필 장준하와는 명동 은진학교 시절부터 절친한 친구 사이였습니다. 문익환은 평양 숭실학교를 다니던 중 신사참배를 반대하는 시위를 하다가 퇴학을 당하고 고향으로 돌아와 광명중학교를 졸업하고 일본 동경신학교에 입학했습니다. 하지만 학병 거부로 인해 만주의 봉천신학교로 옮겼다가 해방 후 1947년 조선신학교(한국신학대학)를 졸업하고 목사 안수를 받은 후 교회를 섬기다가 미국 프린스턴 신학교로 유학을 떠납니다. 그러나 한국전쟁이 발발하자 공부를 접고 귀국하여 자원입대했다가 휴전 후 다시 프린스턴 신학교로 돌아가 공부를 마칩니다. 그의 험난한 학업 과정은 우리나라의 민족 수난사를 그대로 반영합니다.

    이후 한빛교회 초대목사로 봉직하면서 한국신학대학과 연세대학교에서 구약학을 가르치면서 기독교사상을 비롯한 여러 지면에 수많은 설교와 글을 발표합니다. 51세에 개역한글판 번역이 한자를 모르는 독자들이 읽기에는 너무 어렵다고 판단하여 세계 최초로 개신교와 가톨릭의 공동성서 번역 작업에 책임위원으로 8년간 참여합니다. 구약성서의 40퍼센트를 차지하는 시를 이해하기 위해 시를 공부하기 시작하여 56세에 『새삼스런 하루』라는 첫 시집을 냅니다. 문익환은 성서를 번역하는 과정에서 제국들의 침략과 압제 그리고 추방 속에서도 야훼 신앙을 고백했던 시편 기자들과 예언자들의 말씀 속에서 우리 한민족이 펼쳐가야 할 신앙과 희망을 발견합니다.

1975년 문익환은 박정희 유신독재정권 반대운동의 핵심인물이었던 죽마고우 장준하의 의문에 찬 죽음을 맞습니다. 그때 그는 장준하의 못다 한 삶을 이어갈 것을 다짐합니다. 그리하여 1976년 3.1명동구국선언 성명서를 작성하는 주역을 담당하면서 59세에 첫 번째 옥고를 치릅니다. 그의 호는 '늦봄'입니다. 다른 사람에 비해 역사에 대한 늦은 자각을 고백하는 언어였지만, 동시에 뜨거운 여름을 준비하고자 하는 하나님의 부름을 상징하는 호이기도 합니다. 이후 김대중 내란음모 사건 등으로 다섯 번의 옥고를 더 치렀고, 그 뒤 감옥 안에서 산 기간이 감옥 밖에서의 기간보다 더 길었습니다. 문익환은 1980년대 중반 재야민주세력 최대 결집체인 민주통일민중운동연합('민통련') 의장으로 두 번이나 선출되었으며, 사람들은 그를 당시 체육관의 거수기들에 뽑힌 관(官)의 대통령 대신 민(民)이 뽑은 대통령이라는 뜻에서 '민통령'이라 불렀습니다.

그의 삶과 신학에 결정적인 영향을 끼친 사건이 있는데, 그것은 전태일의 분신 사건입니다. 노동운동의 선구자로 알려진 전태일은 청계천 평화시장의 재단사로 일하면서 13~15세의 어린 시다들이 당시 커피 한 잔 값에 해당하는 일당을 받고 제대로 먹지도 못한 채 각혈하면서 하루 15시간 이상 중노동을 하는 모습을 안타까워한 나머지 자신의 버스표를 팔아 풀빵을 사서 먹이고 2시간 이상을 걸어 집으로 돌아가다가 통행금지에 걸려 파출소에서 잠을 자기도 했습니다. 그는 이런 나눔 헌신을 한두 번 한 것이 아니라 2년 이상을 행하면서 열악한 노동환경 개선을 위해 할 수 있는 모든 노력을 기울입니다. 심지어는 대통령에게 편지를 쓰는 등 백방으로 노력하다가 결국 1970년 11월 13일 대낮에 경찰과 대치한 도로 한복판에서 "노동법을 준수하라!", "우리는 기계가 아니다!"를 외치면서 분신자살을 합니다. 이때 그의 나이 22세였습니다.

그는 어려서부터 어머니 이소선을 따라 교회에 열심인 청년이었습니다. 그는 죽음을 결심할 때 마치 예수가 십자가를 지기 전 겟세마네 동산에서 피땀을 흘려 기도하셨던 것처럼 삼각산 기도원에 올라갑니다. 그는 초등학교도 제대로 다니지 못했지만, 이런 과정을 일기에 모두 기록해놓았습니다. 그의 희생적 죽음은 예수의 십자가 죽음에서 출발하고 있습니다. 그는 예수가 가난한 갈릴리 사람들의 민생과 자유를 위해 일하셨듯이 오늘의 기독교인들 또한 예수와 같이 가난한 사람들의 민생과 자유를 위해 일해야 한다고 믿게 된 것이고, 여기에서 한국적 해방신학인 민중신학이 태동했던 것이며, 민주화와 노동운동으로 인해 구속자 가족들이 아파하는 곳이면 어디든 달려가서 저들을 위로했습니다.

# 3.
## 기독교와 예언전통

　　기독교와 다른 종교의 분명한 차이점을 들라고 한다면 그것은 한 마디로 기독교의 예언자적 전통이라고 할 수 있습니다. 제사 혹은 예배라는 형식을 통해 찬양과 기도를 하느님께 올리고 개인적인 위로와 축복을 비는 제사장적 전통은 어느 종교에나 다 있습니다. 그러나 민족 전체를 향한 회개의 촉구 그리고 약자 보호 원칙에 따른 사회 정의 실현을 외치면서 국가 권력과 박제화된 종교 권력을 비판하고 저항하는 예언자적 전통은 이스라엘 역사에서만 찾아볼 수 있습니다. 대부분의 종교가 권력자들의 편에 서서 그 권력이 신으로부터 온 것임을 옹호하는 국가종교의 형태로 나아갔지만, 여호수아와 사사기(판관기)는 애굽을 탈출하여 가나안 땅에 들어온 히브리 노예들이 국가 종교의 틀은 물론 왕권마저 거부하고 지파평등공동체(암픽티오니)를 통해 새로운 신앙공동체를 세워가고자 하는 노력을 보여주고 있습니다. 정의와 자유와 평등의 가치 실현. 이것이 예언자들이 지향했던 하느님 나라이며, 이것이 성서가 말하는 가나안의 축복입니다.

복음서는 이 점에서 더욱 분명합니다. 네 개의 복음서는 모두 세례 요한의 이야기로 시작합니다. 세례 요한은 엘리야의 생전 모습을 띠고 로마의 식민지 시대에 광야의 예언자로 등장합니다. 엘리야는 북왕국 이스라엘이 가장 부유했던 시절인 아합왕 시대에 국가권력에 저항한 예언자입니다. 그는 야훼 하느님*의 뜻에 따라 아합 가문의 통치를 끝장내고 새로운 왕조를 세운 인물로 예언자들을 대표합니다. 세례 요한 또한 로마제국의 허수아비였던 헤롯왕의 비행을 공개적으로 비난함으로써 옥에 갇히고 끝내 참수형을 당합니다. 엘리야와 세례 요한은 국가 권력 비판이라는 예언 활동에서 그 맥을 같이합니다. 가장 먼저 쓰인 마가복음은 예수께서 세상에 나온 시기를 "요한이 잡힌 뒤에"(1장 15절)라고 말합니다. 곧 마가는 예수를 부당한 국가권력을 비판했던 엘리야와 세례 요한의 예언자 전통을 이어받았음을 분명하게 적시하고 있는 것입니다.

　　누가복음 또한 예수께서 이 땅에 오신 목적을 예언자 이사야의 글을 통해 분명하게 밝힙니다. "주님의 영이 내게 내리셨다. 가난한 사람에게 복음을, 포로 된 사람들에게 해방을, 눈먼 사람들에게 눈뜸을 선포하고, 억눌린 사람들을 풀어주고 주님의 은혜의 해를 선포하게 하셨다"(4장 18~19절). 여기서 핵심 단어는 '은혜의 해'입니다. 이는 레위기에

---

* '하느님'은 공동성서번역이 선택한 신의 호칭이다. '하나'는 '무한히 크다'라는 뜻의 '혼'에 뿌리를 두고 있지만, 현재 대부분의 개신교인들에게 있어 이는 숫자 '하나'를 강조하는 유일신 신앙을 뜻한다. 기독교, 이슬람교, 유대교는 같은 뿌리에서 출발했지만 상대를 인정하지 않는 유일신 신앙으로 인해 십자군전쟁 이래 세계는 전쟁과 폭력이 그치지 않고 있다. 한국 개신교회도 1960년대 초까지는 '하느님'을 주로 쓰다가 유일신 강조와 민속신앙과의 차별화를 위해 '하나님'을 선호하게 되었다. 대화와 소통, 화해와 상생의 시대를 맞아 한국 개신교회가 배타를 전제하고 있는 '하나님'이란 칭호 대신 '하느님'을 사용하는 것이 바람직하다고 본다. 국문학적으로 보더라도 '하나' 혹은 '둘'의 숫자에 '님' 자를 붙이는 것은 맞지 않다. 그리고 현재 세계 교회에서 여호와(Jehovah)를 고집하는 나라는 남한 개신교가 거의 유일하다고 할 수 있다.

서 일곱 번의 안식년 다음에 오는 50년째의 희년을 말합니다. 희년은 처음 분배받았던 땅을 되찾는 해이며, 모든 빚을 탕감 받고 노예 또한 해방시켜 집으로 돌려보내는 해입니다. 곧 희년은 야훼 하느님 앞에서 모든 인간이 불평등한 모든 사회적·경제적 요소들을 제거하고 새롭게 시작하는 해인 것입니다. 프랑스의 성서학자 트로크메는 예수는 당시 명목상의 희년을 구체적으로 실현하기 위해 공생애를 시작했음을 학문적으로 규명하고 있습니다.

이러한 성서의 전체 맥락에서 볼 때, 문익환이 온 힘을 기울여 참여했던 민주화와 평화통일운동은 단순한 사회운동이 아니라 구약의 예언자적 전통을 이어가는 오늘의 신앙운동이었으며, '당신의 나라가 이 땅에 임하도록 하는' 예수의 하느님 나라 운동의 연속이었습니다.

# 4.
## 남한 교회에 대한 비판적 예언


55년 전인 1960년 4.19혁명 직후 「기독교사상」에 학생들의 거룩한 희생을 얘기하면서 기독교의 반성을 촉구하며 "기독교도 아편이 된다" 란 글을 남겼습니다.


"기독교도 아편이다"라는 단언 명제에 나는 찬동하지 않겠다. 그것은 사실이 아니기 때문에! 그러나 이 땅의 그리스도인들이 기독교 중독증에 걸려 있는 것만은 틀림없는 사실일 것이다.

그 원인으로는 첫째 종교성(religiosity)의 그늘 아래서 인간성(humanity)이 죽어버렸다는 것이다. 예수 그리스도는 우리에게 또 하나의 종교를 주러 오신 것이 아니다. 그는 종교의 타성(inertia)에서 우리를 해방시켜 참사람 — 하느님께 지음 받은 대로의 참사람 — 으로 회복해주시려고 참사람 — 둘째 아담 — 으로 오신 것이다. 기독교가 이것을 무시하고 자체의 권한과 자리만을 생각하는 한 종파(cult)로 전락해버리면, 공산주의자들에게 아편이라는 낙인을 찍혀도 변명할 길이 없는 것이다.

둘째는 우리의 생에서 '온통(totality)'이 결여되어 있다는 것이다. 교회로서도 개인으로서도 우리는 하나의 전체로서 존재하지 못하고 있는 것 같다. '옹근 교회', '옹근 사람'이어야 생명을 건전하게 지탱할 수 있을 터인데, 우리는 분열되어버리고 말았다. 교계의 분열은 한국 교회를 마비 상태에 떨어뜨리고 말지 않았는가?

셋째로 지적해야 할 원인은 '은총'의 남용이다. "우리는 죄인이다. 하느님의 은총으로밖에는 구함을 받을 길이 없다." 이것은 그리스도교의 기본적인 생의 태도이다. 그런데 이것이 자신의 부정을 덮는 아름다운 보자기로 사용되는 것이다. 하느님과 사람 앞에서 심판도 받기 전에 자신이 다 용서하고 깨끗이 치워버리고는 다른 부정을 위한 준비를 하는 것이다. 이외에도 율법주의, 타계주의 같은 것을 원인으로 지적할 수 있겠다.


지금 남한 교회의 현실이 어떠합니까? 세계 기독교 역사상 유례없이 급성장한 교회요, 세계 최대 50대 교회 중 절반이 있음에도 불구하고 지금 남한 기독교의 현실은 어떠합니까? '기독교'가 '개독교'로, '목사'가 '먹사'로, '평신도'가 '병신도'라고 조롱당한 지 오래이며 젊은이들이 등을 돌린 지 오래입니다. 20년 전 천만이 넘는다던 개신교 숫자는 현재 600만 정도이며, 지금의 다수를 차지하고 있는 고령의 신자들이 사라진 다음 300만으로 줄거나 가톨릭이 개신교보다 더 커진다 해도 하등 이상할 것이 없게 되었습니다. 문익환의 1960년대의 예언자적인 외침이 그동안 1970년대의 경제성장과 맞물린 1980년대 교회성장이라는 소리에 눌려 있었지만, 개신교의 쇠퇴 내지는 몰락이 분명한 지금 그의 예언의 소리가 적중하고 있음을 깨닫습니다.

# 5.
## 통일을 비는 기도

남한은 현재 타의 추종을 불허하는 세계 제1의 자살률 국가입니다. 국민소득은 계속 올라가고 국가안보는 신무기로 계속 튼튼해지는데도 불구하고 다른 나라들에 비해 남한만 계속 높아만 가는 건 무슨 이유일까요? 그건 남북분단이 만들어낸 반생명·반평화의 죽음의 기운이 한반도를 덮고 있기 때문은 아닐까요? 그렇다면 우리 안의 99마리 양보다 우리 밖의 한 마리의 양을 더 소중히 여기라는 예수님의 말씀을 생각할 때, 교회의 복음 사역은 남북화해와 평화통일에 그 초점이 맞추어져야 한다고 생각합니다. 문익환은 사람들이 분단의 현재를 절대화할 때, "역사를 산다는 것은 벽을 문으로 알고 부딪히는 것"이라고 역설했습니다. 그는 감옥에서 많은 편지를 남겼으며, 옥중생활을 통해 시상은 날로 높아갔습니다. 그는 여러 권의 시집을 냈으며 구약성서의 히브리 정신에 바탕을 두고 한국적인 정신과 감성을 융화하여 얻어지는 가락과 언어를 발굴하여 투명하고 섬세한 시세계를 구축했습니다. 가장 잘 알려진 시 「꿈을 비는 마음」의 일부를 읽어봅니다.

벗들이여

이런 꿈은 어떻겠소?

155마일 휴전선을

해 뜨는 동해바다 쪽으로 거슬러 오르다가 오르다가

푸른 바다가 굽어보이는 산정에 다달아

국군의 피로 뒤범벅이 되었던 북녘 땅 한 삽

공산군의 살이 썩은 남녘땅 한 삽씩 떠서

합장을 지내는 꿈,

그 무덤은 우리 5천만 겨레의 순례지가 되겠지

그 앞에서 눈물을 글썽이다 보면

사팔뜨기가 된 우리의 눈이 제대로 돌아

산이 산으로, 내가 내로, 하늘이 하늘로,

나무가 나무로, 새가 새로, 짐승이 짐승으로,

사람이 사람으로 제대로 보이는

어처구니없는 꿈 말이외다.


『문익환 평전』은 다음과 같은 문장으로 그의 삶을 정리합니다.


그로 인해 우리는 잘못된 수치심 없이 저 아득한 21세기의 나날들을 다시 들여다볼 수 있게 되었고, 또 분단 · 전쟁 · 국가폭력 같은 두려운 단어들이 아닌 따뜻한 언어로도 우리의 역사를 기록할 수 있다는 사실을 배웠다. 어떤 악조건 속에서도 인간의 품위를 잃지 않고 꿈과 사랑을 보여준 그의 업적 덕분에 새로운 세대는 다른 눈으로 더 잘, 더 자유롭게, 더 정직하게 자기들의 시대를 껴안을 수 있게 되었다.

출애굽의 하느님은 당신의 이름을 묻는 모세에게 "에흐예 아세르 에흐예"라고 답하십니다. "나는 곧 나다"라고 번역되는 이 말을 필자는 크게 두 가지로 이해합니다. 첫째는 '백성 사이에 함께 거하는 신의 현존성'이고, 둘째는 '인간의 언어로 규정받지 않는, 곧 이름이 없는 신의 자율성'입니다. 늦봄 문익환은 이러한 하느님의 본질적 형상을 가장 잘 보여준 하느님의 사람임에 틀림없습니다. 그리하여 노벨평화상을 수상한 미국의 퀘이커봉사회는 1992년 문익환 목사를 노벨평화상 후보자로 천거했던 것입니다.

끝으로 그의 평생의 반려자 박용길 장로를 언급하고자 합니다. 그녀는 남편이 가는 '늦봄' 길을 함께 가겠다는 뜻에서 '봄길'이란 아호를 짓고 명동구국선언에서부터 뜻을 같이하며 십자가 수난의 길을 걸었습니다. 남편을 대신하여 1995년 김일성 주석 1주기에 방북했고, 이로 인해 구속을 당했으며, 그의 뒤를 이어 '통일맞이 7천만 겨레모임'의 대표를 역임하기도 했습니다. 십자가의 고난을 통해 부활과 생명의 역사를 한반도에 펼쳐 보인 자랑스러운 부부였던 것입니다.

## 참고문헌

김형수. 『문익환 평전』. 서울: 실천문학, 2004.

문익환. 『꿈을 비는 마음』. 서울: 실천문학사, 1992.

———. 『문익환 전집』. 파주: 사계절, 1999.

———. 『통일은 어떻게 가능한가』. 서울: 학민사, 1984.

# 19장

# 한국 교회의
# 참된 기도생활을 위한 제언

- 오방식 교수(장로회신학대학교, 영성신학) -

# 1.
## 들어가는 말

    이 논찬은 발제자들의 글에서 밝혀지는 18명의 위대한 신앙인들의 기도 이해를 간략히 정리한 후에 그리스도교 영성과 기도의 전통에서 그들의 기도가 어떤 유형으로 읽히는가를 밝히고, 오늘 우리 한국 교회의 기도와 영성의 바람직한 방향이 무엇일까를 제안하면서 마무리하고자 합니다.

# 2.
## 기도에 대한 글들의 요약

발제를 통해 발견되는 기도에 대한 가장 일반적이고 기본적인 이해는 기도란 삼위일체 하나님과의 영적인 대화(길선주)이며, 살아계신 하나님과의 만남이자 교제(존 스토트)라는 것입니다. 그리스도교의 기도에서 가장 중요한 것은 그것이 어떤 형태의 기도이든, 어떤 방식으로 기도하든, 어디서 기도하든 내면의 골방으로 들어가서 살아계신 하나님을 대면하는 것입니다. 하나님을 인격적으로 만나 그분과 영적인 교제를 나누고, 우리 아버지 하나님께 구체적인 세상의 필요들을 아뢰는 것입니다(존 스토트, 칼뱅).

기도의 목적은 삼위일체 하나님과 친밀해지고 하나님의 임재 안에서 살아가는 데 있습니다. 이것은 우리가 하나님의 임재 안으로 들어가기 위해 기도한다는 것이 아니라, 이미 하나님의 임재 안에 있음으로써 그러한 하나님의 임재가 실제적으로 경험되고, 임재에 대한 의식이 완전히 깨어나 임재의 기쁨과 능력으로 충만한 삶을 살아가기 위해 기도한다는 것입니다. 어떻게 이러한 삶이 가능할까요? 기도는 영혼의 호

홉이므로 사도바울의 가르침처럼 "무시로 성령 안에서 기도하는 것"(엡 6:18)과 "쉬지 않고 기도하는 것"(살전 5:17)을 통해 삼위일체 하나님의 사랑을 체험함으로써 언제 어디서 무엇을 하든지 늘 하나님의 사랑을 '순수하게 의식'하는 것입니다. 이에 따라 우리도 하나님을 사랑하고, 하나님을 '절대적으로 의존'하는 삶을 살아갈 수 있게 되는 것입니다. 이러한 쉬지 않는 기도를 통해 하나님과의 관계적인 일치, 일상생활에서 '기도와 삶의 일치'를 이루는 것이 바로 신앙의 궁극적인 목표요 기도의 궁극적인 목표입니다. 이러한 기도를 통해 우리는 구체적인 현실 속에서 예수님의 삶을 따르면서 예수님과 마음과 뜻과의 일치를 이루어 예수님처럼 살아가는 삶을 살아가게 됩니다(길선주, 이현필, 본회퍼, 크리스토프 블룸하르트, 손양원, 한경직, 존 스토트).

기도의 원천은 살아계신 삼위일체 하나님께 있습니다. 그러므로 기도를 위해서는 하나님의 살아계심을 믿고, 그분께서 우리와 교제하기를 원하시며(존 오웬, 본회퍼), 그분은 무엇이든지 다 하실 수 있는 전능자시요, 또 우리에게 필요한 것을 기꺼이 주시고자 하시는 우리의 아버지라는 믿음이 반드시 전제되어야 합니다. 믿음으로 기도할 때 우리는 하나님이 현실적으로(실제적으로) 우리 가운데 계신 것을 의식적으로 깨닫게 되고, 하나님과의 실제적이며 친밀한 만남과 교제 속으로 들어갈 수 있게 되고, 담대하게 우리의 구할 바를 아뢸 수 있게 됩니다.

개혁자들은 삼위일체 하나님께서 우리 안에 임재하시고 활동하신다고 말하지만, 삼위일체 하나님과의 직접적인 사귐이나 교제를 강조하지는 않습니다. 삼위일체 하나님께서 우리 안에 임재하시고 활동하시며 우리와 친밀한 영적 사귐을 원하시지만, 기도 안에서 삼위일체 하나님과의 친밀한 관계와 사귐으로 나아가는 길은 오직 예수 그리스도를 통하는 것뿐입니다(본회퍼, 존 스토트). 즉, 성령 안에서 예수 그리스도를 통해서만 삼위일체 하나님과 친밀하게 교제하며 사랑의 사귐을 나누는 관계의 깊이로 나아갈 수 있다는 것입니다.

또한 개혁자들은 사도바울을 인용하며 기도에 있어서 성령의 역할을 강조합니다. 사도바울은 우리가 성령을 통해 양자의 영을 받았으므로 하나님을 '아바 아버지'라 부를 수 있는 것이며, 하나님과의 관계가 형성되었기 때문에 하나님께 기도할 수 있게 되었다고 말합니다. 성령께서는 우리의 기도를 구체적으로 도와주시는데, 우리에게 무엇이 필요한지, 하나님의 약속이 무엇인지, 하나님이 어떤 분이신지, 하나님이 원하시는 것이 무엇인지, 그리고 우리가 어떤 존재이며, 우리가 구하는 것의 목적이 무엇인지를 가르쳐주시어 제대로 된 기도를 할 수 있게 합니다(오웬, 본회퍼). 이런 면에서 성령은 개혁자들에게 있어서 근신, 분별, 지혜의 영입니다. 그러므로 개혁자들은 기도를 함에 있어서 성령의 지적인 역할을 강조하면서 분명한 지식 없이 기도하는 것은 참된 기도가 아니라고 말합니다.

발제에서 다루어진 18명의 인물은 우리 그리스도인의 기도 범주가 어디까지인가를 진지하게 돌아보게 해줍니다. 기도의 범주는 개인적일 뿐만 아니라 사회적이며 우주적인 차원까지를 포함합니다. 기도는 일차적으로 우리가 하나님을 개인적이고 인격적으로 은밀히 만나는 것이지만, 그렇다고 우리의 기도가 개인적인 차원에만 제한되는 것이 아닙니다. 18명의 인물은 그들의 기도가 개인적일 뿐만이 아니라 공동체적이고, 사회적이며, 더 나아가 전 우주적인 차원의 범주를 갖는다는 것을 보여주고 있습니다. 그러나 각각의 인물은 개인의 기도 범주가 어디까지인지, 즉 자신과 타인과의 관계, 하나님과 세상의 관계, 세상에 대한 이해와 접근, 하나님의 초월성과 내재성의 관계에 대해 서로 다른 입장들을 보여줍니다.

# 3.
## 기도와 영성 유형에 대한 비평

    그리스도인의 영성이나 기도의 '유형이 어떤지'를 묘사하는 다양한 방법이 있습니다. 우리는 유형에 따른 분석을 통해 나와 하나님과 맺는 관계가 어떠한지를 파악할 수 있으며, 더 나아가 그리스도교 전통 안에서 나의 자리가 어디에 있는지를 발견할 수 있습니다.

    어반 홈스(Urban T. Holmes)는 영성 유형을 파악하는 기준으로 수평적 기준과 수직적 기준을 제시합니다. 수평적인 기준은 무념(apophatic: 비움의 방법, 부정의 접근, 어떤 지성이나 개념, 상상을 사용하지 않음)인가 아니면 유념(kataphatic: 이미지나 개념을 긍정하는 방법)인가에 대한 기준입니다. 수직적인 기준은 사색적(지성의 조명 강조)인가 아니면 정서적(가슴이나 감정의 강조)인가에 대한 기준입니다.

    이 기준을 가지고 살펴보면 대부분의 그리스도교 영성의 형태는 다음 4가지 유형 가운데 하나를 강조합니다. ① 무념적/사색적 유형, ② 무념적/정서적 유형, ③ 유념적/사색적 유형, ④ 유념적/정서적 유형입니다. 홈스에 따르면 ① 무념적/사색적 유형의 영성을 가진 자들은 사회적인 정의와 개혁을 추구하는 삶의 방향으로 나아가는 경우가 많습니다. 그들의 기도는 증인(witness)의 삶으로 이끕니다. 반면에 ② 무념적/정서적 유형의 영성을 가진 자들은 침묵과 명상을 중시하는 관상적인 삶을 추구하는 방향으로 나아가는 경우가 많습니다. 그들의 기도는 신비적인 일치(존재론적인 일치가 아닌 사랑의 일치, 관계적인 일치)를 추구하는 삶으로 이끕니다. 하나님께 나아감에 있어서 '무념적'이라는 공통분모가 있음에도 불구하고 영성 유형이나 삶의 모습에서 이렇게 확연하게 차이가 나는 이유는 무엇일까요? 무념적인 접근을 통해 하나님께 나아가는 사람들이 갖는 절정의 경험은 아마도 자신과 하나님, 그리고 하나님의 창조세계와 비이원론적으로 하나임을 영적으로 체험하는 것입니다. 그런데 무념적이면서 사색적인 자들은 이러한 하나 됨(oneness)의 체험을 통해 지금 자신이 살아가는 이 세상이 하나님의 나라와 현저하게 다른 것을 깨달으며 하나님 나라를 이 땅에 구현하기 위해 자신을 내던지기 때문에 개혁적인 삶을 추구하게 되는 것입니다. 그러나 무념적이면서 정서적인 자들은 하나님과 영적으로 하나 되는 신비적인 일치 그리하여 정서적으로 하나 됨을 추구하는 방향으로 나아가게 되므로 차이가 생기는 것입니다.

③ 유념적/사색적 유형을 가진 사람들과 ④ 유념적/정서적 유형을 가진 사람들은 유념적 접근을 한다는 공통분모가 있습니다. 유념적인 접근을 한다는 것은 말씀의 객관적 계시(드러난 계시)를 강조한다는 것입니다. 그런데 사색적 유형의 사람은 그것의 지적인 이해를 추구하는 방향(이성주의, 정통주의)으로 나아가게 되고, 정서적인 유형의 사람은 그것을 느끼고 체험하고자 하는 방향으로 나아갈 가능성이 많음으로써 차이가 발생합니다(오순절 계통, 경건주의).

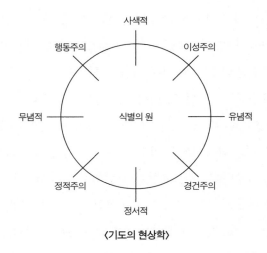

〈기도의 현상학〉

일반적으로 사람들은 이 가운데 어느 한 가지 유형의 특징적인 영성을 갖습니다. 그런데 홈스의 틀이 제기하는 아주 중요한 문제는 각자의 영성 유형은 자신에게 부족해 보이는 다른 차원의 영성들과 긴장을 유지함으로써 어느 한 방향으로만 치우치는 경향을 교정해나가야 한다는 것입니다. 이렇게 균형을 잡으려는 긴장이 없다면, 홈스는 우리의 영성이 지나친 행동주의, 이성주의, 경건주의, 정적주의 등의 어느 한 유형에 치우쳐서 고착될 것이라고 지적합니다.

이번 기도포럼에서 다루는 18명의 신학자 혹은 목회자의 기도와 영성의 유형은 어떠한가요? 한 사람 한 사람을 개별적으로 자세히 분석할 수는 없겠지만, 이들의 유형을 살펴보면서 비교해보고 이를 통해 오늘 한국 교회의 기도와 영성의 바람직한 방향을 모색해보고자 합니다. 그러나 유념/무념, 혹은 사색적/정서적이라는 것을 단정적으로 말하기는 어렵습니다. 모든 사람이 상반된 두 가지 요소를 어느 정도는 다 가지고 있기 때문입니다.

(1) 무념적/사색적 유형에 속하는 인물: 루터, 칼뱅, 존 오웬, 카타리나 쉬츠 젤, 크리스토프 블룸하르트, 함석헌, 문익환(개혁적인 인물들)

(2) 무념적/정서적 유형에 속하는 인물: 이현필(수도자)

(3) 유념적/사색적 유형에 속하는 인물: 정통주의자들, 토마스 아퀴나스, 칼 바르트

(4) 유념적/정서적 유형에 속하는 인물: 스페너, 존 웨슬리(이성과 경험, 실천적인 영성), 조나단 에드워즈, 길선주, 이용도, 손양원, 문준경, 한경직, 존 스토트(철저하게 유념적인데 사색적인 측면도 강하게 나타남)[경건주의적인 삶을 추구하는 자들]

장 칼뱅은 전형적으로 사색적(speculative)이면서 무념적인(apophatic) 영성 유형을 가진 신학자입니다. 칼뱅의 하나님은 알 수 없는 분이시며, 칼뱅은 순례, 금식, 자선 그리고 다른 금욕적 실천들을 반대한 철저한 이성주의자였습니다. 그의 사랑에 대한 개념은 정서적이라기보다 지성적입니다. 기도와 영성에 있어서 정서보다 지성적인 면을 강조하는 성향은 칼뱅뿐만 아니라 존 오웬, 카타리나 쉬츠 젤 등과 같은 개혁자들에게서 공통적으로 나타납니다. 이런 면에서 장 칼뱅의 영성이나 기도의 성숙과 온전함에 대한 평가는 하나님의 영광을 위한 그의 삶 속에서 그가 지성적인 경향뿐만 아니라 얼마만큼 정서적인 측면을 내포하는가, 또한 기본적으로는 무념적인 접근을 하지만 얼마만큼 유념적인 면을 내포하면서(또는 긴장관계를 가지면서) 개혁적인 삶을 살아냈는가에 달려 있다는 것입니다. 즉 칼뱅의 궁극적인 목표는 하나님의 영광이지만, 그의 영성의 통전성은 그가 상반되는 것들을 통합하여 얼마만큼 균형적

인 영성을 이루어냈는가에 있다는 것입니다. 이런 면에서 볼 때 우리는 칼뱅이 하나님의 초월성을 강조하면서도(즉, 무념적인 접근을 하지만) 그리스도와의 연합을 강조하는 것, 드러난 말씀의 계시에 대해 강조하는 것, 더 나아가 성경 말씀에 대한 학문적인 연구 및 그의 수많은 신학적인 저술과 성경 말씀에 대한 주해들은 그의 유념적인 측면도 상당하게 드러내고 있음을 볼 수 있습니다. 기본적으로 무념적인 접근을 하지만 유념적인 차원을 상당 부분 갖고 있다는 것입니다.

사색적인 측면과 정서적인 측면에서 볼 때 칼뱅에게 지성적인 차원만 있는 것은 아닙니다. 칼뱅뿐만 아니라 존 오웬 같은 경우에도 성령의 역할을 매우 강조하는데, 그들에게 있어서 성령의 일차적인 역할은 지성적인 것입니다. 그런데 그들에게 있어서 성령의 역할이 일차적으로 지성적인 면에서 올바른 깨달음을 주는 것이라고 할지라도 성령의 내적 조명은 지성적이면서도 정서적으로 말씀을 만나는 경험을 하는 것으로 충분히 볼 수 있을 것이라고 생각합니다.

결국 이상을 통해 칼뱅의 영성의 특징을 살펴볼 때 그의 영성의 유형은 무념적·지성적인 특징을 보이고 있지만, 그의 영성 유형이 단 한 가지 유형에 고착되는 것은 아니라는 것입니다. 그의 영성 유형은 무념적이고 사색적인 면과 상반되는 유념적이고 정서적인 측면들도 내포하면서 교회와 사회의 개혁을 위해 헌신하는 통합적인 영성 유형을 보여주고 있습니다. 홈스의 기준에 따르면 사색적이고 무념적인 접근을 하는 영성 유형은 사회를 개혁하는 삶의 방향으로 나아갑니다. 실제로 우리는 칼뱅이 종교개혁자로서 신앙적이고 신학적인 차원에서 교회의 개혁뿐만 아니라 복음으로 사회를 변혁시키고자 투신한 개혁적인 성향을 가진 하나님의 사람이었음을 알고 있습니다.

이러한 칼뱅의 영성 유형을 토마스 아퀴나스의 영성 유형과 비교하여 생각해보는 것도 흥미롭고 유익할 것입니다. 아퀴나스는 그의 삶의 상당한 기간 동안 하나님에 대해 철저히 유념적이고 지성적인 접근을 했습니다. 하지만 그는 생애 후반부에 이르러 자신이 소홀히 해왔던 하나님에 대한 무념적이고 정서적인 접근을 중시하는 방향전환을 보여주며, 그리하여 무념과 유념이 통합되고 지성과 정서가 통합되는 방향으로 나아갔던 것을 볼 수 있습니다.

홈스의 기준을 가지고 종교개혁 이후 개신교 영성의 역사를 살펴볼 때 정통주의 신학과 영성은 사색적이고 유념적인 특징을 가진 이성주의적 영성 유형을 뚜렷하게 드러냅니다. 지나친 이성주의와 제도화된 종교(교회)의 모습에 대한 반동으로 반지성적이고, 정서적이며, 유념적인 영성 유형의 특징을 가진 경건주의가 나타납니다. 경건주의는 마음의 종교였으며, 매일의 삶에서 하나님의 임재를 경험하며 살아가는 것을 강조했습니다. 경건주의자들에게는 하나님께 진정으로 돌아서는 것, 내면의 변화, 선한 일을 행하는 것으로 표현되는 거룩한 삶의 모습들이 교리적인 정통성을 확인하고 그것을 소유하여 살아가는 것보다 훨씬 중요했습니다. 그들은 윤리적이거나 교리적인 관심보다는 헌신에 대한 관심을 가지고 기도하거나 성경을 읽기 위해 가정에서 함께 모였으며, 서로 간의 영적 안내를 제공해주었습니다. 그들의 주요 관심과 목표는 교회 안에서 영적으로 생동감이 떨어지는 것을 걱정하면서 그것을 극복하기 위해 영적 투쟁을 하는 것이었습니다. 경건주의 운동이 유럽과 북미주의 개신교 영성의 역사에 기여한 바가 매우 큰 것이 사실입니다.

그러나 본회퍼는 경건주의는 "인간 중심적이요, 개인주의적이며,

내재성을 지나치게 강조하는" 경향을 가진다는 면에서 극복되어야 할 종교적 현상이라고 지적합니다. 그리스도인의 기도를 논함에 있어서 "인간 중심적이고 개인적"이라는 말의 의미는 바른 방향의 기도를 모색하기 위해 매우 심각하게 다루어져야 할 개념입니다. 근대 이후부터 서방 세계를 지배해온 데카르트적인 사고는 "생각하는 자아로부터 출발하여 객체로서의 신에 도달하려는 시도"를 출발점으로 합니다. 이런 사고에서 자기 자신은 자기를 인식하고 생각하는 주체로 간주하며, 하나님과 나, 나와 타인은 완전히 분리되어 있습니다. 그러나 성서가 가르쳐주는(예수님과 바울에게서 볼 수 있는 것처럼) 것은 나의 중심은 내가 아니라 하나님이시며, 모든 것의 중심도 하나님이시고, 모든 것은 하나님 안에서 서로 연결되어 있다는 것입니다. 모든 것이 하나님 안에 있으며, 모든 것이 하나님으로부터 흘러나옵니다.

칼뱅에게 있어서 (그리스도와의) 연합은 영적 목표가 아니라 출발점입니다. 이것을 기도와 연결하여 이해한다면 기도에 있어서 중요한 문제는 우리의 의식 수준의 문제라는 것입니다. 이것은 '기도하는 우리의 중심이 과연 누구인가?', 또한 '나와 하나님, 나와 타인의 관계를 어떻게 인식하며 기도하는가?'라는 의식 수준의 문제입니다. 이렇게 하나님 안에서 이미 이루어진 일치의 의식 수준 또는 관점에서 우리의 기도를 이해한다면 기도와 실천(윤리, 양심)은 밀접하게 연결될 수밖에 없는 것임을 알 수 있습니다. 또한 실천의 문제도 단지 다른 이들과 분리된 내가 선한 양심이나 의도를 가지고 남을 위해 어떤 선한 일을 하는 것 이상입니다. 양심도 심리적이거나 도덕적 수준에서의 개인적인 양심을 넘어선 것으로 은혜와 함께하는 양심, 내가 아닌 성령과 함께하는 양심, 하나님 안에서 모두가 하나라는 것으로부터 나오는 양심인 것입니다. 이러한 관점으로 18명의 기도를 바라볼 때 대부분의 인물들(특별히 크리스토프 블룸하르트, 본회퍼, 존 웨슬리, 존 스토트, 한경직, 손양원, 이현필, 함석헌, 문익환)은 하나님 안에서 모두가 하나라는 일치적인 의식으로 기도와 실천이 연결된 삶을 구현하며 살아갔습니다.

길선주, 손양원, 문준경, 한경직 목사는 스페너를 비롯한 경건주의자들처럼 개인 경건에 깊은 관심을 가졌으나 경건주의자들에게서 강하게 드러나는 것처럼 느끼고 체험하는 것에 대한 관심보다는 객관적인 말씀과 애국, 민족의 구원, 사랑의 실천을 강조했습니다. 이용도 목사는 민족의 역사와 교회 가운데서 고난 받으시는 예수님을 자신의 몸으로 체험하면서 겨레와 교회의 아픔에 동참하는 사명자의 삶을 살았습니다. 이현필 선생은 무념적이고 정서적인 성향을 가진 인물로서 개인적으로는 수도자적인 삶을 살았습니다. 또한 일치적이고 우주적인 의식의 소유자였으며, 구체적인 삶의 모습은 수도 공동체 안에만 머무르는 것이 아니라 가난한 이들을 돌보는 사랑의 실천으로 나타났습니다.

위의 인물들의 기도를 살펴볼 때 우리는 어느 분의 기도가 더 훌륭하며, 누가 더 하나님께 가까이 나아갔는가를 평가할 수 없습니다. 기도의 궁극적인 목표는 예수 그리스도와 친밀한 사귐을 통해 그분을 알고, 그분을 더욱 사랑하며, 주님과 동행하는 제자로서 헌신하는 삶을 살아가는 데 있습니다. 다만 홈스의 기준으로 누가 더 균형을 이룬 기도와 영성의 사람인가를 말할 수는 있을 것입니다.

논찬자는 본회퍼가 홈스 기준의 이상(균형, 긴장, 통합)에 가장 근접하다고 여겨집니다. 다시 말해 본회퍼는 벤 존슨(Ben C. Johnson)이 말하는 성육신적 영성(incarnational piety)의 좋은 모델이라고 봅니다. 성육신적 영성은 다른 모든 유형의 요소를 다 내포하는 영성이라고 말할 수 있습니다. 논찬자가 볼 때 본회퍼에게는 지성적인 면과 정서적인 면이 동시적으로 매우 뚜렷하게 나타나고, 유념적이면서도 무념적인 측면을 가지고 있으며, 개인적이고 은밀한 하나님과의 관계를 강조하면서도 공동체적이고 사회개혁적인 측면을 아주 확실하게 나타내 보여주고 있습니다. 바로 위에서 언급한 기도하는 사람의 의식 수준이라는 관점으로 볼 때에도 본회퍼는 일치적인 의식에 기초한 개인적이고 공동체적이면서 우주적인 지평을 가진 예언자적인 영성을 보여줍니다.

그런데 홈스의 기준을 가지고 이상적인 영적인 삶, 기도 또는 영성 유형을 논한다고 해서 어떤 특정 유형을 가져야 한다는 것은 아닙니다. 사람은 누구든지 자기 고유의 영성과 기도의 삶을 창의적으로 살아가야 합니다. 그러나 균형 또는 통합이라고 해서 이것저것 섞어서 혼합적인 형태의 영성을 가지라는 것은 아닙니다. 내가 예수님의 마음과 뜻을 알아 그분과 온전히 하나가 되어 주님을 따르는 제자의 삶을 추구함에 있어서 나의 부족함이 어디에 있는가, 어떻게 하면 나를 더 잘 알고, 내가 더욱 주님을 잘 알 수 있겠는가, 그리하여 주님 안에서 내가 더욱 나다워지고, 온전히 주님과 하나가 될 수 있는가를 생각하게 됩니다. 이럴 때 위와 같은 기도와 영성 유형에 대한 이해는 우리의 기도와 영성을 조명하는 데 큰 도움을 제공해줄 것입니다.

# 4.
# 나가는 말

    모든 발제자들이 공통적으로 지적했듯이 기도는 살아계신 하나님을 만나는 것이며, 하나님의 말씀을 듣고, 그 뜻을 분별하여 그 뜻에 나의 뜻을 일치시키는 삶을 살아가는 것입니다. 기도는 하나님의 뜻과의 일치일 뿐만 아니라 하나님과 사랑의 일치, 관계적인 일치를 이루어 그러한 일치를 이 땅의 모든 피조물들과 이루며 살아가는 것입니다.

    하나님의 뜻과의 일치, 하나님이 원하시는 한국 교회의 기도라는 관점에서 한국의 영적 지도자들이었던 길선주 목사, 이용도 목사, 문준경 전도사, 한경직 목사, 손양원 목사, 이현필 선생, 함석헌 선생, 문익환 목사의 기도에 주목할 필요가 있습니다. 그들의 기도는 그것이 통성이었든, 조용히 침묵으로 기도하는 것이었든 간에 예수님의 겟세마네 기도처럼 주님의 마음과 뜻에 자신들을 철저히 일치시키고자 하는 기도, 이 땅에 하나님의 나라가 이루어지를 간절히 소망하는 기도, 이 나라와 민족의 구원과 해방을 간절히 염원하는 눈물의 기도였다는 것입니다.

이런 면에서 오늘 우리 한국 교회의 기도는 어떠한가요? 한국 교회에서 기도의 가장 심각한 문제는 기도하지 않는다는 것입니다. 한국 교회는 기도를 회복해야 합니다. 게다가 기도에 대한 관심을 갖는 사람들조차 하나님의 뜻과의 일치보다는 자기의 유익을 구하는 수준에만 머물거나, 기도의 진보를 위해 기도의 방법이나 기술에 집중하는 것을 봅니다. 아무리 기도의 방법이나 기술, 언어가 탁월하고 많은 기도를 드린다고 해도 우리의 삶과 존재의 진정한 변화나 하나님의 뜻을 이루는 기도의 삶이 없다면 예수님께서 책망한 바리새인의 기도의 삶과 다를 바 없을 것입니다. 그러므로 한국 교회의 기도를 논할 때 가장 중요한 것은 우리의 기도가 기도의 본질적인 목표에 정말 충실한가 하는 것입니다.

구체적인 18명의 위대한 그리스도인들의 기도가 보여주는 것은 기도란 체험적으로 하나님을 아는 것이요, 하나님을 앎은 하나님의 뜻과 온전히 하나가 되는 삶입니다. 그것은 죽기까지 하나님의 뜻에 순종했던 예수님처럼 하나님께 순종하고, 사람들을 사랑하는 삶인 것입니다. 이러한 기도의 삶은 언제나 변화 없이 지향해야 할 우리 그리스도인의 기도의 목표요, 한국 교회가 지향해야 할 기도의 목표일 것입니다.

이러한 기도에 대한 본질적인 이해를 가지고 드려지는 우리의 기도의 구체적인 형태와 방법은 얼마든지 다양할 수 있습니다. 소리기도, 침묵기도, 말씀묵상기도, 자연묵상 등 얼마든지 유연하고 다양한 기도의 방법들을 현대인에게 맞게 제안할 수 있습니다.

홈스의 기준으로 18명의 기도와 영성의 유형을 고찰하듯이, 건강한 기도와 영성의 회복이라는 관점으로 오늘날의 우리 한국 교회를 바라볼 때 한국 교회의 기도는 유념과 무념, 지성과 정서 사이의 긴장관계 또는 통합이 절실하게 필요합니다. 원래 그리스도교 영성은 하나님의 말씀을 들음으로써 말씀을 만나고, 말씀을 통해 말씀 속에 숨겨진 영적 의미를 깨달을 뿐만 아니라, 말씀과 영적 의미가 나타내고자 하는 말씀 자체이신 하나님을 만나고 그분을 체험적으로 아는 자리로 나아가는 것이었습니다. 초기 개혁자들의 영성에서도 그러한 면이 강하게 드러납니다. 그러나 오늘날의 한국 교회는 하나님의 말씀을 들음보다 말씀을 개념적으로 이해하는 것에만 집중하는 경향이 강합니다. 살아 계신 삼위의 하나님이 성경이라는 책 속에 갇혀버렸다고 말할 수도 있을 것입니다.

이제 한국 교회는 어거스틴이 말하듯이 말씀에 대한 진지한 연구(문자적인 의미, 연구를 통해 깨달은 의미)와 기도와 묵상, 그 말씀의 실천을 통해 말씀의 숨겨진 의미를 깨달을 뿐만 아니라 더 나아가 말씀(문자적인 의미)과 그것의 영적인 의미가 드러내고자 하는 리얼리티(reality) 자체, 즉 진리이신 하나님을 온전히 아는 자리로까지 나아갈 수 있어야 합니다. 이러한 말씀에 대한 일치적인 이해(신비적인 이해)와 삶은 말씀을 묵상할 뿐만 아니라 말씀을 따라 살아가는 삶 속에서 구체적으로 이루어질 것입니다.

현대인의 삶에서 사고(thinking)의 기능은 매우 중요하지만, 지나친 사고 중심적 태도로 인해 하나님과의 깊은 사귐으로 나아가는 데 많은 어려움을 겪기도 합니다. 이런 면에서 침묵의 훈련도 매우 유익할 것입니다. 본래 우리 민족의 정서에 무념적인 측면이 강한 것을 고려할 때 진리를 향한 통합적인 차원의 접근뿐만이 아니라 우리다움의 회복을 위해서도 침묵(무념적인 차원)을 강조할 필요가 있습니다. 서방교회가 전반적으로 그러하지만 특히 우리 한국 교회는 유념적인 성향이 매우 강한 편인데, 말씀에 대한 접근에서 거의 전적으로 그러합니다. 그러나 말씀 이외의 다른 영역에서는 하나님의 활동을 보면서 그것을 통해 하나님께 나아가고자 하는 노력이 희미합니다. 이런 면에서 자연이나 예술을 통해(이것은 유념입니다) 하나님의 세계로 나아가도록 격려하는 것도 필요할 것이라 생각합니다.

## 참고문헌

Holmes, III, Urban T. 『그리스도교 영성의 역사: 깊은 기도의 방법과 체험에 대한 해설』(*A History of Christian Spirituality: An Analytical Introduction*). 홍순원 옮김. 서울: 대한기독교서회, 2013.

Merton, Thomas. *Thomas Merton in Alaska: The Alaskan Conferences, Journals, and Letters*. New York: A New Directions Book, 1988.

Sheldrake, Philip. *A Brief History of Spirituality*. Malden, MA: Blackwell, 2007.

# 20장

## 프로테스탄티즘의 매혹과
## 고통스러움에 관하여

- 이국운 교수(한동대학교 법학부, 헌법 · 법사회학) -

바른교회아카데미의 이번 세미나에 종합 토론을 맡게 된 것을 크나큰 영광으로 생각합니다. 18명의 프로테스탄트 실천가들에 대한 18명의 고명하신 전문가들이 쓰신 발제문을 읽는 것은 실로 오랜만에 맛보는 신앙적 즐거움이었습니다. 교회사나 실천신학의 문외한인데다가 어떤 면에서도 현 시대의 경건 실천을 대표할 수 없는 제게 종합 토론은 무거운 부담감으로 다가왔습니다. 제가 할 수 있는 최선은 이 18편의 글을 읽으면서 제게 다가온 느낌을 솔직하게 말씀드리는 정도일 것 같습니다.

다만, 종합 토론을 시작하기 전에 한 가지 먼저 말씀드려두고 싶은 것이 있습니다. 아시는 것처럼 저는 개교 20년 만에 어느새 대표적인 기독교 대학이 된 대학에서 17년째 근무하고 있습니다. 기독교 대학으로서 저희 학교의 두드러진 특징은 초교파적인 평신도 학자들의 리더십이 이끌어가는 점입니다. 이로 인해 저는 자연스럽게 어떠한 특정 교파적 입장에 기울지 않으면서도 일반 평신도 청년들의 일상에 개입해 들어갈 수 있는 다른 언어의 중요성에 일찍부터 눈뜨게 되었던 것 같습니다. 오늘 이 자리에서 제가 드릴 말씀이 감히 신학적 전문성이나 교파적 식견을 거론할 만한 수준이 아니라는 점은 저 자신이 잘 알고 있습니다. 하지만 저로서는 이 두 장벽을 넘어선 곳에 살고 있는 제 학생들에 다가가기 위해 굳이 다른 언어 또는 새로운 언어에 의존하고자 함을 말씀드리고 싶습니다.

발제문을 읽는 동안 제게는 갈수록 또렷하게 떠오르는 한 단어가 있었습니다. 돌아가신 은보 옥한흠 목사님께서 생전에 거듭 말씀하시던 '한 사람'이라는 단어입니다. 저는 프로테스탄티즘을 '한 사람'의 존엄과 가치를 초월적으로 규정하는 곳에서 출발하는 총체적인 기독교

운동으로 이해합니다. 그래서 프로테스탄트는 누구든 초월과의 만남을 통해 끊임없이 스스로를 재규정하는 '한 사람'일 수밖에 없습니다. 이는 고립적인 홀로 주체성이 아니라 서로 수직적인 주체성에서 출발한다는 점에서 서양의 근대 사회철학자들이 이론적 출발점으로 삼았던 원자적 개인(atomic individual)과는 차원이 다른 개념입니다. 20세기의 실존철학자들을 따라 현-존재로 부를 수도 있겠지만, 저는 그냥 '다시 시작하는 한 사람'으로 프로테스탄티즘이 발생하는 지점을 요약하고 싶습니다. 프로테스탄트란 초월과의 만남을 통해 언제나 지금 여기에서 다시 시작하는 한 사람의 그리스도인을 일컫는 말입니다.

이 18명을 다시 시작하는 한 사람들로 읽어갈 때, 저는 그들의 각기 다른 삶에서 하나의 공통적인 감정을 느꼈습니다. 바로 깊은 외로움이었습니다. 물론 기욤 파렐과 장 칼뱅, 아버지 블룸하르트와 아들 블룸하르트, 문익환과 박용길처럼 우정과 배려와 섬김으로 엮인 신앙적 연대가 존재했던 것은 사실입니다. 하지만 그와 함께 이 18명 사이에는 정통주의와 자유주의, 세대주의와 세속화주의, 토착화 신앙과 경건주의 등 불화와 긴장의 그림자가 짙게 드리워 있습니다. 아니 앞서 말한 신앙적 연대 역시 죽기를 두려워함으로써 종노릇하는 인생에 대한 저항(protest)을 전제하는 것이라면 연대보다는 불화가, 안온함보다는 긴장이 이들 모두의 신앙 여정을 지배했다고 보아도 되겠습니다. 그렇다면 그와 같은 불화와 긴장에도 불구하고 고집스럽게 각자의 길로 나아갈 수 있었던 비결은 이들 모두가 프로테스탄트의 외로움, 즉 지금 여기에서 다시 시작하는 한 사람의 그리스도인으로서의 깊은 외로움에 익숙해졌기 때문이 아니었을까요?

프로테스탄트의 깊은 외로움은 심리적 차원의 고립감이나 단절감과 동일시될 수 없습니다. 오히려 그것은 초월과의 만남을 위해 스스로 선택한 고독(solitude)이며, 예수 그리스도께서 "인자는 머리 둘 곳이 없다"고 하실 때의 무상감(無常感)과 유사한 것으로 보입니다. 예를 들어, 마가복음 1장에서 베드로의 장모 집 앞에 모여든 병자들을 치유하신 이튿날 이른 새벽에 한적한 곳으로 가서 기도하시다가 자기를 찾으러 온 제자들에게 문득 "다른 마을로 가서 그곳에서도 전도하자"고 말씀하시는 청년 예수의 얼굴에서 느껴졌을 연민과 비통과 결의가 뒤섞인 감정 말입니다.

17세기의 서양 사람들은 프로테스탄트의 삶에 깊은 외로움이 드리워져 있다는 이러한 생각에서 어떤 비장미 넘치는 매혹을 발견했던 것이 틀림없습니다. 왜냐하면 그들은 바로 이 깊은 외로움을 '사유하는 인간(homo sapiens)'의 본질로 바꾸어놓는 곳에서 자신들의 모더니티를 정초하고자 했기 때문입니다. 이 점에서 데카르트의 생각하는 코기토는 파스칼의 신 앞에 선 단독자를 전제하고 있다고 생각합니다.

그러나 아무리 매혹적이라고 할지라도 외로움은 어디까지나 외로움입니다. 갈 바를 알지 못하고 광야로 나아오는 것은 홉스가 갈파했듯이 곧바로 불안과 공포로 연결되는 것이 당연한, 무섭고도 고통스러운 선택일 수밖에 없습니다. 그렇다면 과연 무엇이 이 18명을 비롯한 프로테스탄트들을 그처럼 무섭고도 고통스러운 선택으로 나오게 한 것일까요? 프로테스탄트로 하여금 자발적으로 깊은 외로움을 감수하게 만드는 원인은 무엇이겠습니까?

성서의 가르침에 비추어 18명의 삶을 반추하면서 다다른 것은 '예수 그리스도의 다시 찾아오심'이라는 생각입니다. 지금껏 많은 프로테스탄트들은 세상을 통째로 바꾸어버리려는 야심과 포부의 관점에서 그리스도인의 삶을 이해해왔습니다. 하지만 그러한 영웅주의적 관점은 예수 그리스도의 거룩한 모범에 대한 오독(誤讀)일 뿐만 아니라 프로테스탄트적 삶의 발생에 대한 오인(誤認)이기도 합니다. 프로테스탄트적 삶은 예수 그리스도를 어떻게 따를지를 고민하기 전에 예수 그리스도의 찾아오심을 묵상하는 데서 발생합니다. 자기를 따르라 하심이 아니라 우리와 하나 되심, 목표하고 성취하심이 아니라 비우시고 낮아지심, 누추하고 보잘것없으며 속물근성에 가득 찬 우리의 집단적 삶의 현장 속으로 성큼 들어와서 우리와 하등 다를 바 없는 벗되심 등. 한마디로 예수의 앞서가심이 아니라 예수의 찾아오심을 먼저 깊이 묵상할 때 프로테스탄트적 삶이 시작된다는 말입니다.

다만, 주의할 것은 이때의 찾아오심이 사실은 '다시 찾아오심'이라는 점입니다. 신약성서에 나오는 프로테스탄트들은 예외 없이 예수 그리스도의 '다시 찾아오심'을 경험한 사람들입니다. 예수 그리스도의 찾아오심을 처음 경험했을 때 그들은 예수를 거부하고 버리고 죽이고 배반하는 선택을 했습니다. 많은 사람들은 처음부터 예수를 멀리했고, 개중에는 예수를 따르다가 마지막에 저주하기도 했습니다. 문제는 그런 그들을 예수께서 '다시' 찾아오신다는 점입니다. 갈릴리 바닷가의 베드로와 요한이 그랬고, 다메섹 도상의 사도바울이 그랬습니다. 이들은 '다시' 찾아오신 예수 그리스도를 만나 프로테스탄트의 삶을 시작한 사람들입니다.

예수 그리스도의 처음 찾아오심과 다시 찾아오심 사이에는 십자가의 고통과 부활의 능력이 존재합니다. 따라서 다시 찾아오신 예수 그리스도를 만난 이후 그의 처음 찾아오심은 다시 찾아오심의 관점에서 다시 묵상되는 것이 당연합니다. 이는 앞서 말한 세 사도를 포함하여 신약성서의 저자들이 공통적으로 시도했던 신학적 사유의 방향이었습니다. 그리고 그로부터 인간 존재의 본질에 뿌리박힌 죄의 실존과 그에 맞서기 위해 피 흘린 대속의 은혜와 우리가 십자가에 못 박은 예수가 바로 그리스도라는 진리가 밝혀졌던 것입니다.

18개의 발제문 가운데 예수 그리스도의 '다시 찾아오심'이 가장 극적으로 드러나고 있는 것은 길선주 목사의 경우로 보입니다. 특히 "길선주야!"라는 한마디는 사도행전 9장에 나오는 "사울아! 사울아! 네가 어찌 나를 박해하느냐?"라는 부르심을 연상하게 합니다. 이들 중 많은 사람들이 기독교적 문화권에서 태어나 자랐고, 또 상당수는 신앙의 가정에서 성장했습니다. 그러나 그들이 진정으로 프로테스탄트적 삶을 시작한 것은 예수 그리스도의 처음 찾아오심이 아니라 '다시 찾아오심'에 직면했을 때였습니다. 다시 찾아오심의 관점에서 처음 찾아오심을 다시 묵상했을 때였습니다. 물론 장 칼뱅이나 디트리히 본회퍼처럼 언제 그러한 '회심'이 일어났는지가 잘 알려져 있지 않은 분들도 있습니다. 하지만 정황을 보면 어느 시점을 전후하여 그들의 삶에 근본적인 변화가 발생했다는 점은 분명합니다. 저는 그 시점을 이들이 예수 그리스도의 '다시 찾아오심'에 노출된 시기로 생각하고 싶습니다.

예수 그리스도의 다시 찾아오심에 감동하여 스스로 깊은 외로움을 감수하기로 작정한 프로테스탄트들에게 그에 따른 삶의 고통스러움을 넘어설 수 있는 유일한 방책은 예수 그리스도와의 사이에 끊어지지 않는 연결고리를 지속적으로 확보하는 일이었을 것입니다. 이 점에 관해 마르틴 루터 이래 서양 근대의 프로테스탄트들은 하나의 뚜렷한 경향을 보여주고 있습니다. 그것은 바로 책이라는 매체 위에 글로 쓰인 말씀을 읽고 또 해석하면서 그 의미의 심도와 차원을 갱신해가는 '염서(念

書)'의 방식입니다. 이는 앞서 언급했던 '사유하는 인간'의 매혹을 가능하게 만들었을 만큼 지난 500여 년의 역사에서 엄청난 위력을 발휘했고 지금도 발휘하고 있습니다.

기도의 신학에 관해 이 염서의 방식은 뜻, 양심 그리고 듣는 기도의 세 개의 핵심 단어로 자연스럽게 이어집니다. 예수 그리스도를 뜻으로 이해하면서 그 뜻이 프로테스탄트 개개인의 양심에 울림을 일으킨다고 믿고, 그 뜻과 양심이 공명하는 소리를 듣기 위해 마음을 조아려 기다리는 것을 기도라고 놓는 신학 말입니다. 18개 발제문의 전체적인 분위기는 선교 130년이 지나도록 도무지 '양심에 터 잡아 뜻을 듣는 기도'를 도외시할 뿐인 우리 프로테스탄티즘의 상태를 통탄해 마지않는 것으로 보입니다.

저 역시 우리 프로테스탄티즘이 염서의 방식에 철저해질 필요가 있다고 생각합니다. '경건의 시간'이라는 이름으로 아침마다 성서를 읽은 지 40년이 넘었음에도 예수 그리스도의 뜻을 양심으로 듣는 기도에 무심한 한국 개신교회의 현실은 답답하기 이를 데 없습니다. 그러나 이러한 생각과 동시에 한 가지 다른 질문이 생겨나는 것도 사실입니다. 뜻과 양심과 듣는 기도의 신학과 쌍을 이루고 있는 염서의 방식 그 자체는 과연 프로테스탄티즘의 본질에 해당하는 것인가요? 아니면 단지 서양 근대의 프로테스탄티즘이 특수하게 선택했던 역사적 방식에 불과한 것인가요?

18개의 발제문은 모두 프로테스탄트 실천가라는 범주로 엮인 것이므로 그로부터 이 질문에 대한 답을 찾기는 어렵습니다. 하지만 저는 이분들 중 특히 잘 알려지지 않은 실천가들의 삶에서 염서의 방식을 철저하게 관철하려는 방향이 아니라 오히려 그것으로부터 벗어나려는 다른 방향의 흐름을 어렴풋하게나마 느낄 수 있었습니다. 예를 들어 스페너 같은 경건주의자나 문준경, 이현필 같은 한반도의 실천가들에게서는 추단컨대 염서의 방식이 프로테스탄트를 흡사 의회지도자 같은 모습으로 변모시키는 것에 관한 경계와 함께 이를 넘어서기 위해 새로운 기도의 신학을 추구하려는 경향이 드러나고 있는 것 같습니다.

앞에서 이미 암시했듯, 예수 그리스도의 다시 찾아오심에서 '다시 시작하는 한 사람'의 모습으로 발생하는 프로테스탄티즘은 원래부터 서양 근대의 역사적 특수성 안에 갇힐 수도 없고 갇혀서도 안 된다고 생각합니다. 마르틴 루터를 필두로 하는 서양 근대의 프로테스탄트들은 단지 염서의 방식을 통해 프로테스탄티즘을 전면화시켰을 뿐 프로테스탄티즘은 그 이전과 이후에도 당연히 다른 방식으로 존재해왔다는 것입니다. 그렇다면 염서의 방식을 넘어 더 근원적인 차원에서 프로테스탄티즘을 특징짓는 범주는 무엇일까요? 이 질문은 프로테스탄티즘을 기독교의 한 갈래로 이해할 것인지, 아니면 기독교 그 자체로 이해할 것인지에 관한 질문이기도 합니다.

18개의 발제문을 읽는 내내 저는 이 질문 앞에서 방황했습니다. 이에 대해 제가 할 수 있는 최선은 어릴 때부터 읽어온 요한복음의 시작과 마침의 의미를 거듭하여 생각해보는 것 정도입니다. 제가 보기에 요한복음보다 더 정면으로 이 질문에 답하고 있는 텍스트는 없는 것 같았기 때문입니다. 사도 요한은 요한복음을 태초부터 계신 말씀이 육신이 되어 우리 가운데 거했음을 선언하면서 시작하여 갈릴리 바닷가에서 제자들의 아침식사를 만들어 먹이시는 예수 그리스도의 모습으로 마무리하고 있습니다. 그렇다면 말씀이 육신이 된다는 것은 무엇이고, 생명의 떡 곧 예수 그리스도를 먹으라는 명령은 또 무엇이며, 다시 찾아오셔서 친히 제자들을 먹이시고 또 "내 양을 먹이라"고 부탁하시는 것은 무엇이란 말인가요? 이번 세미나의 종합 토론을 준비하면서 제가 얻은 한 가지 생각은 이 모든 질문이 '몸을 살리는 노동의 신비'에 관련되어 있다는 점이었습니다.

제가 아는 한 한나 아렌트보다 '노동'의 신비한 본질을 더 적확하게 포착한 철학자는 없습니다. 『인간의 조건』에서 그녀가 주목한 것은 삶이 유지되기 위해서는 언제나 누군가의 '노동'이 필요하다는 사실이었습니다. 오늘 아침 잠에서 깨어나 삶이 유지되어온 과정을 생각해보면 그곳에는 반드시 누군가의 '노동', 즉 그의 몸의 꼼지락거림이 존재하고 있었음을 발견할 수 있습니다. 아무리 산업과 기술이 발달하고 무역과 거래가 활발해지더라도 어느 단계에선가 누군가의 '노동'이 개입되지 않으면 삶은 결코 유지될 수 없습니다. 그러므로 삶은 가장 근본적인 의미에서 '살림'이며, 이 살림은 누군가의 몸의 헌신, 땀 흘림, 그 '노동'으로부터 시작되는 것입니다.

나아가 삶의 유지에 필수불가결한 '노동'은 결코 축적되지 않으며, 언제나 사라져버립니다. 이것이야말로 노동의 신비가 아닐 수 없습니다. 그렇기 때문에 우리는 삶을 유지하기 위해 끊임없이 '노동'할 수밖에 없습니다. 인간의 공동체는 근본적으로 삶의 유지에 필요한 '노동'을 조달하기 위해 형성됩니다. 아이들의 삶은 어버이들의 끊임없는 '노동'에 의해 유지되고, 귀부인의 삶은 하녀들의 끊임없는 '노동'에 의해 유지됩니다. 인간의 공동체는 '노동'에 의지하지 않고는 단 한순간도 유지될 수 없습니다. 그 점에서 '노동'은 사람들의 삶을 가능케 하는 가장 중요한 조건이라는 것입니다.

요한복음 21장은 예수 그리스도의 다시 찾아오심을 신비로운 '노동'의 차원에서 극적으로 보여줍니다. 예수 그리스도는 권력자나 경영자나 말씀 선포자로 오신 것이 아니라, 생명을 가진 몸뚱이로 오셔서 삶의 가장 밑바닥, 즉 땀을 흘려 자신과 타인의 삶을 가능케 만드는, 그러면서도 아무것도 축적되지 않기에 끊임없이 다시 '노동'해야 하는 바로 그 땀 흘림의 현장에 다시 찾아오셨습니다. 이러한 맥락에서 저는 예수 그리스도께서 몸소 보여주셨듯이 자신과 타인의 삶을 가능하게 만드는 이 신비로운 '노동'에 복무하는 것, 그리고 이 '함께 땀 흘리는 생명'의 가치를 인정하고 또 높이는 것이야말로 프로테스탄티즘의 핵심이 아닐까 생각해봅니다.

인간의 삶은 누군가의 땀 흘림 위에 존재합니다. 사람들 가운데는 자신의 '노동' 위에 타인을 올려놓는 사람도 있고, 타인의 '노동' 위에 자신을 올려놓는 사람도 있습니다. 유감스럽게도 인간 사회에는 이 두 부류의 사람들 중 후자의 사람들, 즉 더 많이 가지려는 사람들, 더 많이 먹으려는 사람들, 더 많이 기대려는 사람들이 언제나 더 많고 더 우세합니다. 그러나 요한복음 21장에서 다시 찾아오신 예수 그리스도는 몸소 자신의 '노동' 위에 타인을 올려놓는 모범을 보여주고 있습니다. 이 것을 사랑으로 부르고, 반대로 타인의 '노동' 위에 자신을 올려놓는 것을 불의로 부르면, 프로테스탄티즘의 방향은 명확해집니다. 예수 그리스도는 자신의 '노동'을 통해, 그 몸의 '살림'을 통해, 우리를 살리기 위해 다시 찾아오십니다. 저는 다시 찾아오신 예수 그리스도가 친히 제자들을 먹이시고 또 "내 양을 먹이라"고 부탁하시는 것에 비추어 프로테스탄티즘의 핵심을 예수 그리스도를 따라 자신의 '노동' 위에 타인을 올려놓으려는 것이라고 생각해봅니다.

타인의 '노동' 위에 자신을 올려놓는 사람들 사이에 머무르는 것은 아무리 그들 사이의 분쟁과 투쟁을 솜씨 있게 관리 · 조정하더라도 결코 사랑이 될 수 없습니다. 그것은 근본적으로 불의를 관리하는 것에 지나지 않으며, 기껏해야 현상유지일 뿐입니다. 그리스도인들의 역사에는 예수를 전심으로 따른다고 하면서도 노동의 신비에 동참하지 아니하고, 여전히 현상유지에 머무르는 사람들이 존재합니다. 그와 같은 비(非)프로테스탄트적 기독교의 존재를 굳이 부정할 필요는 없다고 생각합니다. 그러나 예수 그리스도는 현상유지를 위해 오신 것이 아닙니다. 오히려 예수 그리스도는 비프로테스탄트적 그리스도인들과 끊임없이 불화하고 긴장을 일으킵니다.

이런 관점에서 '비프로테스탄트적 기독교'가 존립할 수 있는 조건은 모든 그리스도인들이 사랑에 복무하지 아니하고 불의를 관리하며 현상유지에 머무르는 것입니다. 하지만 18명의 삶이 보여주듯이, 비프로테스탄트적 기독교는 언제나 타인을 위해 땀 흘리는 노동의 현장에 다시 찾아오신 예수 그리스도를 만난 뒤 스스로 노동의 고통을 선택하는 한 사람, 즉 프로테스탄트의 출현에 의해 깨어질 수밖에 없습니다. 프로테스탄트란 초월과의 만남을 노동을 통해 생명으로 재현하기 위해 언제나 지금 여기에서 다시 시작하는 그리스도인을 일컫는 이름입니다. 예수 그리스도를 전심으로 따르는 사람, 그가 바로 프로테스탄트인 것입니다.

그렇기에 프로테스탄트는 언제나 현상유지에 머무르려는 사람들과 불화를 일으킬 수밖에 없습니다. 무엇보다 프로테스탄트는 타인의 '노동' 위에 자신을 올려놓는 사람들을 아주 불편하게 만들기 때문입니다. 따라서 이들로부터 반격이 개시되면 프로테스탄트에게는 고난이 닥쳐오게 됩니다. 애매하게 고난당하는 것이야말로 프로테스탄트가 살아있다는 증표입니다. "나를 인하여 너희를 욕하고 핍박하고 거짓으로 너희를 거슬려 모든 악한 말을 할 때에는 너희에게 복이 있나니 기뻐하고 즐거워하라. 하늘에서 너희의 상이 큼이라. 너희 전에 있던 선지자들을 이같이 핍박하였느니라"(마태복음 5장 11~2절)

GOODCHURCH
ACADEMIA

바른교회아카데미는 투명하고 건강한 교회, 하나님의 주인이신 교회를 세워나가기 위해 2004년 10월 설립되었습니다.

바른교회아카데미는 하나님이 주인이신 바른 교회, 깨끗하고 투명하고 건강한 교회를 지향합니다. 우리는 성서적이고 역사적인 바른교회상을 연구하고 정립하여, 교회가 이 땅에 하나님의 나라를 실현하는 도구로 쓰임받도록 힘써 돕고자 합니다.

## 바른교회아카데미 활동

- **Research/연구**
  1. 연구위원회 세미나: 한국교회가 당면한 주요 이슈들에 대해 초교파로 구성된 신학자 연구위원들의 논문발표와 토론으로 방향성을 정립하는 정기 세미나 개최(연 2회)
  2. 연구 프로젝트: 교회가 당면한 이슈나 주제들에 대해 학제 간 연구로 진행하는 실천적 학술 프로젝트 진행

- **Education/교육**
  1. Good Church Forum
  2. 지역세미나
  3. 평신도 강좌(성서 및 신학강좌)

- **Campaign/캠페인**
  1. 교회재정건강성운동(www.cfnet.kr): 교회개혁실천연대, 기독교윤리실천운동, 나눔과셈, 한빛누리와 함께 하는 재정투명성의 제도적 정착을 위해 교육과 운동
  2. 교회신뢰회복네트워크(www.trustchurch.net): 교회가 한국사회로부터 신뢰받는 공동체가 되도록 기윤실을 비롯한 여러 교회와 단체가 2007년 조직한 연합 운동

- **Communication/소통**
  1. 바른교회아카데미저널 '좋은교회(goodchurch)'
  2. 웹사이트 http://www.goodchurch.re.kr 및 블로그 http://gcacademy.tistory.com

바른교회아카데미

04629 서울시 중구 퇴계로20길 37 열매나눔재단 4층

www.goodchurch.re.kr | 02-777-1333 | gcacademy@hanmail.net

## 저자 소개

강치원(모새골교회 목사)
이정숙(햇불트리니티신학대학원대학교 교수)
박경수(장로회신학대학교 교수)
이성호(고신대학교 신학대학원 교수)
지형은(성락성결교회 목사)
양낙홍(고신대학교 신학대학원 교수)
유경동(감리교신학대학교 교수)
임희국(장로회신학대학교 교수)
현요한(장로회신학대학교 교수)
권영석(전 학원복음화협의회 상임대표)
허호익(대전신학대학교 교수)
최형근(서울신학대학교 교수)
류금주(서울장로회신학교 교수)
김희헌(성공회대학교 교수)
정주채(산돌손양원기념사업회 회장)
김은섭(대덕한빛교회 목사)
정성한(한국기독교공동체연구소)
조헌정(향린교회 목사)
오방식(장로회신학대학교 교수)
이국운(한동대학교 교수)